transfer
Forschung ↔ Schule

transfer
Forschung ↔ Schule

Herausgeberinnen und Herausgeber
Mag. Dr. Christa Juen-Kretschmer
Mag. Kerstin Mayr-Keiler, M.A.
Gregor Örley, BEd. MSc.
Mag. Dr. Irmgard Plattner

Redaktion
Mag. Dr. Verena Gucanin-Nairz
Mag. Romana Hauser, BA
Mag. Dr. Christa Juen-Kretschmer
Mag. Kerstin Mayr-Keiler, M.A.
Mag. Buket Neşeli, BA
Gregor Örley, BEd. MSc.
Mag. Dr. Irmgard Plattner

Redaktionelle Unterstützung
Mag. Dipl.-Päd. Thomas Happ (Covergestaltung)
Mag. Elena Müller (Übersetzung)

Lektorat
Mag. Hans Christian Ringer

Editorial Board
Mag. Dr. Christa Juen-Kretschmer
Mag. Kerstin Mayr-Keiler, M.A.
Gregor Örley, BEd. MSc.
Mag. Dr. Irmgard Plattner

transfer
Forschung ↔ Schule

1. Jahrgang (2015)

Heft 1
Sprachsensibel Lehren und Lernen

Verlag Julius Klinkhardt
Bad Heilbrunn • 2015

Korrespondenzadresse der Redaktion:
Pädagogische Hochschule Tirol
transfer Forschung ↔ Schule
Mag. Kerstin Mayr-Keiler, M.A.
Pastorstraße 7
A-6020 Innsbruck
email: transfer@ph-tirol.ac.at

pht

Erscheinungsweise:
transfer Forschung ↔ Schule erscheint jährlich, jeweils im Herbst.

Die Hefte sind über den Buchhandel zu beziehen.
Das Einzelheft kostet EUR (D) 17,90, im Abonnement EUR (D) 17,90 (gegebenenfalls zzgl. Versandkosten).

Bestellungen und Abonnentenbetreuung:
Verlag Julius Klinkhardt
Ramsauer Weg 5
D-83670 Bad Heilbrunn
Tel: +49 (0)8046-9304
Fax: +49 (0)8046-9306
oder nutzen Sie unseren webshop:
www.klinkhardt.de

Bibliografische Information der Deutschen Nationalbibliothek
Die Deutsche Nationalbibliothek verzeichnet diese Publikation in der Deutschen Nationalbibliografie;
detaillierte bibliografische Daten sind im Internet abrufbar über
http://dnb.d-nb.de.

2015.ng © by Julius Klinkhardt.
Das Werk ist einschließlich aller seiner Teile urheberrechtlich geschützt.
Jede Verwertung außerhalb der engen Grenzen des Urheberrechtsgesetzes ist ohne
Zustimmung des Verlages unzulässig und strafbar. Das gilt insbesondere für Vervielfältigungen,
Übersetzungen, Mikroverfilmungen und die Einspeicherung und Verarbeitung
in elektronischen Systemen.

Coverfoto: © skynesher / istock.
Druck und Bindung: AZ Druck und Datentechnik, Kempten.
Printed in Germany 2015.
Gedruckt auf chlorfrei gebleichtem alterungsbeständigem Papier.

ISSN: 2365-3302

Inhalt

Editorial 9

Grundlagenartikel

Sven Oleschko, Tülay Altun und Katrin Günther
Lernaufgaben als zentrales Steuerungsinstrument für
sprachbildend-inklusive Lernprozesse im Gesellschaftslehreunterricht
Learning tasks as a central controlling instrument for language developing,
inclusive learning processes in the context of social studies instruction 13

Christoph Gantefort und María José Sánchez Oroquieta
Translanguaging-Strategien im Sachunterricht der Primarstufe:
Förderung des Leseverstehens auf Basis der Gesamtsprachigkeit
Translanguaging-Strategies in Primary School: Developing Bilingual
Pupils' Reading Proficiency based on their entire linguistic repertoire 24

Heiner Juen, Martin Andre
Denken – Sprache – Mathematik: Analyse der Unerlässlichkeit
von Sprache beim mathematischen Arbeiten
Thinking – Language – Mathematics: An analysis of the importance
of language in mathematical work 38

Herbert Schwetz, Gert Linhofer, Bianca Binder und Isabella Benischek
Sprachsensibles Lehren und Lernen im Mathematikunterricht als
fachdidaktische Herausforderung – Zum Zusammenhang von
lösungsunterstützender Skizze und Lösungshäufigkeit von Textaufgaben
Language-sensitive teaching and learning in maths lessons as a subject
didactic challenge 51

Denise Demski und Kathrin Racherbäumer
Sprachsensible Schulentwicklung – Einstellung und Unterrichtspraxis
von Lehrkräften
Language-sensitive school development –
Teachers' attitudes and their teaching practice 68

Im Dialog

Ulrike Jessner-Schmid und Jörg Meier im Gespräch mit Kerstin Mayr-Keiler
Sprachsensibles Lehren und Lernen im Rahmen der
PädagogInnenbildung Neu
Language sensitive teaching and learning in context of
„PädagogInnenbildung Neu".. 79

Praxisbeiträge

Alexandra Koch und Kornelia Leleux
Sprachbrille auf! im Mathematikunterricht –
Stärkung der fach- und bildungssprachlichen Kompetenz im Fach Mathematik
Put your language glasses on! in maths lessons –
Reinforcing language competences in maths 85

Mario Merz und Astrid Rank
Macht die Mütze wirklich warm? Förderung bildungssprachlicher Kompetenz
in Lernwerkstatt und Zoo
Does the cap really keep warm?
Promoting language skills in learning workshops 97

Carla Carnevale, Evelin Fuchs und Ulrike Haslinger
Sprachliche Schwierigkeiten und Methoden zum Aufbau bildungssprachlicher
Kompetenzen im Fachunterricht
Language difficulties and methods to build language skills in
subject-specific lessons 107

Madeleine Strauss
Über die ganz kleinen Schritte
Baby steps 117

Gabriella Perge
Die Rolle des Textverstehens bei der Förderung der sprachlichen
Handlungsfähigkeit in mehreren Sprachen
The role of text comprehension in promoting multilingual
linguistic competences 125

Marie-Theres Hofer und Katharina Ogris
Sprachsensibler Fachunterricht – Umsetzung sprachsensibler Maßnahmen
am Beispiel „Sinken und Schwimmen"
Language-sensitive teaching – Implementing anguage-sensitive methods
l shown by the example of ‚sinking and swimming' 136

Forschungsskizzen

Martin Lang und Michaela Schniederjan
Förderung von Schreibkompetenz im Technikunterricht durch
textsortenbasierte Interventionsinstrumente
Promoting writing skills in technology education by
using text-based intervention instruments 151

Sarah Fornol
Die Entwicklung einer Ratingskala zur Ermittlung bildungssprachlicher
Fähigkeiten – eine dreischrittige Analyse von Schülertexten im Sachunterricht
der Grundschule
The development of a rating scale for determining linguistic abilities –
A three-layer analysis of student texts in social studies at primary level 156

*Michael Becker-Mrotzek, Markus Linnemann, Anna Pineker-Fischer,
Heike Roll und Sabine Stephany*
Sprachsensibler Mathematikunterricht – Schwerpunkt Schriftlichkeit
Language-sensitive maths instruction focussing on literacy 159

Sabrina Sutter, Astrid Rank, Anja Wildemann und Andreas Hartinger
Das Projekt Easi-science L: Naturwissenschaftliche Bildung in der Kita:
Gestaltung von Lehr-Lernsituationen, sprachliche Anregungsqualität und
sprachliche sowie naturwissenschaftliche Fähigkeiten der Kinder
The project Easi-science L: Science education in the context of daycare:
Design of teaching-learning situations, language stimulation quality and
linguistic as well as scientific skills of children 162

Wiebke Waburg
Lehrkräfte mit Migrationshintergrund in international vergleichender
Perspektive (LeMihi-i). Forschungsskizze unter besonderer Berücksichtigung
von Sprachbildung
Teachers with a migrant background in an international comparative perspective.
A research sketch with particular emphasis on language education 165

*Artur Habicher, Petra Bucher-Spielmann, Hans Hofer, Elisabeth Leis, Uwe Simon,
Jürgen Struger und Norbert Waldner*
NAWIskript – Selbstständiges Schreiben im naturwissenschaftlichen Unterricht
in der Sekundarstufe I – eine Möglichkeit, naturwissenschaftliche Kompetenzen
UND Schreibkompetenzen zu fördern
NAWIscript – Independent writing in science instruction on lower secondary
level – A way to promote scientific competences and writing skills 168

Fallbeispiele

Michaela Oberlechner
Sprachen sichtbar machen
Making languages visible 173

Monika von Rosenzweig
Förderung des Leseverstehens mit Quizfragen
Promoting reading comprehension by using quizzes 178

Sandra Bellet
„Die Wörter können ja rechnen!" –
Einführung in das Mathematisieren von Textaufgaben
„Look, these words can calculate!" –
Introducing the mathematization of word problems 181

Editorial

Dieses Journal ist neu in mehrerlei Hinsicht. *transfer Forschung ↔ Schule* ist an *sich* neu, dies ist die erste Ausgabe. In der ersten Ausgabe dieses Journals steckt – wie in solchen Fällen üblich – viel Entwicklungsarbeit und großes Interesse, Neues und Gutes zu produzieren.
Diese hiermit begonnene Reihe ist als Publikation neu, weil sie sich mit der Verbindung von Forschung und Praxis im Entwicklungsfeld Schule beschäftigt. Als *stehende Begriffe* kennen wir bisher den Konnex von Theorie und Praxis oder die Verbindung von Forschung und Lehre. Die Zusammenführung von Forschung und schulischer Praxis ist kein Zufall, aber auch kein publizistischer Marketingschachzug: Die Verbindung von Forschung und Praxis ist ein Zeichen der Zeit.
Am Vorabend der neugeformten Ausbildung von Lehrerinnen und Lehrern in Österreich treten Pädagogische Hochschulen und Universitäten an, Lehrer- und Lehrerinnenbildung in einem gemeinsamen Curriculum zu verwirklichen. Die Zusammenarbeit dieser beiden Player im Feld der Lehrer- und Lehrerinnenbildung hat hierzulande noch keine Tradition. Dennoch bringen beide Institutionen eigene Traditionen mit – und ihre damit verbundenen Stärken! Der Titel *transfer Forschung ↔ Schule* bringt dies zum Ausdruck. Die Universität bringt ihre Forschungstradition in die neue Lehrer- und Lehrerinnenbildung ein, *Forschung als Rückgrat* der neuen Lehrer- und Lehrerinnenbildung. Curricular fein mit Theorie verwobene *schulische Praxis* war stets eine der großen Stärken der Pädagogischen Hochschule und wird als *Gleichgewichtssinn* ein unverzichtbarer Teil der zukünftigen Lehrer- und Lehrerinnenbildung sein. Diese verbindende Symbolik steckt im Titel des Journals und weist in die Zukunft.
Mit *transfer Forschung ↔ Schule* wird auch ein bislang wenig versuchter Konnex unterschiedlicher Sphären von Schule geschlossen. Das Journal verbindet brückenartig Beiträge zur Forschung und zur schulischen Praxis, es verbindet Beiträge aus pädagogischen Hochschulen und europäischen Universitäten. Und *transfer Forschung ↔ Schule* möchte seine Leserinnen und Leser in beiden Sphären finden, unter den Lehrenden im schulischen Alltag und im wissenschaftlichen Feld. In diesem Sinn fokussieren auch die vier verschiedenen Beitragsformate (Grundlagenartikel, Praxisbeitrag, Forschungsskizze und Fallbeispiel) des Journals *transfer Forschung ↔ Schule* auf beide Adressatengruppen mit dem Ziel einen Themenschwerpunkt (in diesem Heft „Sprachsensibel Lernern & Lehren) multiperspektivisch zu betrachten und zur Diskussion zu stellen. Die erste Ausgabe fragt nach der Sprache. Welche Sprache ist passend für die Schule? Sie werden rasch bemerken, dass selbst in diesem Heft sehr unterschiedliche Sprachen *zur Sprache kommen*: die hoch ausdifferenzierte Sprache der Wissenschaft genauso wie die für die Basis gut verständliche Sprache des schulischen Alltags. Die ungewöhnliche Mischung der Autorinnen und Autoren aus der Forschung und aus der Praxis ist eine Begegnung der neuen Art. Weitere Fragen tauchen auf: Welche Sprache ist angebracht? Wieviel Fachsprache benötigt guter Unterricht? Und wieviel Kinder- oder Jugendsprache? Wie kann tatsächlicher Transfer von wissenschaftlichen Forschungsergebnissen für den Einsatz von Sprache in der schulischen Praxis geschaffen werden?

Wie können Profis ihr *Lehren* sprachlich so optimieren, dass das *Lernen* mehr Erfolge feiert? Finden Sie Ihre Antworten. In Ihrer Sprache!

Die Herausgeberinnen und Herausgeber

Editorial

This journal is new and unique in several respects. *transfer Forschung ↔ Schule* is new as such, since this is its very first edition, an edition representing the underlying developmental efforts and a strive for improvement and the discovery of the unknown.
This new series of publications is also unique in its way of dealing with the connection of research and practice in the field of school development. So far, only the connection of theory and practice, as well as the connection of research and academic teaching are well established concepts. The linking of research and practice at schools, however, does not happen accidentally, it is in fact, a sign of the times.
Right before the beginning of a new era of teacher training in Austria, representatives of universities and pedagogical universities are joining forces in the development of new curricula. The collaboration of the two institutions, with their very unique strengths and traditions, is new in Austria. The title of this journal, *transfer Forschung ↔ Schul*e, is aimed at expressing this new connection and collaboration.
While universities form the backbone of new teacher training programs by integrating their strong tradition of research, pedagogical universities make for the essential sense of balance by contributing a tradition in which teaching practice and theory are finely interwoven. The title of this journal symbolizes this link and points to the future.
transfer Forschung ↔ Schule also links various aspects of school and teaching by providing articles on research and teaching practice from pedagogical universities and European universities, by addressing readers among teachers and researchers alike.
On this note, different formats in this issue (basic articles, experts in dialog, practice-based contributions, research outlines and case studies) addressing one thematic focus from different perspectives (such as „Sprachsensibel Lernen & Lehren") are provided.
The first issue investigates the use of language at school and teaching lessons. You might notice that even in this issue, many different linguistic varieties and repertoires are used: the rather sophisticated academic language as well as the everyday language common in school settings. The combination of contributions by authors with a background in teaching and authors with a background in research is a new kind of encounter, raising new questions, such as: What kind of language is appropriate in school and teaching settings? How much academic language proficiency is needed in a professional learning environment? Up to which degree and in which situations should youth jargon be accepted at schools? How can scientific findings, regarding the use of language at school, be transferred to schools successfully? And how can professionals optimize their use of language in teaching in a way that makes learning more successful?
Find your answers. In your language!

The editors.

Sven Oleschko, Tülay Altun und Katrin Günther

Lernaufgaben als zentrales Steuerungsinstrument für sprachbildend-inklusive Lernprozesse im Gesellschaftslehreunterricht

Learning tasks as a central controlling instrument for language developing, inclusive learning processes in the context of social studies instruction

Zusammenfassung
Der Beitrag thematisiert die Bedeutung des Zusammenhangs von fachlichen und sprachlichen Lernprozessen im Fächerverbund Gesellschaftslehre. Dazu wird zunächst herausgearbeitet, welchen Einfluss die Sprache für das domänenspezifische Lernen besitzt und an Schülertexten illustriert, an welchen sprachlichen Mitteln Hinweise auf mentale Kognitionsprozesse möglich werden.

Abstract
This paper focuses on the meaning of language for field-specific learning. In the field of social study education (geographical, historical, and political education), the interest between the correlation of language and field-specific learning has increased over the past few years. The analysis of student texts shows, that text quality is determined by specific language characteristics (in this case: connectors).

Einführung in das Thema

Für den Fächerverbund Gesellschaftslehre kann der konstitutive Charakter von Sprache für die Lehr- und Lernprozesse im Allgemeinen und die sprachliche Verfasstheit des Gegenstandsbereiches im Speziellen, auf den sich das domänenspezifische Lernen bezieht, als fundamental angesehen werden. Denn ohne Sprache, so konstatiert Hartung, könne es keine

Geschichte geben, Erinnerungen könnten in der Gegenwart nicht mehr präsent sein (vgl. Hartung, 2010, S. 181).

Hartung zeigt am Beispiel des Geschichtsunterrichts, dass jede Fachdisziplin ihre ‚eigene' Sprache besitzt. Wenn Sprache Vergangenheit rekonstruieren soll, müssen auch entsprechende sprachliche Mittel vorhanden sein, um diesem Anspruch gerecht zu werden. Der Fachdiskurs braucht daher seine eigenen, typischen sprachlichen Mittel, die im jeweiligen Fachunterricht konsequenterweise ausgebildet werden müssten, um domänenspezifisches Lernen zu ermöglichen.

In diesem Beitrag soll zunächst der Zusammenhang von sprachlichem und fachlichem Lernen im Gesellschaftslehreunterricht als Herausforderung für die Theoriebildung skizziert werden. Am Beispiel von Lernaufgaben sollen dann Überlegungen angestellt werden, welche Leistung von Lernenden bei schriftlichen Lernaufgaben erbracht werden müssen. Da Lernaufgaben häufig mit Operatoren formuliert werden, kommt ihnen in den nachfolgenden Überlegungen eine besondere Rolle zu. Es stellt sich die Frage, welches Wissen über (fach-)sprachliche Strukturen und der Bedeutung von Lernaufgaben für die Unterrichtspraxis notwendig ist. Über die beispielhafte Analyse dreier Schülertexte zum Operator 'Beschreiben' sollen abschließend die Überlegungen zu den sprachlichen Handlungen bei der Lösung einer Aufgabe in Bezug auf die Fachdisziplinen konkretisiert werden.

Bildungssprache im Kontext des fachlichen und sprachlichen Lernens

Im Diskurs um *Bildungssprache* wird der „Besitz sprachlicher Fähigkeiten" (Gogolin & Lange, 2011, S. 110) für den schulischen Erfolg als unverzichtbar angesehen. Bildungssprache wird dabei – je nach Autorin und Autor und Disziplinzugehörigkeit – unterschiedlich definiert. Daher soll zunächst ein Verständnis von Bildungssprache erarbeitet werden, um dann die Bedeutung für das schulische Lernen genauer auszuarbeiten. Feilke grenzt Bildungssprache von Schulsprache ab, indem er auf die spezifische Entwicklung verweist. Wonach sich Bildungssprache als historisch einzelsprachliches Sprachmittel auffassen lässt, und deren Ressourcen sich über mehrere Jahrhunderte ausgebildet hätten. Dazu zählt er das *Passiv* oder das *System der Modalverben* im Deutschen. Die Bildungssprache grenzt er wiederum von dem Register Schulsprache als in didaktischer Absicht konstruiert ab (vgl. Feilke, 2012, S. 6).

Die Kenntnis bildungssprachlicher Mittel werde demnach zur Voraussetzung für das schulische Lernen. Denn bildungssprachliche Elemente sind (z. T. in zugespitzter und weniger allgemeiner Form) Teil der Sprache in der Schule. Uesseler et al. (2013, S. 49) führen eine weitere Erklärung von Bildungssprache aus, in der sie auf Ehlichs (1995) Begriff der ‚Alltäglichen Wissenschaftssprache' rekurrieren und damit über den eher deskriptiven Ansatz von Feilke hinausgehen. Sie definieren folgendes:

> „Bildungssprache ist also sprachliches Handeln, welches die Methode der Gewinnung und Umsetzung von Bildung dient, genauer: von institutionell selektiertem gesellschaftlichen Wissen, um an einer Gesellschaft angemessen partizipieren zu können" (Uesseler et al., 2013, S. 49).

Bildungssprache wird damit gesellschaftlich relevant, da es eine Bedingung für gelingende Partizipation darstellt. Damit dieser außerschulisch bedeutsame Stellenwert eingelöst wer-

den kann, ist zunächst zu fragen, welche Bedeutung die Bildungssprache im Besonderen für den Gesellschaftslehreunterricht einnimmt. Hier geht es um die Frage, welche Lernvoraussetzungen geschaffen werden müssen, um den Lernenden die von den Autorinnen genannte gesellschaftliche Teilhabe zu ermöglichen.
Damit die Bedeutung der Sprachfähigkeit für den fokussierten Fächerverbund geklärt werden kann, ist der Blick in die Arbeiten der einzelnen Bezugsdisziplinen zu richten, da es keine systematische Forschungsliteratur gibt, die sich auf das Konglomeratsfach bezieht.
Für die Teildisziplin Geschichte erhält Bildungssprache eine unabdingbare Bedeutung für den angestrebten Sinnbildungsprozess. Denn die Schülerinnen und Schüler sollen beispielsweise die Kompetenz erwerben, sich in der Zeit orientieren zu können. Dazu ist ein historisches Bewusstsein für die Zeitdimensionen Vergangenheit, Gegenwart und Zukunft zu entwickeln und dieses in einen Sinnzusammenhang bringen. Diese fachlichen Ziele sind aber nur durch eine hinreichende Sprachfähigkeit zu erreichen, da Geschichte – wie Geographie und Politik – i.d.R. auf abstrakte Fachkonzepte zurückgreift, die rein sprachlich gebunden sind.
Zum Zusammenhang von Sprache und fachlichem Lernen für den Geschichtsunterricht benennt Hartung wegen des konstitutiven Charakters von Sprache für Lehr-Lernprozesse sowie der sprachlichen Verfasstheit des Gegenstandsbereichs, auf das sich historisches Lernen bezieht, ein doppeltes Verhältnis zwischen Sprache und Geschichtslernen (vgl. Hartung, 2013, S. 335).
Denn Schülerinnen und Schüler benötigen rezeptive sprachliche Fähigkeiten, um historische, räumliche oder kausale Zusammenhänge nachvollziehen zu können, und andererseits bedürfen sie sprachlicher Kompetenzen, um einen neuen Wirklichkeitsraum zu konstruieren. Die epistemische Funktion von Sprache wird somit für das Sachfachlernen in den gesellschaftswissenschaftlichen Fächern bedeutsam.
Häufiger hingegen lässt sich ein Ansatz zur Sprach„förderung" im Fach finden, der stark die Wortschatzarbeit fokussiert (vgl. LISUM, 2013). Für den Ansatz der ganzheitlichen Sprachbildung ermöglicht dies den Lernenden jedoch nur einen ausschnitthaften Zugang zum Fach. Der Begriff *Demokratie* kann dies verdeutlichen: Hinter *Demokratie* steht ein komplexes Konzept, das je nach fachlichem Zugriff unterschiedlich mit Bedeutung gefüllt wird. Liegt der Fokus im Fach Politik eher auf einer bestimmten und definierten Herrschaftsform, ist der historische Zugang zudem durch den Blick in unterschiedliche zeitliche Räume geprägt, in denen Demokratie unterschiedlich verstanden wurde. In jedem Fall ist damit ein deutlich differenzierterer Zugriff gemeint, als der alltagssprachliche Begriff von Demokratie darstellt. Diese Konzepte müssen dem Lerner bekannt sein. Dazu gehört zudem die Kenntnis mit dem entsprechenden Konzept in Verbindung stehender sprachlicher Mittel, wie z.B. feststehender Wendungen oder Ähnlichem. Nur durch komplexe Sprachhandlungen können fachliche Begriffe in den entsprechenden Sinnzusammenhang gebracht werden. Eine reine Konzentration auf Wortschatzarbeit zur Förderung bildungssprachlicher Fähigkeiten würde hier zu kurz greifen. Hinzu kommt, dass das Erlernen des Wortschatzes weniger Herausforderungen für mehr- und einsprachige Lernende bedeutet als häufig angenommen (vgl. Steinmüller & Scharnhorst, 1987, S. 7)

Sprachhandlungen im Fachunterricht Gesellschaftslehre

Sprache ist mehr als nur Grammatik, mehr als isolierte grammatische Phänomene oder einzelne Worte bzw. Wortarten. Sprache ist auf Interaktion angelegt und hat einen sozialen Zweck. Aus dieser Erkenntnis erklärt sich der Blick auf komplexe Sprachhandlungen. Was ist nun aber konkret unter einer Sprachhandlung zu verstehen? Sprachhandlungen im Allgemeinen sind an Zwecke gebunden, die sich aus wiederkehrenden Handlungszusammenhängen ergeben und von kommunikativ Handelnden und ihren Zielsetzungen abhängig sind. Der Sprecher[1] verfolgt somit mit seiner Sprachhandlung ein individuelles Ziel, dessen Verwirklichung vom kommunikativen Zweck abhängt (Ehlich & Rehbein, 1979, S. 250). Für die Sprecher-Hörer-Interaktion bzw. Schreiber-Leser-Interaktion bedeutet dies, dass das Medium Sprache mit seinen Sprachhandlungen den Interaktionsbeteiligten bekannt sein muss. Der Sprecher bzw. Schreiber muss also sprachliche Handlungen verwenden, „die sich gesellschaftlich bewährt haben und über die auch andere verfügen" (Hoffmann, 2013, S. 26). Sprachhandlungen als kommunikatives Handeln verstanden, können in Diskurse oder Texte eingebettet sein. Auf den Unterricht bezogen werden Sprachhandlungen z.B. über Aufgaben ausgelöst, im Speziellen über handlungsinitiierende Verben (sogenannte Operatoren). Gerade die Auseinandersetzung mit Aufgaben und Aufgabenlösungen lässt erkennen, dass für Lernende eine Unterstützung auf der reinen Sprachoberfläche nicht ausreicht. Denn sie benötigen zur Aufgabenlösung fachliche Konzepte, welche sprachlich gebunden sind. Nur durch die Gleichzeitigkeit der sprachlichen Gebundenheit von Fachkonzepten wird es möglich, fachspezifische sprachliche Handlungen realisieren zu können. Dazu muss aber immer auf dem Hintergrund des Bekannten auf bereits sprachlich etabliertes Wissen Bezug genommen werden können (Feilke, 2005, S. 51). Der Text, der bei der Lösung einer *Beschreibe*-Aufgabe entsteht, ist (wie bei anderen Textproduktionsanlässen auch) immer zugleich ein Ausdruck des dahinter stehenden mentalen Modells. Denn der Lernende/die Lernende repräsentiert seinen eigenen Konstruktionsprozess, indem er/sie auf sprachlich etabliertes Wissen zurückgreift. Dies gilt auch für die übrigen Operatoren. Doch sollen diese Überlegungen am Beispiel des Beschreibens expliziert werden.

Die Analyse von Beschreibe-Aufgaben zeigt besonders deutlich, dass zwischen den Alltagsvorstellungen und dem domänenspezifischen Zugang unterschieden werden muss. Becker-Mrotzek & Böttcher (2008, S. 118) benennen in ihrer Prototypik, dass nur wahrnehmbare Aspekte räumlicher Objekte und statistische Sachverhalte (Tiere, Pflanzen, physikalische Prozesse …) beschrieben werden könnten. Psychosoziale Ereignisse können nach den Autoren nie Gegenstand einer Beschreibung sein, da sie mit subjektivem Erleben verbunden seien und daher eher Erzählungen oder Berichten entsprechen. Feilke (2005, S. 51), Ossner (2005, S. 68) und Redder (2013, S. 120) vertreten eine andere Auffassung, die das Beschreiben immer in epistemologische Zusammenhänge eingebunden sieht und daher immer ein Erklären vor dem Hintergrund des sprachlich Bekannten sei. Da Beschreibungen die subjektive Wiedergabe der Wahrnehmung des Sprechers oder Schreibers sei, könnten auch supportiv Erläuterungen und Begründungen miteingeschlossen werden.

Die Sprachhandlung *Beschreiben* kann wiederum auch als Teilhandlung in verschiedenen Textsorten auftreten (z.B. *Beschreiben* als Teil von *Vergleichen*, *Darstellen* u.ä.). Ein solcher

---

[1] In diesem Kontext werden die Begriffe ‚Hörer' und ‚Sprecher' bzw. ‚Schreiber' als feststehende Begrifflichkeiten verwendet, deshalb nicht gegendert.

Zusammenhang kann sicherlich auch für andere Operatoren festgestellt werden (und sollte daher Gegenstand systematischer Untersuchungen sein).
Sprachhandlungen müssten weiterhin viel genauer im Hinblick auf ihre Bezugsdisziplin geprüft werden. So ist bisher kaum untersucht, was z.B. das Spezifische an Sprachhandlungen des Gesellschaftslehreunterrichts ist (Wo genau unterscheidet sich ein Beschreibeverständnis zwischen den schulischen Unterrichtsfächern? Ist im Kunstunterricht etwas anderes als im Deutschunterricht gemeint?). Die Definitionen der Operatoren in den Einheitlichen Prüfungsanforderungen in der Abiturprüfung (EPA)(vgl. Veröffentlichungen der Kultusministerkonferenz) geben fast ausschließlich Hinweise auf die mentale Aktivität, nicht aber die sprachliche Repräsentation dieser (oder wenn nur in sehr allgemeinen Formulierungen). In der Forschung wird dieser Mangel an Domänenspezifik in der Aufgabenkultur kritisiert (vgl. Thünemann, 2013, S. 145ff.).
Eine weitere Herausforderung stellt die Vielzahl an Operatoren im Schulkontext dar, da für jede Fachdisziplin ein eigener Operatorenkatalog vorliegt. Das bedeutet für die Lernenden, sich mit einer Vielzahl unterschiedlicher Sprachhandlungen und Textsortenmustern auseinandersetzen zu müssen. Redder et al. (2013) machen auf der Basis einer Untersuchung an Erst- und Zweitklässlern den Vorschlag, die hinter den unterschiedlichen Textmustern stehenden Sprachhandlungen zu kategorisieren. Die Autoren benutzen den Begriff der Sprachhandlung und gehen von fünf grundlegenden Kategorien aus. Sie nennen das *Beschreiben, Instruieren, Erklären, Reformulieren* und *Erläutern* als zentrale Anforderungen (vgl. Redder et al., 2013, S. 14). Es wäre zu überlegen, diese Sprechhandlungen für die Sekundarstufe I und II auf ihre Relevanz hin zu überprüfen und ggf. zu übernehmen. Die Kenntnis dieser fünf Sprechhandlungen ginge über die übliche Zuordnung der Operatoren zu Anforderungsbereichen hinaus. Mit dem entsprechenden sprachlichen Wissen zur Umsetzung dieser Sprechhandlungen könnten Lernende diese wie eine Art Baukasten einsetzen. Dies könnte eine Unterstützung für den Lernprozess bedeuten.
Ungelöst bleibt allerdings die Frage nach der Domänenspezifik. Im Gesellschaftslehreunterricht müssen die Lernenden solche sprachlichen Handlungen realisieren, die eine Auseinandersetzung mit dem Fach und seinen fachlichen Zielen ermöglichen. Schülerinnen und Schüler analysieren im Gesellschaftslehreunterricht räumliche, zeitliche, politische, soziale und ökonomische Prozesse. Wenn davon ausgegangen wird, dass Geographie eine Raumwissenschaft ist, Politik häufig Kausalzusammenhänge darstellt, Geschichte sich auf Zeit und Raum bezieht, müssen diese Anforderungen der Fächer auch in den über die Aufgabenformate typischen Sprachhandlungen abgebildet werden. Diese müssen, vielleicht in Anlehnung an die fünf Kategorien von Sprechhandlungen, ausgearbeitet werden, so dass sie als sprachliches Repertoire verfügbar gemacht werden können. Diese Forderung hat vor allem für Schülerinnen und Schüler mit sprachlichem Entwicklungspotential eine besondere Bedeutung, da Strukturen von Bildungssprache gerade für diese Gruppe der Lernenden explizit gemacht werden muss, weil ihre Formen (im Sinne der alltäglichen Wissenschaftssprache nach Ehlich) oft nur durch Kontextwissen von der Alltagssprache zu unterscheiden sind (wie etwa das Beispiel *Demokratie* zeigte).

Die Explizierung sprachlicher Strukturen hat darüber hinaus im Sinne der Wissensgewinnung Bedeutung für alle Schülergruppen: „Die Gewinnung neuen wissenschaftlichen Wissens verlangt also vom innovierenden Wissenschaftler immer schon den Bezug auf einen *sprachlichen Horizont*, der für sein Geschäft unabdingbar ist" (Ehlich, 2006, S. 24). Übertragen auf die Schule bedeutet dies: Nur wenn Lernende mit sprachlichen Strukturen vertraut sind, können sie diese nutzen, um neues Wissen zu generieren.

Lernaufgaben und Sprachhandlungen als Steuerungsinstrument für sprachbildenden Unterricht

Koinzidenz von fachlichen und sprachlichen Dimensionen

Die Bedeutung der Sprache für das fachliche Lernen ist in den vorherigen Abschnitten bereits ausgearbeitet. Eine Frage, die in Bezug auf eine fachspezifische Sprachstandsfeststellung offen bleibt, ist die nach dem Zusammenhang von Kognition und Sprache. Anders gefragt: An welchen sprachlichen Merkmalen lassen sich Hinweise auf fachspezifische Kognitionsprozesse ablesen? Um sich dieser Frage nähern zu können, bieten sich die im Unterricht eingesetzten Operatoren zur weiteren Auseinandersetzung an. Denn mit den Operatoren werden in den Kernlehrplänen der einzelnen Unterrichtsfächer spezifische kognitive Dimensionen von Lernprozessen genauer ausgeführt. So finden sich im Kernlehrplan Gesellschaftslehre für die Gesamtschulen in Nordrhein-Westfalen (2011) folgende Ausführungen zum Operator „erklären":

- „erklären die Darstellung von Geschichte als Deutung" (S. 22),
- „erklären das Konzept des sanften Tourismus als Mittel zur Vermeidung von Natur- und Landschaftsschäden" (S. 29),
- „erklären die Konzepte ‚moderner Rechtsstaat' und ‚Menschenrechte'" (S. 43).

Diesen Ausführungen folgend ist durch die kompetenzorientierte Formulierung in den Kernlehrplänen für die Bezugsdisziplinen (Geographie, Geschichte und Politik/Sozialwissenschaften) des Gesellschaftslehreunterrichts das „was" geklärt. Hingegen fehlt es an Hinweisen, „wie" die Lernenden die einzelnen Ausführungen sprachlich präsentieren sollen. Es bleibt offen, ob Lernaufgaben schriftlich oder mündlich zu beantworten sind, welche fachspezifischen sprachlichen Mittel genutzt werden soll, welche typischen Sprachhandlungen im Fokus stehen oder wie mentale Modelle der Lernenden extern sprachlich realisiert sein sollen. Thürmann (2012, S. 6) macht daher darauf aufmerksam, dass jedem Operator eine kognitive Dimension und sprachliche Aktivität eingeschrieben sei. Denn fast jede operatoreneingeleitete Aufgabe erfordert von den Lernenden nicht nur, dass sie die fachspezifischen mentalen Operationen vollziehen, sondern im Kontext der unterrichtlichen Wirklichkeit, muss jeder dieser Prozesse für andere dargestellt werden. Diese Darstellungsleistung ist wiederum ausschließlich an Sprache rückgebunden. Ohne eine ausreichende Sprachfähigkeit wird es den Lernenden nicht möglich sein, ihre fachspezifischen Lernprozesse sprachlich zu markieren. Daneben sind die Lerngegenstände im gesellschaftswissenschaftlichen Lernprozess ebenfalls fast ausschließlich über Sprache zu erschließen: die Lernenden müssen Texte lesen, mündlichen Ausführungen des Lehrers folgen oder visuelle Darstellungen mit sprachlich etabliertem Wissen verknüpfen. Hieraus erwächst die Einsicht, dass gerade in den gesellschaftswissenschaftlichen Unterrichtsfächern ohne eine hinreichende Sprachrezeption und -produktion keine adäquaten Lernprozesse möglich werden.

Sprachhandlungen als Orientierungsrahmen für fachsprachliche Lernprozesse

Jede der fünf Sprechhandlungen (siehe oben) besitzt abgrenzbare sprachliche Strukturen und Mittel, die für ihre Realisierung typisch sind. Allerdings ist in der unterrichtlichen Praxis die fachspezifische Benennung von typischen sprachlichen Mitteln herausfordernd. Denn durch die jeweiligen Didaktiken der Bezugsdisziplinen des Gesellschaftslehreunterrichts oder auch der Sprachdidaktik gibt es kaum Hinweise, was die Sprachhandlungen der Domäne oder eines Unterrichtsfaches auszeichnen. Die Orientierung an typischen Textsorten für den Gesellschaftslehreunterricht scheint dagegen noch weniger geeignet. Denn bereits sehr früh sind die Lernenden zum Umgang mit einer Vielzahl von Texten (kontinuierlich/diskontinuierlich) aufgefordert. Dabei lassen sich kaum typische Texte für einzelne Jahrgänge oder Unterrichtsvorhaben benennen (eine Aufzählung von Textsorten für den Politikunterricht findet sich bspw. bei Weißeno, 1993).

Für die Sprechhandlungen kann eine Zuordnung von typischen Operatoren und übergeordneten Textmustern vorgenommen werden. Die nachfolgende Tabelle illustriert exemplarisch wie eine solche Zuordnung aussehen könnte. Allerdings ist darauf hinzuweisen, dass zunächst die typischen Sprach- bzw. Sprechhandlungen theoretisch zu bestimmen sind, um die Operatoren jeweils beizuordnen. Auf der anderen Seite sind die häufigsten Operatoren des jeweiligen Fachunterrichts zunächst zu bestimmen. Nach einem solchen Vorgehen könnte dann systematisch eine Beziehung zwischen verlangten Sprachhandlungen und Aufgabenstellungen hergestellt werden. Dieses Vorgehen bietet sich aufgrund der Vielzahl von sonst unübersichtlichen Textsorten im Gesellschaftslehreunterricht an, um für die Lernenden die Funktion von Sprache für das Lernen transparenter auszuarbeiten.

Tab. 1: Sprechhandlungen und Operatoren – mögliche Zuordnung

Sprechhandlung	zuzuordnende Operatoren
Beschreiben	beschreiben, berichten, wiedergeben, benennen (…)
Erklären	beschreiben, erklären, beurteilen (…)
Erläutern	begründen, argumentieren, diskutieren, bewerten, Stellung nehmen (…)
(…)	(…)

Durch Lernende realisierte Sprachhandlungen zu einer „beschreibe"-Aufgabe

Im vorherigen Abschnitt ist die Bedeutung der Sprach- und Sprechhandlungen für das gesellschaftswissenschaftliche Lernen umrissen worden. Die Übersicht zu Sprechhandlungen und Operatoren zeigt, dass einzelne handlungsinitiierende Verben je nach Intention unterschiedlich zugeordnet werden können. Damit wird deutlich, dass beispielsweise der Operator „beschreibe" nicht in jedem Falle ausschließlich eine prototypische Beschreibung erfordert, sondern je nach Kontext, mehr in Richtung Erklärung verstanden werden kann.

Die Bedeutung eines solchen Verständnisses ist bei Oleschko (2014a und 2014b) bereits ausführlich diskutiert und theoretisch hergeleitet.

Die nachfolgend vorgestellten Schülertexte entstammen einer Studie von Oleschko, in der Textproduktionen einer wissensbasierten Beschreibung erhoben wurden. An der Untersuchung haben Lernende einer Realschule in Deutschland (Bundesland Nordrhein-Westfalen) teilgenommen. Die Texte wurden im Juli 2013 in den Jahrgängen 5, 8 und 10 produziert ($N = 233$). Nähere Informationen zur Stichprobe und zu weiteren – hier nicht berichteten Ergebnissen – können u.a. Oleschko (2014a) entnommen werden.

Exemplarische Schülerlösungen

Die Lernenden hatten die Aufgabe ein aus dem Schulbuch ausgewähltes Schaubild zum Wasserkreislauf[2] zu beschreiben. Dazu haben die Lernenden eine Aufgabenstellung mit dem Operator „beschreibe" und das Schaubild erhalten. Folgende Texte wurden u.a. von den Lernenden produziert:

Schülertext I 5. Klasse, 11 Jahre, weiblich, mehrsprachig wahrnehmungsbasiert	„Auf dem Bild ist ein Gletscherberg. Ein See wovon Wasser in den Meer fließt. Da ist ein kleines Dorf. Da sind Wolken die auf den Gletscherberg regnen, und Wolken die in den Meer regnen. Da ist ein Fluss der vom Gletscherberg in den Meer fließt. Da sind Bäume (…)."
Schülertext II 8. Klasse, 15 Jahre, männlich, einsprachig temporal-strukturiert	„Es regnet als erstes dann kommt die sonne und lässt das wasser verdunsten der wasserdampf geht dann hoch es kühlt ab und dann geht es in die Wolken und dann regnet es kommt auf den Gletscher der Gletschers schmilzt dann geht das Wasser in den See (…)."
Schülertext III 8. Klasse, 15 Jahre, männlich, mehrsprachig wissensbasiert	„Auf dem Bild eine Erklärung für den Niederschlag zu sehen. Wenn ein Niederschlag verdunstet entsteht Wasserdampf. Wenn er sich abkühlt entstehen Wolken. Durch den Wind werden sie landeinwärts getrieben. Dort gibt es den nächsten Niederschlag. Entweder das Wasser sickert durch die Wiesen und steigert das Grundwassers oder es wird durch den Abfluss ins Meer gespült (…)"

In der Analyse der Schülertexte soll es nun darum gehen, die unterschiedlichen extern repräsentierten mentalen Modelle in die bisherigen theoretischen Ausführungen einzuordnen. Alle Lernenden haben die gleiche Aufgabenstellung erhalten, aber einen je unterschiedlichen Zugang zur Textproduktion gewählt:

Schülertext I gibt ausschließlich wahrnehmungsbasierte Eindrücke wieder und versucht die Oberflächenstruktur des wahrgenommenen Bildes wiederzugeben. Dazu nutzt die Schülerin die Lokaldeixis „da", um den Leser auf durch das Bild gewonnene Wissensbestände hinzuweisen. Der zweite Schülertext hingegen nutzt temporale Strukturen, um den Text aufzu-

---

[2] Das Schaubild entstammt einem Politikschulbuch für die Jahrgänge 5/6 in NRW (vgl. Demokratie heute 1. Politik. Nordrhein-Westfalen. Braunschweig: Schroedel. S. 159).

bauen. Die Verwendung des temporalen Konnektors „dann" organisiert den dargestellten Textinhalt in Form eines Berichtes. Mit dem dritten Schülertext wird ein weiterer Textaufbautyp realisiert. Der Schüler nutzt stärker als die anderen beiden seinen durch das Bild aktivierten Wissensbestand, um mit Hilfe von konditionalen („wenn"), inklusiv-disjunktiven („oder") und exklusiv-disjunktiven („entweder … oder") Konnektoren Bedingungen und Abhängigkeiten zu markieren.

Interpretation der Schülerlösungen

Die vorgestellten **Schülerlösungen** zeigen, dass die Lernenden unterschiedliche Strukturen zur Wissensrepräsentation realisiert haben. Diese können auf einem Kontinuum von weniger bis viel (Vor-/Fach-)Wissen verortet werden. Schülertext I ist ausschließlich auf der Wahrnehmungsoberfläche geblieben und hat Wissensbestände des Bildes versprachlicht. Dabei hat sie kaum weitere Wissensbestände miteingebracht, sondern sich lediglich auf eine Auflistung der durch sie subjektiv bedeutsamen Bildaspekte konzentriert (bzw. auf die, zu denen sie ein sprachlich etabliertes Wissen hatte). Im zweiten Schülertext wird die Bildbeschreibung mit weiteren, nicht aus dem Bild stammenden, Wissensbeständen verknüpft („dann kommt die Sonne"). Der Schüler linearisiert seinen Text aber ausschließlich temporal. Dabei folgt der Textaufbau seiner Bildleserichtung und die einzelnen durch das Bild vorstrukturierten Bedeutungseinheiten werden temporal organisiert („als erstes … dann … dann … dann"). Der Autor des dritten Textes wählt eine fachspezifische Textorganisation, indem er seine Vorwissensbestände nach anderen Strukturprinzipien organisiert. Er nutzt nicht-temporale Strukturen und realisiert mit spezifischen Konnektoren eine höhere Inhaltskomplexität. Zudem löst er sich von der Bildleserichtung bzw. der Organisation der Bedeutungseinheiten des Bildes und strukturiert den Text nach domänenspezifischen Wissensstrukturen (Entstehung von Niederschlag).

Diskussion

Der Beitrag hat die Bedeutung der domänenspezifischen Sprachfähigkeit für den Gesellschaftslehreunterricht in den Blick genommen und dabei herausgearbeitet, dass für das fachspezifische Lernen in dem Fächerverbund die Lernenden auf eine hinreichende Sprachfähigkeit angewiesen sind, um sich die Wissensbestände rezeptiv und produktiv zu erarbeiten. Der schülerseitige Lernprozess ist im Gesellschaftslehreunterricht ohne eine ausreichende Sprachfähigkeit kaum möglich, da die Lerngegenstände ausschließlich an Sprache rückgebunden sind.
Eine Orientierung an Merkmalen der Sprachoberfläche oder Textsorten erscheint für die Domäne wenig zielführend, da die Konzepte, die im Fachunterricht erworben werden sollen, nur sprachlich gebunden auftreten und von den Lernenden auf konzeptioneller Ebene und nicht isoliert erlernt werden können. Mit der exemplarischen Schülertextanalyse wurde gezeigt, dass die Lernenden mit unterschiedlich genutzten sprachlichen Mitteln andere Textstrukturen realisiert haben. Dabei ist der nicht-temporale Konnektorengebrauch als ein eindeutiger Hinweis auf die enge Verbindung von Kognition und Sprache zu verstehen. Denn die Organisation der Wissensbestände ist dadurch wesentlich komplexer realisiert als bei der Nutzung von Lokaldeixis oder temporalen Konnektoren. Dadurch sollte deutlich geworden sein, wie entscheidend es ist, im gesellschaftswissenschaftlichen Lernprozess mit den Lernen-

den die Funktion bestimmter sprachlicher Mittel zu thematisieren und hierzu ausreichend Lernsituationen zur Verfügung zu stellen, um so den Aufbau fachspezifischer Konzepte zu ermöglichen. Denn nur wenn die Lernenden eine hinreichende Sprachfähigkeit besitzen, um sich die sprachlich gebundenen Lerngegenstände selbstständig zu erarbeiten, sind sie auch in der Lage, sich fachspezifisch mit diesen auseinanderzusetzen. Besitzen die Lernenden hingegen diese typischen Sprachstrukturen nicht, können sie sich mit den fachlichen Wissensbeständen auch nur weniger komplex und rein oberflächlich auseinandersetzen.

Damit für den unterrichtlichen Lernprozess weitere Ansätze zum integrierten fachsprachlichen Lernen gefunden werden können, wäre es wünschenswert, eine systematische Forschungsaufnahme zum Zusammenhang von Sprachhandlungen und Aufgabenstellungen in den Blick zu nehmen, um so die fachspezifischen Lernprozesse zukünftig besser einschätzen zu können. Bisher ist für den Fächerverbund Gesellschaftslehre viel zu wenig über sprachliche Strukturen, aber auch über mögliche Unterstützungsleistungen für Schülerinnen und Schüler bekannt.

Literatur

Becker-Mrotzek, M. & Böttcher, I. (2008). *Schreibkompetenz entwickeln und beurteilen*. Berlin: Cornelsen.

Ehlich, K. & Rehbein, J. (1979). Sprachliche Handlungsmuster. In H.-G. Soeffner (Hrsg.), *Interpretative Verfahren in den Sozial- und Textwissenschaften* (S. 243-274). Stuttgart: Metzler.

Ehlich, K. (1995). Die Lehre der deutschen Wissenschaftssprache: sprachliche Strukturen, didaktische Desiderate. In: H. L. Kretzenbacher & H. Weinrich (Hrsg.), *Linguistik der Wissenschaftssprache* (S. 325-351). Berlin: de Gruyter.

Ehlich, K. (2006). Mehrsprachigkeit in der Wissenschaftskommunikation – Illusion oder Notwendigkeit? In: K. Ehlich & D. Heller (Hrsg.), *Die Wissenschaft und ihre Sprachen* (S. 17-38). Bern: Lang.

Feilke, H. (2005). Beschreiben, erklären, argumentieren-Überlegungen zu einem pragmatischen Kontinuum. In P. Klotz & C. Lubkoll (Hrsg.), *Beschreibend wahrnehmen-wahrnehmend beschreiben. Sprachliche und ästhetische Aspekte kognitiver Prozesse* (S. 45-60). Freiburg: Rombach.

Feilke, H. (2012). Bildungssprachliche Kompetenzen – fördern und entwickeln. In *Praxis Deutsch*, 233, S. 4-13.

Hartung, O. (2010). Die ‚sich ewig wiederholende Arbeit' des Geschichtsbewusstseins – Sprache als Medium des historischen Lernens. In *Zeitschrift für Geschichtsdidaktik*, 9, S. 181-191.

Hartung, O. (2013). Sprache und konzeptionelles Schreibhandeln im Fach Geschichte. Ergebnisse der empirischen Feldstudie „Geschichte – Schreiben – Lernen". In M. Becker-Mrotzek, K. Schramm, E. Thürmann & H. Vollmer (Hrsg.), *Sprache im Fach – Sprachlichkeit und fachliches Lernen* (S. 335-352). Münster: Waxmann.

Hoffmann, L. (2013). *Deutsche Grammatik. Grundlagen für Lehrerausbildung, Schule, Deutsch als Zweitsprache und Deutsch als Fremdsprache*. Berlin: Erich Schmitz Verlag.

Landesinstitut für Schule und Medien Berlin-Brandenburg (LISUM) (2013): Sprachsensibler Fachunterricht Handreichung zur Wortschatzarbeit in den Jahrgangsstufen 5 – 10 unter besonderer Berücksichtigung der Fachsprache. http://bildungsserver.berlin-brandenburg.de/publikation_sprachsensibler_fachunterricht.html (letzter Aufruf: 05.03.2015).

Oleschko, S. (2014a). Lernaufgaben und Sprachfähigkeit bei heterarchischer Wissensstrukturierung. Zur Bedeutung der sprachlichen Merkmale von Lernaufgaben im gesellschaftswissenschaftlichen Lernprozess. B. Ralle, S. Prediger, M. Hammann & M. Rothgangel (Hrsg.), *Lernaufgaben entwickeln, bearbeiten und überprüfen-Ergebnisse und Perspektiven der fachdidaktischen Forschung* (S. 85-94). Münster: Waxmann.

Oleschko, S. (2014b). Sprachfähigkeit in der Domäne der Gesellschaftswissenschaften am Beispiel funktionaler Beschreibungen. In B. Ahrenholz & P. Grommes (Hrsg.), *Zweitspracherwerb im Jugendalter* (S. 193-210). Berlin: DeGruyter.

Ossner, J. (2005). Das deskriptive Feld. In P. Klotz & C. Lubkoll (Hrsg.), *Beschreibend wahrnehmen-wahrnehmend beschreiben. Sprachliche und ästhetische Aspekte kognitiver Prozesse* (S. 61-78). Freiburg: Rombach.

Redder, A. (2013). Sprachliches Kompetenzgitter. Linguistisches Konzept und evidenzbasierte Ausführung. In A. Redder & S. Weinert (Hrsg.), *Sprachförderung und Sprachdiagnostik. Interdisziplinäre Perspektiven* (S. 108–134). Münster: Waxmann.

Redder, A.; Guckelsberger, S. & Graßer, B. (2013). Mündliche Wissensprozessierung und Konnektierung: Sprachliche Handlungsfähigkeiten in der Primarstufe. Münster: Waxmann Verlag.

Steinmüller, U. & Scharnhorst, U. (1987). Sprache im Fachunterricht – Ein Beitrag zur Diskussion über Fachsprachen im Unterricht mit ausländischen Schülern. In *Zielsprache Deutsch*, 18, S. 3-12.

Thünemann, H. (2013). Historische Lernaufgaben. Theoretische Überlegungen, empirische Befunde und forschungspragmatische Perspektiven. In *Zeitschrift für Geschichtsdidaktik*, 12, S. 141-155.

Thürmann, E. (2012). Lernen durch Schreiben. In *dieS-online*, 1. S. 1-28. Online Dokument unter http://geb.uni-giessen.de/geb/volltexte/2012/8668/pdf/ DieS_online-2012-1.pdf (30.01.2015).

Uesseler, S.; Runge, A. & Redder, A. (2013). „Bildungssprache" diagnostizieren. Entwicklung eines Instruments zur Erfassung von bildungssprachlichen Fähigkeiten bei Viert- und Fünftklässlern. In A. Redder & S. Weinert (Hrsg.), *Sprachförderung und Sprachdiagnostik. Interdisziplinäre Perspektiven* (S. 42-67). Münster: Waxmann.

Weißeno, G. (1993). Über den Umgang mit Texten im Politikunterricht. Didaktisch-methodische Grundlegung. Schwalbach: Wochenschau.

Angaben zu den Autorinnen und Autoren

Sven Oleschko, Universität Duisburg-Essen
sven.oleschko@uni-due.de

Tülay Altun, Universität Duisburg-Essen
tuelay.altun@uni-due.de

Katrin Günther, Universität Duisburg-Essen
katrin.guenther@uni-due.de

Christoph Gantefort und María José Sánchez Oroquieta

Translanguaging-Strategien im Sachunterricht der Primarstufe: Förderung des Leseverstehens auf Basis der Gesamtsprachigkeit

Translanguaging-Strategies in Primary School: Developing Bilingual Pupils' Reading Proficiency based on their entire linguistic repertoire

Zusammenfassung

Im Beitrag wird am Beispiel einer aktuell entwickelten Intervention zur Förderung des Leseverstehens von Primarschülerinnen und Primarschüler gezeigt, wie sprachliches und fachliches Lernen auf der Basis der Gesamtsprachigkeit mehrsprachiger Schülerinnen und Schüler gestaltet werden kann. Dazu werden die Grundzüge des Translanguaging-Ansatzes und des reziproken Lesens dargestellt und das Konstrukt der Lesekompetenz aus einer mehrsprachigen Perspektive beleuchtet. Neben dem im Rahmen eines Schulverbundes entwickelten Sprachförderkonzept werden Aspekte der vorgesehenen Begleitforschung thematisiert.

Abstract

The article adresses the question how bilingual pupils in primary school can be enabled to use their entire linguistic repertoire in order to acquire both subject-specific competencies as well as higher-order linguistic skills. Based on theoretical assumptions related to ‚Translanguaging Strategies‛ and ‚Reciprocal Teaching‛, the construct of reading proficiency is considered from a multilingual perspective and a currently developed intervention promoting reading comprehension is outlined. Finally, some aspects of the planned accompanying research are adressed.

Einleitung

Vor dem Hintergrund einer zunehmenden sprachlichen Vielfalt in den Bildungsinstitutionen und vielfach festgestellten Benachteiligungen mehrsprachiger Kinder und Jugendlicher im Bildungserfolg, der Bildungsbeteiligung und im Erwerb schulisch vermittelter Kompetenzen (vgl. z.B. Stanat, Rauch & Segeritz 2010; Autorengruppe Bildungsberichterstattung 2006) sollen in diesem Beitrag Möglichkeiten des Umgangs mit Mehrsprachigkeit in der Schule thematisiert werden. Einerseits ist in den letzten Jahren die Bedeutung von Sprache als Lernmedium und Lerngegenstand in allen schulischen Fächern unter dem Stichwort ‚sprachsensibler Fachunterricht' deutlich herausgearbeitet worden (vgl. Ahrenholz, 2010; Röhner & Hövelbrinks, 2012; Becker-Mrotzek et al. 2013; Michalak 2014), andererseits dauert die Diskussion darüber an, welche Rolle der Erstsprache bzw. der Herkunftssprache von Schülerinnen und Schülern zukommt, die das Deutsche als Zweitsprache erwerben: Das Modell der ‚Submersion', verstanden als ein Unterricht, in dem die sprachlichen Aspekte der fachlichen Bildung keine Rolle spielen und von homogenen sprachlichen Voraussetzungen ausgegangen wird, scheint zwar im fachlichen Diskurs und zunehmend auch in der Unterrichtspraxis der Vergangenheit anzugehören, jedoch überwiegen insgesamt Strategien, die mit der meist alleinigen Förderung der Zweitsprache Deutsch auf institutionelle Einsprachigkeit ausgerichtet sind. Trotz prinzipiell zu begrüßender Maßnahmen wie Unterricht in Deutsch als Zweitsprache, Vorbereitungsklassen für Seiteneinsteigerinnen und Seiteneinsteiger und der expliziten Vermittlung bildungssprachlicher Fähigkeiten im Fachunterricht trifft weiterhin der Widerspruch zu, dass häufig keine Passung zwischen sprachlich heterogener, mehrsprachiger Schülerinnen und Schüler und einer einsprachigen Institution Schule im Sinne eines ‚monolingualen Habitus' (vgl. Gogolin, 1994) vorliegt.

Im Zusammenhang mit einer an Einsprachigkeit orientierten Wirklichkeit in den Bildungsinstitutionen ist mit dem in den letzten Jahren entwickelten ‚Translanguaging-Ansatz' (vgl. García, 2009) insofern ein Perspektivwechsel verbunden, als die Lernvoraussetzungen von Schülerinnen und Schülern nicht auf Fähigkeiten in der Unterrichtssprache (oder auch in der Erstsprache) reduziert werden. Vielmehr wird auf der Grundlage der Beobachtung, dass mehrsprachige Menschen sprachliche Mittel alle ihnen zur Verfügung stehenden Varietäten zur sinnhaften Verständigung nutzen, von einer ‚Gesamtsprachigkeit' der Lernenden ausgegangen, die für Bildungsprozesse berücksichtigt werden sollte: ‚Sprachsensibler Fachunterricht' ist demnach nicht einsprachig, sondern mehrsprachig zu denken.

In diesem Beitrag soll eine derzeit im Rahmen eines BiSS-Verbundes entwickelte und am Translanguaging-Ansatz orientierte Intervention zur Förderung des Leseverstehens in der Primarstufe vorgestellt werden, im Rahmen derer Schülerinnen und Schüler der Primarstufe in kooperativen Lernformaten ihre Gesamtsprachigkeit, also mithin sprachliche Mittel aus Erst- und Zweitsprache unter freier Wahl der Sprache, sowohl zum Erwerb fachlicher Fähigkeiten im Kontext des Sachunterrichts als auch für den Erwerb von Lesestrategien nutzen können sollen. Zunächst werden kurz Annahmen und Prinzipien des Translanguaging-Ansatzes und des reziproken Lesens thematisiert, um in einem zweiten Schritt das Konstrukt der Lesekompetenz im Kontext individueller Mehrsprachigkeit herauszuarbeiten. Schließlich wird die geplante Intervention ‚mehrsprachiges reziprokes Lesen' vorgestellt sowie die vorgesehene Evaluation und Begleitforschung thematisiert.

Translanguaging-Strategien im Unterricht – fachliches und sprachliches Lernen im Rahmen der Gesamtsprachlichkeit

Auf der Grundlage der Beobachtung, dass mehrsprachige Menschen in Kommunikationssituationen, in denen die Kommunikationspartnerinnen und Kommunikationspartner über Fähigkeiten in mehr als einer Einzelsprache verfügen, lexikalische und grammatische Mittel beider Sprachen einsetzen und diese strategisch dazu nutzen, Verständigung herzustellen, wird Mehrsprachigkeit von García als ein Kontinuum aufgefasst:

> „For us, translanguaging includes but extends what others have called language use and language contact among bilinguals. Rather than focusing on the language itself and how one or the other might relate to the way in which a monolingual standard is used and has been described, the concept of translanguaging makes obvious that there are no clear-cut boundaries between the languages of bilinguals. What we have is a languaging continuum that is accessed"(García, 2009, S. 47).

Während also in einer auf die Einzelsprachen und deren kodifizierte Normen fokussierenden Perspektive deren strukturelle oder typologische Spezifika hervortreten und die als Konstruktion zu verstehende ‚Monolithizität' der Einzelsprache (vgl. Cummins, 2008) betont wird, wird in einer Perspektive auf den Sprachgebrauch mehrsprachiger Menschen deutlich, dass sich das Konstrukt von Sprachen als hermetisch geschlossenen Gebilden im Sprachgebrauch auflöst. Mehrsprachige Menschen sind in diesem Sinne nicht als zwei einsprachige Individuen in einer Person zu verstehen, vielmehr verfügen sie über ein Gesamtrepertoire sprachlicher Mittel unterschiedlicher Einzelsprachen. Aus diesem sprachlichen Gesamtrepertoire werden in konkreten Kommunikationssituationen, in Abhängigkeit von Kommunikationspartnerinnen und Kommunikationspartnern sowie deren sprachlichen Voraussetzungen, dem Kommunikationsgegenstand und dem äußeren Setting ‚registerangemessene' sprachliche Mittel mit dem Zweck gelingender Verständigung ausgewählt. Der Wechsel von einer Sprache in die andere ist demnach nicht als ein Zeichen von Ausdrucksnot, sondern vielmehr als eine kommunikative Kompetenz zu betrachten:

> „These practises are in no way deficient, they simply reflect greater choices, a wider range of expression than each monolingual separately can call upon, and convey not only linguistic knowledge, but also combined cultural knowledge that comes to bear upon language use" (Garcia, 2009, S. 46f.).

Wie Arbeiten zum mehrsprachigen Spracherwerb von Kleinkindern zeigen, können diese bereits in einem sehr frühen Alter die Wahl sprachlicher Mittel aus dem ihnen zur Verfügung stehenden Gesamtrepertoire an ein- bzw. mehrsprachige Kommunikationpartnerinnen und Kommunikationspartner bzw. Kommunikationssituationen anpassen, indem sie in der mehrsprachigen Kommunikationssituation sprachliche Mittel aus beiden ihnen zur Verfügung stehenden Sprachen, in der einsprachigen Kommunikationssituation jedoch nur sprachliche Mittel der Sprache einsetzen, die auch die Kommunikationspartnerin oder der Kommunikationspartner beherrscht.

Indem im Bildungswesen dieser spezifischen Kommunikationsweise im Kontext individueller und kollektiver Mehrsprachigkeit kein Raum gegeben bzw. eine strikte Trennung der Sprachen in bestimmte Gebrauchssphären vorgenommen wird, erfahren mehrsprachige Lernende insofern eine systematische Benachteiligung, als ihnen zum einen das zentrale Werkzeug zum Wissens- und Kompetenzerwerb in der Schule, ihre sprachlichen Mittel, nur eingeschränkt zur Verfügung steht. Zum anderen erfahren die Schülerinnen und Schüler unter der Leitidee institutioneller Einsprachigkeit in der Schule keine Anerkennung von Mehrfachzugehörigkeiten bzw. hybrider und fluider Identitäten, was sich wiederum negativ auf den Bildungserfolg auswirkt:

> „As noted earlier, schools reflect the values and priorities of the societies that fund them. Thus, if the prevalent sentiment in a society is one of hostility to immigrants and diversity, then it is likely that a significant number of educators, who belong to that wider society, will also reflect the dominant discourse in their attitudes and practice. It is probably no coincidence that second-generation students tend to perform very poorly in countries that have been characterized by highly negative attitudes towards immigrants (e. g. Belgium, Denmark, Germany) and relatively well in countries such as Australia and Canada that have explicitly endorsed multicultural philosophies at the national level and which expedite integration into the society […]" (Cummins, 2014, S. 9; vgl. dazu auch Berry et al., 2010).

Dem ‚Translanguaging' als ein pädagogisches Konzept zum Umgang mit Mehrsprachigkeit kommt hier insofern ein transformatorisches Moment zu, als von einem Zusammenhang zwischen sozialer und sprachlicher Ungleichheit ausgegangen wird – soziale Ungleichheit soll über den Abbau sprachlicher Hierarchien reduziert werden. Mit der Öffnung der Institution Schule und der Unterrichtsinteraktion hin zu mehrsprachigen Kommunikationspraktiken ist jedoch nicht die völlige Aufgabe einer Orientierung an einzelsprachlicher Korrektheit und der Fähigkeit zu bildungssprachlichem Sprachgebrauch innerhalb einer Einzelsprache verbunden:

> „The ability to use the standard language is a developmental goal of education, but restricting the language of students may severely limit their communicative and intellectual potential, and their possibilities of becoming better educated. […] We are not questioning the teaching of a standard language in school; without its acquisition, language minority children will continue to fail and will not have equal access to resources and opportunities. But we have to recognize that an *exclusive* focus on the standard variety keeps out other languaging practices that are children's authentic linguistic identity expression" (García, 2009, S. 36).

Zusammenfassend kann also festgehalten werden, dass mit dem Translanguaging-Konzept eine reziproke Annäherung zwischen mehrsprachigen Kommunikationspraktiken auf Seiten der Kinder und der monolingualen Norm der Institution Schule angestrebt wird: Einerseits sollen Normen des Sprachgebrauchs in der Schule insofern transformiert werden, als Schülerinnen und Schüler die Gelegenheit erhalten, sämtliche ihnen zur Verfügung stehenden sprachlichen Mittel für den Erwerb fachlicher Fähigkeiten und auch für den Erwerb hierarchiehoher sprachlicher Teilfähigkeiten nutzen zu können. Dem steht vor dem Hintergrund der Funktion einzelsprachlich korrekter bildungssprachlicher Register als Kapital auf dem ‚sprachlichen Markt' und als Voraussetzung für soziale Mobilität (vgl. Bourdieu, 1983, Fürstenau & Niedrig, 2011) die gleichzeitige explizite Vermittlung standard- bzw. bildungssprachlicher Fähigkeiten gegenüber.

Mit Blick auf die konkrete Unterrichtspraxis wurde im Umfeld der New Yorker Arbeitsgruppe eine umfangreiche Handreichung für Lehrkräfte entwickelt (vgl. Celic & Seltzer, 2011), in der sich vielfältige Anregungen dazu finden, wie mittels ‚Translanguaging-Strategien' Lernen auf der Basis der Gesamtsprachlichkeit ermöglicht werden kann. Dazu gehören z.B. Formate wie ‚multilingual reading partners', ‚multilingual writing partners' oder die mehrsprachige Umsetzung von Mapping-Verfahren. Elemente dieser Verfahren sind z.B., dass Schreibpartnerinnen und Schreibpartner ihre Gesamtsprachigkeit dazu nutzen, Texte zu planen und Ideen zu generieren, um dann einen schriftlichen Text in einer Sprache zu verfassen. Somit kann im Teilprozess des Planens (vgl. Hayes & Flower, 1980) auf die gesamte begriffliche Basis zurückgegriffen werden und Muster zur Texterzeugung können voll entfaltet bzw. weiterentwickelt werden. Mit Blick auf rezeptive schriftsprachliche Fähigkeiten können Schülerinnen und Schüler in kooperativen Lernformaten ihre Gesamtsprachigkeit nutzen, um über gelesene Texte zu kommunizieren und somit ein differenzierteres Situationsmodell zu generieren als es im Rahmen einer alleinigen textbezogenen Interaktion in der schwächeren Sprache der Fall wäre. Mapping Techniken wie ‚frayer models' können von Schülerinnen und Schülern mehrsprachig gestaltet werden, so dass sie mentale Konzepte differenzierter entwickeln können als es nur einer Sprache der Fall wäre. An Praxisbeispielen wie diesen ist das im Rahmen unseres Arbeitsverbunds entwickelte Konzept des ‚mehrsprachigen reziproken Lesens' orientiert.

Reziprokes Lesen – ein kooperatives Lernformat

Das reziproke Lesen ist ein Verfahren zur Förderung rezeptiver schriftsprachlicher Fähigkeiten von Schülerinnen und Schülern, wobei insbesondere die Entwicklung hierarchiehoher Strategien zum Verstehen und zur Selbstregulation unterstützt werden soll. Der Ansatz wurde ursprünglich von Palincsar und Brown (1984) entwickelt und baut neben Bezügen zur interaktionsorientierten Spracherwerbstheorie auf dem sozialkonstruktivistischen Ansatz der kulturhistorischen Schule auf (vgl. Wygotski 1978; Choo, Eng & Ahmad 2011). Fachliches Lernen auf der Grundlage von Texten beruht demnach nicht nur auf einem Rezeptionsprozess des oder der Einzelnen, sondern vielmehr auf textbezogener Interaktion zwischen Lehrkraft und Schülerinnen und Schülern sowie auf Interaktionen zwischen den Lernenden. Die Schülerinnen und Schüler wenden in einem kooperativen Lernformat meist die vier Strategien ‚Zusammenfassen', ‚Fragen stellen', ‚Klären' und ‚Voraussagen' an. Ein Text wird dabei in Gruppenarbeit abschnittsweise gelesen, wobei die Lernenden abwechselnd mit den Strategien korrespondierende Rollen einnehmen und sich somit einerseits über die Lerngegenstände verständigen und sich andererseits Strategien zum Textverständnis und zur Selbstregulation im Leseprozess schrittweise aneignen. Die Strategien (s. u.) sollten zunächst von der Lehrkraft modelliert und kontextspezifisch vermittelt werden, um den Grad der Unterstützung mit zunehmender Selbstständigkeit der Schülerinnen und Schüler in der Anwendung der Strategien schrittweise zurückzufahren.
Der Ansatz konnte in zahlreichen Evaluationsstudien als wirksam nachgewiesen werden (vgl. Schneider et al., 2013), wobei teilweise beeindruckende Effektstärken erreicht wurden (vgl. Rosenshine & Meister, 1994). Dies gilt auch für weniger leistungsstarke Schülerinnen und Schüler und im Kontext des Fremdsprachenunterrichts (vgl. Ghorbani et al., 2013). Es wird allerdings darauf hingewiesen, dass jüngere Lernende mit der Anwendung der Strategien kognitiv überfordert sein können (vgl. Rosenshine & Meister, 1994).
Wenn also kooperative und interaktionsförderliche Lehr-Lernformate wie das reziproke Lesen sich als effektiv zur Förderung fachlicher und sprachlicher Fähigkeiten erweisen, gehen wir mit Blick auf individuelle Mehrsprachigkeit und das Konzept der Gesamtsprachigkeit

davon aus, dass textbezogene Interaktionen der Schülerinnen und Schüler, die im Rahmen der Gesamtsprachigkeit situiert sind, im Besonderen dazu geeignet sind, das fachliche Lernen und die Entwicklung hierachiehoher Teilkomponenten des Leseverstehens zu unterstützen.

Lesekompetenz im Kontext individueller Mehrsprachigkeit

Auch wenn vor dem Hintergrund der ‚Gesamtsprachigkeit' im Kontext des Translaguaging-Ansatzes davon die Rede ist, dass keine scharfe Trennung zwischen den sprachlichen Fähigkeiten in L1 und L2 vorgenommen werden kann bzw. vorgenommen werden sollte, gehen wir in Bezug auf eine Modellierung der bilingualen Sprachkompetenz zumindest von einer analytischen Separierbarkeit aus. Hilfreich ist hier eine Unterscheidung von heterogenem und hybridem *Gebrauch* einzelsprachlicher Mittel in der von Mehrsprachigkeit geprägten Kommunikationssituation und einer Separierbarkeit von Anteilen der sprachlichen Ausdrucksfähigkeit auf der Ebene der *Sprachkompetenz*. Unterschieden werden kann zunächst eine für L1 und L2 spezifische einzelsprachliche Kompetenz, die sich primär auf Wortschatz und Grammatik bezieht (vgl. dazu Gantefort, 2013, Francis, 2000). Laut Francis sind auf dieser Ebene – je nach linguistischer Distanz – positive oder negative Transferphänomene zu erwarten, wenn z.B. morphologische oder syntaktische Prinzipien von der Erst- auf die Zweitsprache übertragen werden. Zu den einzelsprachlichen Fähigkeiten kommt der Komplex ‚Textkompetenz' hinzu, welcher unter anderem hierarchiehohe kommunikative Fähigkeiten wie die Verfügbarkeit formaler Schemata zur Texterzeugung, sprachliche Handlungsmuster, soziale Kognition im Allgemeinen und die Fähigkeit zur Auswahl sprachlicher Mittel in Abhängigkeit der Kommunikationssituation umfasst. Im Kontext individueller Mehrsprachigkeit handelt es sich hier nicht um einen Transfer, sondern um einen ‚Zugriff' auf Fähigkeiten, die in L1 oder L2 erworben sein können, also im Sinne von Cummins Komponenten der ‚common underlying proficiency' darstellen (vgl. Francis 2000, Cummins 1980). Wenn also Schülerinnen und Schüler im Medium einer Sprache eine kommunikative Handlungsroutine, wie etwa ein Schema zur Erzeugung narrativer Textstrukturen, erworben haben, können Sie dieses Muster im gesamten Kontinuum der Ihnen zur Verfügung stehenden sprachlichen Mittel realisieren, d.h. bei ausreichenden einzelsprachlichen Fähigkeiten in der Zweitsprache auch ausschließlich in ebendieser, sofern die Kommunikationssituation dies erfordern sollte (vgl. Gantefort 2013).

Mit Blick auf Lesekompetenz kann die Unterscheidung von einzelsprachlicher Kompetenz und Textkompetenz aufrechterhalten werden: Wir vertreten die Auffassung, dass im Aufbau eines Situationsmodells bzw. eines mentalen Modells der in einem Text sprachlich codierten Sachverhalte und Intentionen sowohl einzelsprachenspezifische wie sprachenübergreifende Fähigkeiten beteiligt sind, wobei die Unterscheidung von einzelsprachlichen Fähigkeiten und Textkompetenz weitgehend mit der Gegenüberstellung von hierarchieniedrigen und hierachiehohen Prozessen im Leseverstehen bzw. mit Leseflüssigkeit und Leseverstehen zusammenfällt.

Nach Lenhard (2013, S. 15) wird das Situationsmodell als eine „[…] stark verdichtete, durch eigenes Vorwissen und Schlussfolgerungen angereicherte und in eigenen Worten reproduzierbare Zusammenfassung des Textinhalts […]" auf der Grundlage von hierachieniedrigen und hierarchiehohen Prozessen generiert. Unter die hierarchieniedrigen Prozesse fallen die Worterkennung (Rekodieren bzw. Dekodieren) und die Bildung lokaler Kohärenz, also mithin die Flüssigkeit des Leseprozesses und das Verstehen auf Satzebene. Für diese Prozesse ist ein hohes Maß an einzelsprachlichen Fähigkeiten erforderlich: Einerseits erweisen sich sowohl die Beziehungen zwischen Phonemen und Graphemen als auch die Beziehung zwischen Lexemen und Begriffen/Konzepten als einzelsprachenspezifisch. Zum anderen geschieht das Verstehen auf Satzebene auf einer morphosyntaktische Fähigkeiten erfordernden Analyse von Satzgefügen.

Unter die hierarchiehohen Prozesse im Leseverstehen fallen dagegen der Einbezug von thematischem Wissen und Textformatwissen, die Aktivierung von Strategien zur Selbstregulation, die Bildung globaler Kohärenz und das Ziehen von Inferenzen. Thematisches Wissen und Textformatwissen sind insofern unabhängig von einer Einzelsprache, als sie sowohl in der Erst- als auch in der Zweitsprache erworben sein können: Sofern z.B. ein ‚Geschichtenschema' (vgl. Boueke et al., 1995) vorliegt, kann dieses das Verstehen des Textes erleichtern und steuern, unabhängig davon, ob der Text in L1 oder L2 decodiert wird. Ähnliches gilt für Aspekte der Selbstregulation: Strategien zum Umgang mit Texten wie ‚mehrfach Lesen', ‚Fragen an den Text stellen', oder ‚Voraussagen zum Text generieren' können aus der L1 bekannt und in der L2 applizierbar sein. Auch der Aufbau globaler Kohärenz erfolgt nicht mehr auf der Grundlage der sprachlichen Oberfläche, vielmehr werden die in der syntaktischen Analyse extrahierten Informationsbestandteile auf abstrakterer Ebene zu einem ‚sprachfernen' Konstrukt zusammengesetzt:

> „So nehmen van Dijk/Kintsch (1983), Johnson-Laird (1983) und Just/Carpenter (1980; 1987) bei aller prinzipiellen Unterschiedlichkeit ihrer Ansätze zusätzlich zur propositionellen Textrepräsentation (der ‚Textbasis') ein ‚Situationsmodell', ein ‚mentales Modell' oder eine ‚referentielle Textrepräsentation' an. Diese zusätzliche Verarbeitungsebene stellt die Umwandlung der an der sprachlichen Oberfläche orientierten Propositionsstruktur ‚in ein gänzlich sprachfreies mentales Modell des im Text beschriebenen Sachverhalts' (Schnotz 1988, 306) dar" (Scherner, 2000, S. 188f.).

Diese Überlegungen erlauben die folgenden Schlussfolgerungen mit Blick auf die sprachliche und fachliche Bildung von mehrsprachigen Kindern und Jugendlichen:
– Sowohl fachliche Fähigkeiten als auch hierarchiehohe sprachliche Fähigkeiten werden maßgeblich auf der Grundlage einzelsprachlicher Mittel erworben.
– Der Erwerb fachlicher und hierarchiehoher sprachlicher Fähigkeiten ist umso erfolgreicher, je umfassender Schülerinnen und Schüler die ihnen zur Verfügung stehenden einzelsprachlichen Mittel im Sinne ihrer Gesamtsprachigkeit in den Lernprozess einbringen können.
– Speziell in Bezug auf die Lesekompetenz bedeutet dies, dass neben einer im Medium der Einzelsprache zu erfolgenden Förderung der Leseflüssigkeit das Leseverstehen durch den Einbezug des gesamten sprachlichen Repertoires wirksam unterstützt werden kann.

Die Intervention ‚mehrsprachiges reziprokes Lesen'

Die Entwicklung des hier dargestellten Ansatzes zur Förderung rezeptiver schriftsprachlicher Fähigkeiten wurde im Rahmen eines Verbundes von drei Grundschulen aus der Region

Köln, der Bezirksregierung Köln und der Universität zu Köln angestoßen. Die Schulen arbeiten mit Blick auf die Herkunftssprache Türkisch bislang alle nach dem KOALA-Prinzip (koordinierte Alphabetisierung, vgl. Bezirksregierung Köln, 2014), d.h. die deutsch-türkisch mehrsprachigen Kinder werden sowohl im Deutschen als auch in ihrer Herkunftssprache alphabetisiert. Dieser mehrsprachige Ansatz wird über den weiteren Verlauf der Grundschulzeit fortgesetzt – im Rahmen des mit dem herkunftssprachlichen Unterricht verzahnten ‚koordinierten Lernens' ist eine Team-Teaching-Situation gegeben, in der eine deutsch- und eine türkischsprachige Lehrkraft gemeinsam den Sachunterricht durchführen. Dieses mit Blick auf die Entwicklung einer kompetenten Mehrsprachigkeit bereits erfolgreich praktizierte Konzept (für eine Evaluation vgl. Reich, 2011) wird nun im Rahmen des Programms ‚Bildung durch Sprache und Schrift' (BiSS, vgl. Schneider et al., 2012) auf der Grundlage der oben skizzierten Ansätze weiterentwickelt. Der Fokus liegt dabei dezidiert auf dem bislang mit einer gewissen Trennung der Sprachen gestalteten ‚koordinierten Lernen', also dem Zeitraum vom zweiten bis zum vierten Schuljahr. Im Folgenden wird das Sprachförderkonzept mit Blick auf die Bereiche Sprachförderung, Sprachdiagnostik und Evaluation/Begleitforschung dargestellt.

Sprachförderung

Als allgemeine Zielebene der Verbundarbeit wurde festgehalten, dass die türkisch-deutsch mehrsprachigen Schülerinnen und Schüler neben dem Deutschen auch das Türkische auf einem annähernd bildungssprachlichen Niveau gebrauchen können sollen. In Bezug auf den im Besonderen im Fokus stehenden Aspekt der Lesekompetenz wurde einerseits eine kriterial, und zum anderen eine sozial Bezug nehmende Zielsetzung festgelegt. Mit Blick auf die Bildungsstandards im Bereich ‚Lesekompetenz' als einer kriterialen Bezugsnorm sollen alle Schülerinnen und Schüler am Ende der vierten Klasse den Regelstandard erreicht haben. Dies bedeutet in Bezug auf das Kompetenzstufenmodell der KMK (2013), dass sie in der Lage sind, verstreute Informationen in einem Text miteinander zu verknüpfen und zu lesende Texte ansatzweise als ganze zu erfassen. Türkisch-deutsch mehrsprachige Schülerinnen und Schüler sollen diese Kompetenzniveaustufe sowohl im Deutschen als auch im Türkischen erreichen. Mit Blick auf eine soziale Bezugsnorm wurde als Ziel festgehalten, dass die an der Förderung teilnehmenden Schülerinnen und Schüler in der verbundinternen Evaluation im Vergleich zu einer Kontrollgruppe anderer Schulen, die ebenfalls nach dem KOALA-Konzept arbeiten, ein signifikant höheres Maß an Leseverstehen erreichen. Dabei soll eine mittlere Effektstärke erreicht werden.

Das mehrsprachige reziproke Lesen soll in einem Rhythmus von mindestens 14 Tagen in den KOALA-Stunden im Sach- bzw. Sprachunterricht im Team-Teaching durchgeführt werden. Ein sorgfältig ausgewählter und in Abschnitte eingeteilter Sachtext oder literarischer Text zum Thema einer Unterrichtsreihe wird dabei sukzessive bzw. abschnittsweise von den Schülerinnen und Schülern erschlossen. Optimaler Weise liest jede Gruppe einen eigenen Text zum jeweils gleichen Oberthema, damit sich in der anschließenden Plenumsphase authentische Kommunikationsanlässe für die Präsentation des Erarbeiteten ergeben. Die Schülerinnen und Schüler durchlaufen dabei in Gruppen von vier Lernenden beim Lesen eines deutsch- oder türkischsprachigen Textes die folgenden Phasen bzw. nehmen dabei die folgenden Rollen ein:

Phase 1: Alle lesen den Abschnitt leise und markieren schwierige Wörter und Abschnitte. In dieser Phase werden neben der Leseflüssigkeit (Worterkennung, Dekodieren und Rekodieren) auch hierarchiehohe rezeptive Fähigkeiten wie die globale Kohärenzbildung aktiviert.

Phase 2: Die Schülerin oder der Schüler mit der Rolle ‚Vorleserin oder Vorleser' liest den Abschnitt laut vor. In dieser Phase werden die Komponenten der Leseflüssigkeit (Accuracy, Automacity, Reading Speed, Reading with Expression, vgl. Schneider et al., 2013, S. 17) aktiviert und trainiert.

Phase 3: Die Schülerin oder der Schüler mit der Rolle ‚Fragenstellerin oder Fragensteller' fragt zunächst, ob auf Seiten der anderen Lernenden Unklarheiten bestehen und formuliert dann (weiterführende) W-Fragen zum Text; dabei können sowohl Deutsch als auch Türkisch gebraucht werden. Diese Fragen werden in der Gruppe unter freier Sprachwahl geklärt und aufgearbeitet. Die Strategie des Fragenstellens unterstützt die Schülerinnen und Schüler dabei, bisherige Verstehenslücken auf der Basis von Inferenzen und in der Interaktion mit den Mitschülerinnen und Mitschülern zu schließen und somit ein kohärentes mentales Modell der im Text enthaltenen Informationen und Intentionen zu generieren.

Phase 4: Die Schülerin oder der Schüler mit der Rolle ‚Zusammenfasserin oder Zusammenfasser' fasst den bisher gelesenen Textabschnitt zusammen. Dabei können sowohl Deutsch als auch Türkisch verwendet werden. Mit dieser Strategie wird insbesondere die Fähigkeit zur Bildung globaler Kohärenz unterstützt. Die Informationen müssen soweit kondensiert werden, dass wichtige von unwichtiger Information getrennt wird: „Summarizing helps students to identify, paraphrase, integrate, and organize the most important information, themes, and ideas appearing in the text into a clear and concise statement" (Ghorbani et al., 2009, S. 3).

Phase 5: Die Schülerin oder der Schüler mit der Rolle ‚Vermuterin oder Vermuter' äußert Hypothesen über die weitere Progression bzw. weitere Inhalte des Textes. Die anderen Kinder ergänzen ihre Vermutungen. Dies geschieht unter freier Sprachwahl. Dabei entsteht ein geteiltes Wissen zum Thema des Textes, welches die Basis für die weitere Textrezeption darstellt. Der Verstehensprozess erfolgt so hypothesengesteuert, wodurch das Situationsmodell angepasst und korrigiert werden kann.

Wenn Phase 5 abgeschlossen ist, werden die Rollen getauscht und es wird mit dem nächsten Abschnitt des Textes fortgefahren. Wenn schließlich der ganze Text gelesen wurde, folgen…

… Phase 6: Alle Schülerinnen und Schüler der Gruppe erstellen gemeinsam ein einsprachig deutsch oder einsprachig türkisch schriftlich fixiertes Produkt, welches zur Präsentation vor der Klasse dienen soll. Dabei kann es sich um ein Visualisierungsformat wie ein Begriffsnetz oder ein ‚frayer-model' handeln.

… Phase 7: Auf der Grundlage des gemeinsam erstellten Produktes präsentiert eine Schülerin oder ein Schüler die Arbeitsergebnisse dem Klassenplenum. Da in den Gruppen unterschiedliche Texte zum gleichen Oberthema gelesen wurden, besteht ein tatsächliches Informationsdefizit auf Seiten der zuhörenden Schülerinnen und Schüler, wodurch sich eine zumindest quasi-authentische Kommunikationssituation ergibt. Diese mündliche, vom Anforderungsniveau her jedoch eine ‚textuelle Durchformung' (vgl. Portmann-Tselikas & Schmölzer Eibinger, 2008) erfordernde Sprachhandlung wird in der Regel im Medium des Deutschen vollzogen. Dies ergibt sich aus dem in diesem Setting breiteren Adressatenkreis der sprachlichen Handlung. Die Lehrkraft setzt dabei Scaffolding-Strategien zur Modellierung des angemessenen Genres ein (vgl. Gibbons, 2006). Im Zusammenhang mit dem Anforderungsniveau und dem ‚Mikro-Scaffolding' der Lehrkraft wird an dieser Stelle die

Fähigkeit zum textuell durchformten, dekontextualisierten mündlichen Sprachgebrauch gefördert. Dabei soll vor dem Hintergrund der obigen Überlegungen zum ‚Normenkonflikt' zwischen mehrsprachigem Sprachgebrauch in bestimmten Kommunikationssituationen und dem Ziel standard- bzw. bildungssprachlicher Fähigkeiten nur das Deutsche gebraucht werden. Dies stellt an dieser Stelle keine künstliche Beschneidung der sprachlichen Ausdrucksfähigkeit dar, sondern erscheint vor dem Hintergrund des in diesem Fall abstrakteren Adressatenkreises mit unterschiedlichen Mehrsprachigkeitskonstellationen pragmatisch angemessen. Im Rahmen des herkunftssprachlichen Unterrichts können die Ergebnisse der Gruppenarbeit aufgegriffen und das Türkische kann von den Schülerinnen und Schülern auch als Kommunikationsmedium mit größerer kommunikativer Reichweite verwendet werden.

Sprachdiagnostik

Begleitend zur Umsetzung der oben skizzierten Intervention zur Sprachförderung besteht ein weiteres zentrales Ziel der Verbundarbeit in einer fortlaufenden prozessorientierten Diagnostik der sprachlichen Fähigkeiten der Kinder. Im Zuge pädagogischer Überlegungen wurde die Entscheidung getroffen, für diesen Zweck solche Instrumente einzusetzen, die an einer kriterialen Bezugsnorm orientiert sind und es demnach erlauben, zum einen Entwicklungsverläufe retrospektiv zu beurteilen und zum anderen mögliche ‚Zonen der nächsten Entwicklung' zu identifizieren.

Für die globale Einschätzung der schulrelevanten sprachlichen Fähigkeiten und für die allgemeine Förderplanung sollen die ‚Niveaubeschreibungen Deutsch als Zweitsprache' (vgl. Döll & Reich 2013) als ein vergleichsweise leicht zu handhabendes Beobachtungsinstrument eingesetzt werden. Für die spezifische Diagnose im Bereich der im Besonderen geförderten Lesekompetenz soll auf der Grundlage des Kompetenzstufenmodells aus den Bildungsstandards eine informelle Diagnostik stattfinden, in welcher die Lehrkräfte zu Texten, die im Rahmen des mehrsprachigen reziproken Lesens gelesen werden, Items generieren, deren Lösungswahrscheinlichkeiten mit den Kompetenzniveaustufen korrespondieren. Die Lehrkräfte sollen in die Lage versetzt werden, die individuelle Ausprägung der Lesekompetenz im Deutschen und im Türkischen über solche Lernaufgaben einschätzen zu können.

Evaluation und Begleitforschung

Die wissenschaftliche Begleitung des BiSS-Verbunds verfügt über zwei Stränge: Einerseits ist eine Wirksamkeitsevaluation vorgesehen, zum anderen sollen vertiefende Fragestellungen verfolgt werden.

Im Kontext der oben dargestellten Zielsetzung sollen sowohl die Leseflüssigkeit als auch das Leseverstehen im Deutschen und im Türkischen im Längsschnitt in einem quasiexperimentellen Untersuchungs- Kontrollgruppendesign erhoben werden. Da eine zufallsbasierte Zuweisung zu Treatment- und Kontrollbedingung aus organisatorischen Gründen nicht möglich ist, soll das Verfahren des Propensity-Score Matchings (vgl. Guo & Fraser, 2010) zum Einsatz kommen. Die für das Deutsche vorliegenden standardisierten Instrumente zur Erhebung von Leseflüssigkeit und Leseverstehen sollen für das Türkische adaptiert werden. Neben der Wirksamkeitsevaluation sollen im Rahmen der wissenschaftlichen Begleitung unabhängig vom Treatment Desiderate aus dem Bereich der Grundlagenforschung bearbeitet werden, welche unter anderem Effekte einer mehrsprachigen familiären Lernumwelt auf den Erwerb konventioneller schriftsprachlicher Fähigkeiten in Erst- und Zweitsprache, Effekte einer Förderung erstsprachlicher Fähigkeiten auf die Entwicklung kognitiver Fähigkeiten und schließlich die Kulturfairness von standardisierten Verfahren zur Bestimmung kognitiver Fähigkeiten betreffen. An dieser Stelle soll der erstgenannte Punkt ausführlicher betrachtet werden. Aus der bisherigen Forschung ist bekannt, dass ein positiver Zusammenhang zwischen frühen Vorläuferfähigkeiten schriftsprachlicher Fähigkeiten (,emergent literacy skills', vgl. Whitehurst & Lonigan, 1998) wie der phonologischen Bewusstheit, der Kenntnis von Buchstaben oder mündlicher Erzählfähigkeit und dem Erwerb konventioneller schriftsprachlicher Fähigkeiten wie Leseflüssigkeit und Leseverstehen besteht (vgl. Lonigan, Schatschneider & Westberg, 2008). Diese frühen Vorläuferfähigkeiten werden als eine abhängige Variable der mehr oder weniger anregungsreichen familiären Lernumwelt aufgefasst. Aktivitäten der familiären Lernumwelt können in formelle (z.B. die Vermittlung von Buchstabenkenntnissen oder die Vermittlung des Schreibens des eigenen Namens) und informelle Aspekte (wie etwa das gemeinsame Betrachten von Bilderbüchern) differenziert werden (vgl. Sénéchal & LeFevre, 2002). Während bisherige Longitudinalstudien den generellen Zusammenhang zwischen Aktivitäten im Rahmen der familiären Lernumwelt und dem Erwerb konventioneller schriftsprachlicher Fähigkeiten bestätigen konnten (vgl. z.B. Scarborough und Dobrich, 1994, Burgess, Hecht & Lonigan, 2002, Leseman & DeJong, 2001 & 2004), ist im Kontext mehrsprachiger familiärer Konstellationen bislang ungeklärt, welche Rolle dem Gebrauch von Einzelsprachen zukommt, im Medium derer formelle und informelle Aktivitäten durchgeführt werden. Wir nehmen hier ein Wirkungsgefüge an, wonach sich formelle Aktivitäten sprachenspezifisch positiv auf die jeweilige Leseflüssigkeit im Deutschen und Türkischen auswirken, während sich informelle Aktivitäten unabhängig von der Sprache, in der sie durchgeführt werden, positiv auf das Leseverstehen in beiden Sprachen auswirken. Im Kontext des ,Translanguagings' wird davon ausgegangen, dass einzelsprachliche Mittel des Deutschen und des Türkischen auch im Rahmen der familiären Interaktion als Werkzeug für den Erwerb von (hierarchiehohen) Vorläuferfähigkeiten konventioneller schriftsprachlicher Fähigkeiten fungieren. Konkret soll daher auf der Basis von latenten Pfadmodellen die Hypothese geprüft werden, dass es einen positiven, gegen den Zufall absicherbaren Effekt des türkischsprachigen Anteils informeller Aktivitäten der familiären Lernumwelt zur Vorschulzeit auf das Leseverstehen im Deutschen zum Ende des zweiten und dritten Schuljahres gibt.

Ausblick

Zum jetzigen Zeitpunkt sind die Entwicklung des Sprachförderkonzeptes sowie des Designs der Begleitforschung weitgehend abgeschlossen. Nach einer aktuell stattfindenden grundsätzlichen Erprobung des Formats ,reziprokes Lesen' mit Schülerinnen und Schülern der dritten Jahrgangsstufe ist eine reguläre Implementierung des oben dargestellten Konzepts in einer ersten Kohorte mit dem Beginn des Schuljahrs 2015/2016 in insgesamt acht Lerngruppen geplant. Die Laufzeit des Rahmenprogramms sowie der Einbezug mehrerer Kohorten von Schülerinnen und Schülern erlauben dabei auf der Basis der zu erwartenden Evaluationsergebnisse eine fortlaufende Weiterentwicklung des Konzeptes.

Literatur

Ahrenholz, B. (2010) (Hrsg.). *Fachunterricht und Deutsch als Zweitsprache* (2. Aufl.). Tübingen: Narr.
Autorengruppe Bildungsberichterstattung (2006). *Bildung in Deutschland: Ein indikatorengestützter Bericht mit einer Analyse zu Bildung und Migration*. Bielefeld: Bertelsmann. Abgerufen von http://www.bildungsbericht.de/daten/gesamtbericht.pdf
Becker-Mrotzek, M., Schramm, K., Thürmann, E. & Vollmer, H. J. (2013). *Sprache im Fach: Sprachlichkeit und fachliches Lernen*. Münster: Waxmann.
Berry, J. W., Phinney, J. S., Sam, D. L. & Vedder, P. (2010). Immigrant youth. Acculturation, identity and adaptation. In C. Allemann-Ghionda, P. Stanat, K. Göbel & C. Röhner (Hrsg.), *Zeitschrift für Pädagogik. Migration, Identität, Sprache und Bildungserfolg* (S. 17–43). Weinheim u.a.: Beltz.
Bezirksregierung Köln (2014). *Koordinierte Alphabetisierung im Anfangsunterricht. Das Koala Konzept an Kölner Schulen*. Köln: Mimeo.
Boueke, D., Schülein, F., Büscher, H., Terhorst, E. & Wolf, D. (1995). *Wie Kinder erzählen: Untersuchungen zur Erzähltheorie und zur Entwicklung narrativer Fähigkeiten*. München: Fink.
Bourdieu, P. (1983). Ökonomisches Kapital, kulturelles Kapital, soziales Kapital. In R. Kreckel (Hrsg.), *Soziale Ungleichheiten. Soziale Welt / Sonderband, Bd. 2* (S. 183–198). Göttingen: Schwartz.
Burgess, S. R., Hecht, S. A. & Lonigan, C. D. (2002). Relations of the home literacy environment (HLE) to the development of reading-related abilities: A one-year longitudinal study. *Reading Research Quarterly, 37*(4), 408–426. doi:10.1598/RRQ.37.4.4
Celic, C. & Seltzer, K. (2011). *Translanguaging: A CUNY-NYSIEB Guide for Educators*. Abgerufen von: http://www.nysieb.ws.gc.cuny.edu/files/2012/06/FINAL-Translanguaging-Guide-With-Cover-1.pdf
Choo, T. O. L., Eng, T. K. & Ahmad, N. (2011). Effects of Reciprocal Teaching Strategies on Reading Comprehension. *Reading Matrix: An International Online Journal, 11*(2), 140–149. Abgerufen von: http://search.ebscohost.com/login.aspx?direct=true&db=eric&AN=EJ955191&site=ehost-live.
Cummins, J. (1980). The construct of language proficiency in bilingual education. In J. E. Alatis (Hrsg.), *Current issues in bilingual education* (S. 81-103). Washington, DC: Georgetown University Press.
Cummins, J. (2008). Teaching for Transfer: Challenging the Two Solitudes Assumption in Bilingual Education. In J. Cummins & N. Hornberger (Hrsg.), *Encyclopedia of Language and Education* (S. 1528–1538). New York: Springer. doi: 10.1007/978-0-387-30424-3_116
Cummins, J. (2014). Language and Identity in Multilingual Schools: Constructing Evidence-based Instructional Policies. In D. G. Little, C. Leung & P. van Avermaet (Hrsg.), *New Perspectives on Language and Education. Managing diversity in education. Languages, policies, pedagogies* (S. 3–26). Bristol: Multilingal Matters.
Döll, M. & Reich, H.-H. (2013) *Niveaubeschreibungen Deutsch als Zweitsprache für die Primarstufe*. Radebeul: Sächsisches Bildungsinstitut. Abgerufen von: https://publikationen.sachsen.de/bdb/artikel/14390
Francis, N. (2000). The Shared Conceptual System and Language Processing in Bilingual Children: Findings from Literacy Assessment in Spanish and Nahuatl. *Applied Linguistics, 21*(2), 170–204. doi:10.1093/applin/21.2.170
Fürstenau, S. & Niedrig, H. (2011). Die kultursoziologische Perspektive Pierre Bourdieus: Schule als sprachlicher Markt. In S. Fürstenau & M. Gomolla (Hrsg.), *Migration und schulischer Wandel: Mehrsprachigkeit* (S. 69–87). Wiesbaden: VS Verlag für Sozialwissenschaften.
Gantefort, C. (2013). *Schriftliches Erzählen mehrsprachiger Kinder – Entwicklung und sprachenübergreifende Fähigkeiten*. Münster: Waxmann.
García, O. (2009). *Bilingual education in the 21st century: A global perspective*. Malden, Mass: Wiley-Blackwell.
Ghorbani, M. R., Gangeraj, A. A. & Alavi, S. Z. (2013). Reciprocal Teaching of Comprehension Strategies Improves EFL Learners' Writing Ability. *Current Issues in Education, 16*(1), 1-11. Abgerufen von: http://search.ebscohost.com/login.aspx?direct=true&db=eric&AN=EJ1008615&site=ehost-live.
Gibbons, P. (2006). Unterrichtsgespräche und das Erlernen neuer Register in der Zweitsprache. In P. Mecheril & T. Quehl (Hrsg.), *Die Macht der Sprachen. Englische Perspektiven auf die mehrsprachige Schule* (S. 269–290). Münster: Waxmann.
Gogolin, I. (1994). *Der monolinguale Habitus der multilingualen Schule*. Münster: Waxmann.
Guo, S. & Fraser, M. W. (2010). *Propensity score analysis: Statistical methods and applications*. Thousand Oaks: Sage.
Hayes, J. R. & Flower, L. S. (1980). Identifying the organisation of writing processes. In L. W. Gregg & E. R. Steinberg (Hrsg.), *Cognitive processes in writing* (S. 3–30). Hilldale.
Johnson-Laird, P. N. (1983). *Mental models*. Cambridge: Cambridge University Press.

Just, M. A. & Carpenter, P. A. (1980). A Theory of Reading: From Eye Fixations to Comprehension. *Psychological Review, 87*(4), 329–54. doi:10.1037/0033-295X.87.4.329

Kultusministerkonferenz (2013). *Kompetenzstufenmodell zu den Bildungsstandards für das Fach Deutsch im Kompetenzbereich „Lesen – mit Texten und Medien umgehen". Primarbereich.* Berlin: IQB. Abgerufen von: https://www.iqb.hu-berlin.de/bista/ksm/KSM_GS_Deutsch_L_1.pdf

Lenhard, W. (2013). *Leseverständnis und Lesekompetenz.* Stuttgart: Kohlhammer.

Leseman, P. P. M. & DeJong, P. F. (2004). Förderung von Sprache udn Präliteralität in Familie und (Vor-)schule. In G. Faust, M. Götz, H. Hacker & H.-G. Roßbach (Hrsg.), *Anschlussfähige Bildungsprozesse im Elementar- und Primarbereich.* (S. 168–189).

Leseman, P. P. M. & Jong, P. F. de (2001). How important is home literacy for acquiring literacy in school? In L. Verhoeven & C. Snow (Hrsg.), *Literacy and motivation: Reading engagement in individuals and groups* (S. 71–93). Mahwah: Erlbaum.

Lonigan, C. J., Schatschneider, C. & Westberg, L. (2008). Identification of Children's Skills and Abilities Linked to Later Outcomes in Reading, Writing, and Spelling. In National Institute for Literacy & National Center for Family Literacy (Hrsg.), *Developing Early Literacy: Report of the National Early Literacy Panel. A Scientific Synthesis of Early Literacy Development and Implications for Intervention* (S. 55–106). Chicago: National Institute for Literacy.

Michalak, M. (2014) (Hrsg.) Sprache als Lernmedium im Fachunterricht. Theorien und Modelle für das sprachbewusste Lehren und Lernen. Baltmannsweiler: Schneider Verlag Hohengehren.

Palincsar, A. S. & Brown, A. L. (1984). Reciprocal Teaching of Comprehension-Fostering and Comprehension-Monitoring Activities. *Cognition & Instruction, 1*(2), 117-175.

Portmann-Tselikas, P. & Schmölzer-Eibinger, S. (2008). Textkompetenz. *Fremdsprache Deutsch,* (39), 5–16.

Reich, H.-H. (2011). *Schriftsprachliche Fähigkeiten türkisch-deutscher Grundschülerinnen und Grundschüler in Köln.* Köln: Bezirksregierung Köln. Abgerufen von: http://www.google.de/url?sa=t&rct=j&q=&esrc=s&source=web&cd=1&cad=rja&uact=8&ved=0CCIQFjAA&url=http%3A%2F%2Fwww.gew-online.de%2Fdms_extern%2Fdownload.php%3Fid%3D231754&ei=xJkRVZSPJMfVarS3gpgL&usg=AFQjCNEkkrBlY2fZHa0nsuXVB8KMy4J92g&bvm=bv.89184060,d.d2s

Röhner, C. & Hövelbrinks, B. (2013) (Hrsg.). *Fachbezogene Sprachförderung in Deutsch als Zweitsprache: Theoretische Konzepte und empirische Befunde zum Erwerb bildungssprachlicher Kompetenzen.* Weinheim: Beltz Juventa.

Rosenshine, B. & Meister, C. (1994). Reciprocal Teaching: A Review of the Research. *Review of Educational Research, 64*(4), 479–530. Abgerufen von: http://search.ebscohost.com/login.aspx?direct=true&db=eric&AN=EJ500529&site=ehost-live.

Scarborough, H. S. & Dobrich, W. (1994). On the efficacy of reading to preschoolers. *Developmental Review, 14*(3), 245–302. doi:10.1006/drev.1994.1010

Scherner, M. (2000/2001). Kognitionswissenschaftliche Methoden in der Textanalyse. In K. Brinker (Hrsg.), *Text- und Gesprächslinguistik* (S. 186–195). Berlin: de Gruyter.

Schneider, H., Becker-Mrotzek, M., Sturm, A., Jambor-Fahlen, S., Neugebauer, U., Efing, C. & Kernen, N. (2013) Wirksamkeit von Sprachförderung. Expertise. Zürich & Köln: Bildungsdirektion des Kantons Zürich/Mercator Institut für Sprachförderung und Deutsch als Zweitsprache. Abgerufen von: http://www.mercator-institut-sprachfoerderung. de/fileadmin/user_upload/Institut_Sprachfoerderung/Expertise_Sprachfoerderung_Web_final.pdf

Schneider, W., Baumert, J., Becker-Mrotzek, M., Hasselhorn, M., Kammermeyer, G., Rauschenbach, T., Roßbach, H.-G., Roth, H.-J., Rothweiler, M. & Stanat, P. (2012): *Expertise „Bildung durch Sprache und Schrift (BISS)": Bund-Länder-Initiative zur Sprachförderung, Sprachdiagnostik und Leseförderung.* Berlin: BMBF. Abgerufen von: http://www.bmbf.de/pubRD/BISS_Expertise.pdf

Schnotz, W. (1988). Textverstehen als Aufbau mentaler Modelle. In H. Mandl & H. Spada (Hrsg.), *Wissenspsychologie* (S. 299–330). München: Psychologie Verlag Union.

Sénéchal, M. & LeFevre, J.-A. (2002). Parental Involvement in the Development of Children's Reading Skill: A Five-Year Longitudinal Study. *Child Development, 73*(2), 445-460. Abgerufen von: http://search.ebscohost.com/login.aspx?direct=true&db=a9h&AN=6327024&site=ehost-live.

Stanat, P., Rauch, D. & Segeritz, M. (2010). Schülerinnen und Schüler mit Migrationshintergrund. In E. Klieme, C. Artelt, J. Hartig, N. Jude, O. Köller, M. Prenzel, et al. (Hrsg.), *PISA 2009. Bilanz nach einem Jahrzehnt* (S. 200–230). Münster: Waxmann.

van Dijk, T. A. & Kintsch, W. (1983). *Strategies of discourse comprehension.* New York: Academic-Press.

Whitehurst, G. J. & Lonigan, C. J. (1998). Child development and emergent literacy. *Child Development, 69*(3), 848-872. Abgerufen von: http://search.ebscohost.com/login.aspx?direct=true&db=cmedm&AN=9680688&site=e-host-live.

Wygotski, L. S. (1978). *Mind in society: The development of higher psychological processes.* In Cole, M., John-Steiner, V., Scribner, S. & Souberman, E., (Hrsg.) Oxford: Harvard University Press.

Angaben zu den Autorinnen und Autoren

Dr. Christoph Gantefort (federführend), Universität Köln, Mercator Institut für Sprachförderung und Deutsch als Zweitsprache
Christoph.Gantefort@uni-koeln.de

María José Sánchez Oroquieta, Bezirksregierung Köln
maria.sanchez@brk.nrw.de

Heiner Juen und Martin Andre

Denken – Sprache – Mathematik:
Analyse der Unerlässlichkeit von Sprache beim mathematischen Arbeiten

Thinking – Language – Mathematics: An analysis of the importance of language in mathematical work

Zusammenfassung

Der Artikel zeigt in einer Collage verschiedener Skizzen anhand konkreter Beispiele, begleitet von theoretischen Aspekten sowie aktuellen Forschungsergebnissen, wie Lehrende der Sprachlosigkeit der Lernenden im Unterricht begegnen können.
Der Schlüssel zu allen Skizzen ist die Kommunikation bei der mathematischen Arbeit – sei es die methodisch angeleitete Auseinandersetzung mit Mathematik in Kleingruppen, das Bearbeiten von Fachtexten, die Verständigung mittels mathematischer Software oder das Verfassen eines Lerntagebuchs. Es gibt viele Chancen, alle Beteiligten des Unterrichts – mehrheitlich Lernende – zu Wort kommen zu lassen, um dem Ziel näher zu kommen, den Mathematikunterricht nachhaltig und sinnfüllend zu gestalten. Dieser Beitrag soll einige Wege dorthin aufzeigen.

Abstract

The article shows a collage of sketches with specific examples, along with theoretical background and current research findings on how teachers can deal with the speechlessness of learners when teaching mathematics.
The key to all sketches is communication in mathematical work – it doesn't matter whether students are dealing with the methodically guided exploration of mathematics in small groups, the editing of scientific texts, communicating through mathematical software or keeping a learning log.

There are many opportunities to give a voice to all participants of the learning process – mostly to learners – in order to come closer to reaching the goal of making maths lessons meaningful and sustainable. This article presents a few ways to get there.

Einleitung

Die Aufgabenstellungen bei PISA, den Bildungsstandards und jetzt auch bei der standardisierten neuen Reifeprüfung in Mathematik führen immer wieder zu kontroversiellen Diskussionen bezüglich Textlastigkeit und mathematischen Inhalten der Aufgaben. Die Lösungshäufigkeit sinkt wesentlich mit dem Anstieg der sprachlichen Komplexität der Aufgabenstellungen. Mädchen, die nachweislich weitaus weniger vom herkömmlichen lehrerzentrierten Unterricht profitieren als Jungen, schneiden dabei im Allgemeinen nochmals schlechter ab. (Jungwirth, 1994) Die Lernenden stehen der Mathematik scheinbar sprachlos gegenüber.
Die Definition der mathematischen Kompetenz im Rahmen von Pisa lautet: „Mathematische Grundbildung ist die Fähigkeit einer Person, die Rolle zu erkennen und zu verstehen, die die Mathematik in der Welt spielt, fundierte mathematische Urteile abzugeben und sich auf eine Weise mit der Mathematik zu befassen, die den Anforderungen des gegenwärtigen und künftigen Lebens der Person als konstruktiven, engagierten und reflektierenden Bürger entspricht." (OECD, 1999; deutsche Übersetzung: Deutsches PISA-Konsortium, 2000, S.47)
Als Grundlage der Reifeprüfung für Mathematik dient eine bildungstheoretische Orientierung, basierend auf Konzepten von Roland Fischer, welche Antworten auf die Frage „Was erwartet die Gesellschaft vom Fach Mathematik" sucht: „Für weiterführende Schulen wird Lebensvorbereitung in einem weiteren Sinn als Befähigung zur Kommunikation mit Expertinnen und Experten und der Allgemeinheit verstanden, das heißt, passende Fragen an Expertinnen und Experten zu stellen, Antworten zu gewichten und daraus Schlüsse zu ziehen, sowie eine Vermittlerrolle zwischen Expertinnen und Experten und der Allgemeinheit auszufüllen." (BIFIE, 2013, S. 6)
Für den Mathematikunterricht wird somit Leseverständnis und Sprache ein zentraler Bestandteil. Die in den Bildungsstandards der SEK 1 angeführten Handlungsbereiche „Modellieren", „Interpretieren" und „Argumentieren, Begründen" verlangen einen adäquaten Umgang mit Sprache und Texten. Betrachtet man zudem konstruktivistische Merkmale von Unterrichtsqualität, mit der die Qualität eines potenziellen Lernvorgangs operationalisiert wird, fällt folgender Punkt auf: „Es gibt Möglichkeiten für die Lernenden, zu interagieren, Bedeutungen auszuhandeln und Konsens zu bilden." (Leuders, 2001, S. 87)
Peter Gallin beschäftigt sich intensiv mit dem dialogischen Lernen. Im Mittelpunkt des Mathematikunterrichts stehen Texte – verfasst von Schülerinnen und Schülern aufgrund von Arbeitsaufträgen. Diese Texte stehen im persönlichen Reisetagebuch (eine Art Lernjournal) und werden regelmäßig eingesammelt, kommentiert, beurteilt und der Klasse zum Teil zugänglich gemacht. Daher entsteht ein Dialog einerseits zwischen Schülerinnen, Schülern und der Lehrperson und andererseits unter den Schülerinnen und Schülern. Die Lehrperson erhält einen Einblick in die Denkmodelle der Schülerinnen und Schüler, da diese neben den kalkülhaften Aufzeichnungen auch ihre Gedanken dazu niederschreiben. Im Zentrum des

Unterrichts stehen somit die Äußerungen der Schülerinnen und Schüler. Für die Lehrperson stellen sich dann Fragen wie zum Beispiel: „Wie muss ich meine Aufträge an die Lernenden formulieren, damit sie sich überhaupt mit dem mathematischen Thema, das jetzt ansteht, intensiv auseinandersetzen und nicht nur Aufgaben auf die Schnelle abarbeiten?" (Leuders, Hefendehl-Hebeker & Weigand, 2010, S. 48)

Dieser Artikel zeigt in einer Collage verschiedener Skizzen anhand konkreter Beispiele und begleitet von theoretischen Aspekten sowie aktuellen Forschungsergebnissen, wie Lehrende der Sprachlosigkeit der Lernenden im Unterricht begegnen können. Der Schlüssel zu allen Skizzen ist die Kommunikation bei der mathematischen Arbeit – sei es die methodisch angeleitete Auseinandersetzung mit Mathematik in Kleingruppen, das Bearbeiten von Fachtexten, die Verständigung mittels mathematischer Software oder das Verfassen eines Lerntagebuchs.

Methoden und Kommunikation im Unterricht

Methoden sind kein Allheilmittel für guten Unterricht und das Erreichen verschiedenster Zielvorstellungen! In der Unterrichtsplanung spielen sie erst dann eine Rolle, wenn folgende Fragen beantwortet sind: Welche Voraussetzungen sind seitens der Schülerinnen und Schüler gegeben? (Vorwissen, soziale Bedingungen, etc.) Welche inhaltlichen und fächerübergreifenden Ziele des Unterrichts hat sich die Lehrperson gesteckt? Wie sieht die geplante Aufgabenstellung aus?

Anhand zweier Beispiele wird gezeigt, wie durch den gezielten Einsatz ausgewählter Methoden Sprache und Textarbeit im Mathematikunterricht gefördert werden.

Beispiel 1

Das inhaltliche Ziel, das am Ende dieser Unterrichtssequenz erreicht werden soll, lautet: „Schülerinnen und Schüler entwickeln Strategien, um Flächeninhalte besonderer Vierecke bestimmen zu können." Um dieses Ziel zu erreichen, muss eine geeignete Aufgabenstellung gefunden werden.

Arbeitsauftrag: Um den Flächeninhalt eines Parallelogramms zu bestimmen, ist herauszufinden, welche Abmessungen dazu notwendig sind, und wie mit Hilfe dieser Abmessungen der Flächeninhalt bestimmt werden kann. Die Vorgangsweise muss begründet werden.

Die konkrete Planung des Handlungsablaufs der Unterrichtsequenz wird durch die inhaltlichen und prozessbezogenen Ziele, die mit dieser Aufgabe verfolgt werden, bestimmt. Ein prozessbezogenes Ziel könnte es sein, unter Verwendung einer adäquaten Sprache eigene Ideen für andere verständlich niederzuschreiben, diese in Diskussionen zu vertreten und sich mit den Ideen anderer kritisch auseinanderzusetzen. Der Handlungsablauf stellt sich dann möglicherweise so dar:

Ausgehend von dem Vorwissen der Schülerinnen und Schüler, (sie können Flächeninhalte von Rechtecken und Dreiecken berechnen) entwickeln sie in Einzelarbeit Ideen zur Problemlösung. Diese notieren sie als Diskussionsgrundlage in Form einer kurzen, verständlichen Beschreibung. In Kleingruppen werden die Vorschläge diskutiert, auf ihre Tauglichkeit überprüft und dann dem Plenum präsentiert.

Eine dazu passende Methode ist unter dem Namen Placemat bekannt. Sie wird hier in einer abgewandelten Form durchgeführt, zusammen mit dem Prinzip „Ich-Du-Wir" (Ruf & Gallin, 1998) und einer Plakatpräsentation. Kurzbeschreibungen der verwendeten Methoden finden sich auf der Internetseite des Projekts Mathematische Bildung des bmbf (Projekt Mathematische Bildung, Methodenpool (2012)), ausführliche Beschreibungen in Barzel, Büchter & Leuders (2011).

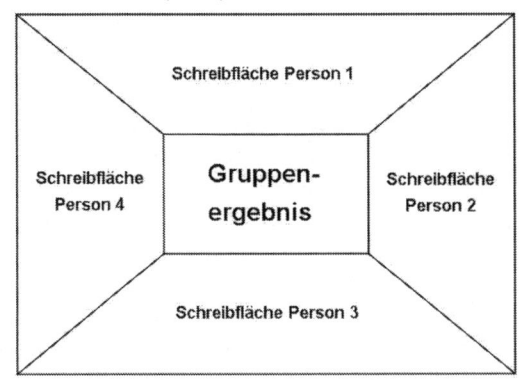

Abb. 1: Vorlage Placemat

Kurze Skizzierung des Ablaufs der Unterrichtssequenz:

1. Die Schülerinnen und Schüler setzen sich mit der Aufgabe in Einzelarbeit auseinander und überlegen ihre Vorgangsweise allein. (Ausgeschnittene Parallelogramme und Spannbretter, auf denen die Figuren mithilfe von Gummibändern aufgespannt werden können, stehen zur Verfügung.)
2. Dann setzen Sie sich in Vierergruppen zusammen und schreiben ihre eigenen Überlegungen auf die ihnen zugewiesene Seite des Placemats.
3. Das Placemat wird anschließend immer um 90 Grad weiter gedreht, so dass die Schülerinnen und Schüler die Ideen aller Personen in der Gruppe lesen können. Dabei wird nicht diskutiert.
4. Anschließend wird in der Gruppe diskutiert, welche Überlegungen zielführend sind und welche sie daher weiter verfolgen möchten. Diese Überlegungen werden in die Mitte des Placemats geschrieben.
5. Die Schülerinnen und Schüler einigen sich auf eine Strategie und erstellen ein Plakat, auf dem die gemeinsame Strategie zur Berechnung des Flächeninhalts den anderen Schülerinnen und Schülern der Klasse erläutert wird.

Die Ersteller des Plakats einer Gruppe können sich nicht sicher sein, dass ihr Ergebnis auch richtig ist. Die Diskussion in der Klasse wird von der Lehrperson moderiert und – falls notwendig – mit entsprechenden Fragen auch geleitet.
Diese Unterrichtsequenz setzt folgende Schwerpunkte:
- Aktivieren von Vorwissen
- Finden eigener Ideen und deren Darstellung
- Argumentieren
- Auseinandersetzung mit anderen Ideen

- Erzielen von Konsens
- Präsentation mit Verschriftlichung der Ergebnisse

Die Sprache rückt in den Mittelpunkt des Unterrichtsgeschehens.

Beispiel 2

Büchter & Leuders (2005) erstellten einen Kriterienkatalog zum Thema: Aufgaben für das Erkunden, Entdecken und Erfinden. Diese Ideen werden bei der folgenden Aufgabenstellung mit der Methode Fotoassoziation (Projekt Mathematische Bildung, 2012) verbunden. Anhand eines selbst gewählten Fotos sollen Schülerinnen und Schüler eine Aufgabe so erstellen, dass der Pythagoreische Lehrsatz verwendet werden muss. Die Aufgabe muss selbst gelöst werden, damit die anderen Schülerinnen und Schüler, welche diese dann auf ihre Sinnhaftigkeit und Richtigkeit überprüfen und sie beurteilen, eine Möglichkeit zur Kontrolle haben.

Es hat sich gezeigt, dass bei der Arbeit mit Fotos sehr leicht eine innere Differenzierung erreicht wird. Leistungsstarke Schülerinnen und Schüler geben sich in der Regel nicht mit kurzen, einfachen Aufgabestellungen zufrieden. Aus Sicht der Lehrperson können so bezüglich Originalität oder aus innermathematischen Gründen interessante Aufgaben entstehen, welche dann im Plenum zur Diskussion gestellt werden. Jede Arbeit ist nach der Beurteilung durch andere Schülerinnengruppen und Schülergruppen von der Lehrperson zu kommentieren und an die Aufgabenerstellerinnen und Aufgabenersteller zurückzugeben.

Kurze Skizzierung des Ablaufs der Unterrichtssequenz:
Arbeitsauftrag: Zu dem ausgewählten Foto ist eine Aufgabenstellung so zu entwickeln, dass der Satz von Pythagoras (mindestens) einmal verwendet werden muss. Die für die Aufgabenstellung notwendigen Maße sind aus dem Foto abzuschätzen. Foto, Aufgabenstellung und eine vollständige Lösung – diese beinhaltet eine Skizze und alle notwendigen Berechnungen – werden auf einem DIN A3 Blatt für die Präsentation zusammengefasst.

1. Zwei Schülerinnen oder Schüler (Erstellergruppe) wählen gemeinsam ein Foto aus und überlegen zunächst in Einzelarbeit eine mögliche Aufgabenstellung.
2. Sie einigen sich auf eine der beiden Aufgabenstellungen, rechnen eine Lösung aus und erstellen das Plakat.
3. Die Plakate werden unter verschiedenen Schülerinnengruppen oder Schülergruppen (Prüfgruppen) ausgetauscht, auf Sinnhaftigkeit und mathematischer Richtigkeit überprüft und beurteilt. Die Beurteilung wird der Erstellergruppe übergeben. Bei Diskrepanzen bezüglich der Lösung setzen sich Erstellergruppe und Prüfgruppe zusammen und versuchen eine gemeinsame Lösung zu finden.
4. Von der Lehrperson ausgesuchte oder auf Wunsch der Schülerinnen und Schüler vorgeschlagene Plakate (Erstellergruppe und Prüfgruppe konnten sich nicht einigen) werden im Plenum besprochen.
5. Die Lehrperson gibt jeder Gruppe eine Rückmeldung; eventuell werden dadurch auch Überarbeitungen notwendig.

Die Sprache wird hier unterschiedlich verwendet. Die reale Situation verlangt einen Modellierungsprozess, um ein mathematisches Modell zu erhalten. Überlegungen zur Modellierung und eigene Begründungen (z.B. warum wurde etwas so abgeschätzt) sind in verständlicher Weise anderen mitzuteilen (Umgangssprache – Fachsprache). Andererseits müssen sich die Schülerinnen und Schüler in der Rolle als Prüfgruppe mit fremden Gedankengängen auseinandersetzen, die eigene Meinung dazu vertreten und gegebenenfalls einen Konsens aushandeln.

An dem nachfolgenden Plakat ist zu erkennen, dass sich oft interessante Fragestellungen und auch innermathematische Diskussionen ergeben. Das Plakat ist im Rahmen der oben beschriebenen Fotoassoziation von zwei Schülern einer Klasse des Autors erstellt worden.

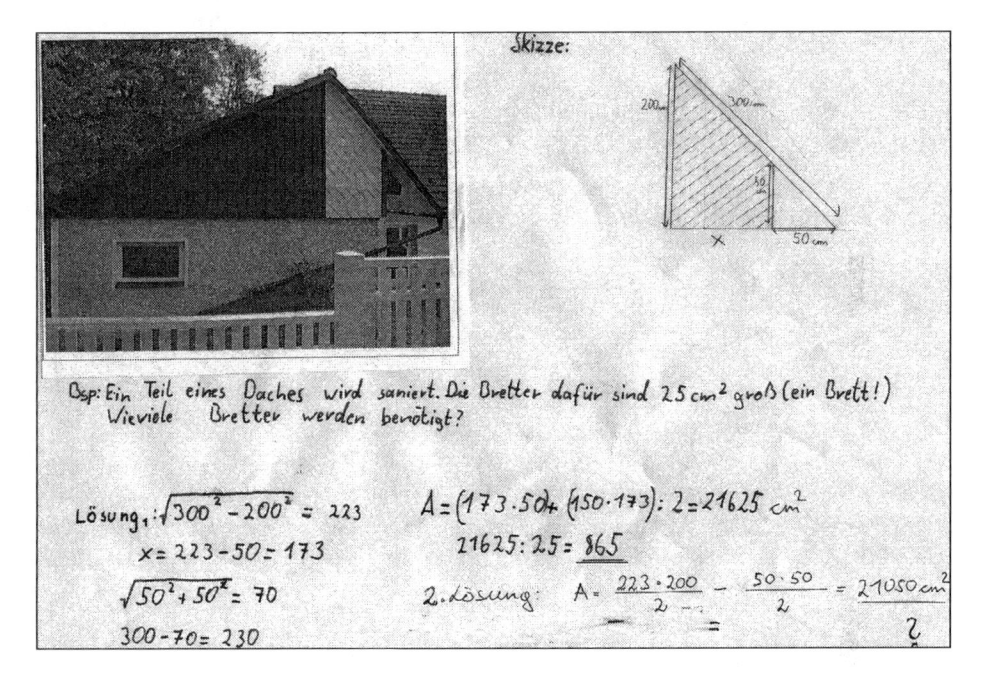

Abb. 2: Fotoassoziation

Die Schüler sind mit der Anmerkung zur Lehrperson gekommen, dass sie zur Überprüfung die schraffierte Fläche auf zwei Arten berechnet, aber unterschiedliche Ergebnisse erhalten haben. Sie sind überzeugt, dass alle Rechnungen richtig sind: „Wir haben das sogar zur Absicherung händisch (!) – ohne Taschenrechner – gerechnet. Wo also kann der Fehler stecken?" Wird diese Frage an die Klasse weiter gegeben, ergeben sich genügend Sprechanlässe zu innermathematischen Themen.

Anmerkung: Die Brettgröße von 25 cm² hat niemanden gestört! Hier war eine direkte Aufforderung darüber nachzudenken notwendig.

Zusammengefasst kann gesagt werden, dass naturgemäß kooperative Methoden das Sprechen fördern, dabei hat die Lehrperson auf die richtige Verwendung der Fachsprache zu achten. Bei der mündlichen Kommunikation allein darf es jedoch nicht bleiben. Eine Verschriftlichung der eigenen Ideen fördert eine Präzisierung der Gedanken und kann bei der Diagnose falscher mathematischer Vorstellungen bzw. Modelle der Lernenden sehr hilfreich sein.

Der Mehrwert von Computer-Algebra-Systemen für den vielfältigen Kompetenzaufbau im Mathematikunterricht

Mathematik bedeutet mehr als das reine Anwenden von Rechenalgorithmen und bloßes Operieren. Jede mathematische Aktivität beinhaltet in natürlicher Weise auch zusätzlich nicht-operative Handlungen wie das Bilden von Modellen, das Darstellen von Inhalten, das Interpretieren von Ergebnissen oder das Argumentieren von Sachverhalten. Mit der technologieunterstützten Auslagerung der operativen Arbeit können Freiräume geschaffen werden, die Kompetenzbildung in den nicht-operativen Bereichen zu intensivieren. Diese Bereiche umfassen genuin vermehrt mathematische Handlungen, die in Verbindung mit Kommunikation und Sprache stehen. Technologieeinsatz heißt daher auch, Technologie einzusetzen, um das Verständnis für mathematische Vorgehensweisen, Tätigkeiten und Begrifflichkeiten zu vertiefen.

In allen österreichischen Lehrplänen für Mathematik wird diesem Umstand Rechnung getragen. „Innovative Technologien der Information und Kommunikation sowie die Massenmedien dringen immer stärker in alle Lebensbereiche vor. [...] Die Möglichkeiten elektronischer Systeme bei der Unterstützung schülerzentrierter, experimenteller Lernformen sind zu nutzen." (BGBl. II Nr. 133/2000) Auch in der neuen RPVO wurde der verbindliche Einsatz höherwertiger Technologie (DGS, CAS, Tabellenkalkulation) bei der Reifeprüfung ab dem Haupttermin im Schuljahr 2017/18 festgelegt.

Unter Mathematiklehrerinnen und Mathematiklehrern bietet aber der geforderte Einsatz dieser höherwertigen Technologie im Unterricht Grund zu Diskussionen. Auf der einen Seite stehen Furcht vor einem Verlust der Rechenfertigkeiten und die Unsicherheit, die ein Bruch mit der Tradition des alt vertrauten Mathematikunterrichts bringt, auf der anderen Seite bringen neue Technologien auch neue Chancen und ein großes Potential für Innovationen mit sich. Peschek & Schneider (2002) analysieren die Grundlagen dieser aktuellen Diskussion ausführlich und kommen zu folgendem Schluss: „Es ist kaum einzusehen, warum die Jugend von heute mit den Mitteln von gestern für das Leben von morgen qualifiziert werden soll." (S. 11)

Tatsächlich stellt die Einführung der neuen Technologien in den Mathematikunterricht die Lehrenden und Lernenden vor einige Herausforderungen. Paul Drijvers (2002) identifiziert insgesamt zwölf Hindernisse bei der Einführung von Computer Algebra Systemen (CAS), darunter etwa die Tendenz der Schülerinnen und Schüler, algebraische Lösungen (etwa die Wurzel aus 2) nicht zu akzeptieren, sondern numerische Lösungen zu bevorzugen oder die auftretende Schwierigkeit, die Ausgaben des CAS zu interpretieren. Er gibt aber zu bedenken, dass die meisten Hindernisse zumindest teilweise aus bestehenden Kompetenzdefiziten entspringen, die nur durch die CAS-Umgebung offensichtlich werden und damit eine Möglichkeit für die Entwicklung des Lernprozesses bieten. Wesentlich dabei ist, dass die Technologie den Schülerinnen und Schülern nicht nur im Unterricht sondern auch beim Lernen zu Hause zur Verfügung steht. (Barzel, 2012)

Welchen Mehrwert kann die Verwendung neuer Technologien im Mathematikunterricht nun tatsächlich bieten? Peschek & Schneider (2002, 2002a) zeigen anhand einiger Punkte auf, dass sich bei der Verwendung von CAS im Unterricht Elemente finden lassen, die auch in der zielführenden Interaktion zwischen Laien und Expertinnen und Experten eine große Rolle spielen und die Schülerinnen und Schüler damit die bereits in der Einleitung erwähnte, vom BIFIE geforderte Vermittlerrolle zwischen diesen Positionen in den Grundzügen erlernen. Mathematisches Grundwissen vorausgesetzt, entwickeln Schülerinnen und Schüler sukzessive „Vorstellungen über die Möglichkeiten und Grenzen des Wissens und Könnens mathematischer Expert/inn/en" (Peschek & Schneider, 2002, S. 15). Mit dem Bestreben, ein mathematisches Problem gezielt in einen CAS-spezifischen Befehl zu übersetzen und die Ausgabe zur Deutung wieder in die Alltagssprache zu transferieren stärkt diese Arbeitsweise in Kombination mit entsprechenden Unterrichtsmethoden die innerfachliche Kommunikationsfähigkeit und induziert gleichzeitig den Aushandlungsprozess zwischen dem Individuum und der Gruppe. Auch Barzel (2012) betont in ihrer internationalen Metastudie zum Einsatz von CAS im Mathematikunterricht die Wichtigkeit der Entwicklung der Kommunikationsfähigkeit über den (Rück-)Transfer zwischen Alltagssprache und CAS-spezifischer Sprache und sieht allgemein in der Verwendung von CAS im Unterricht auch großes Potenzial für weitere nützliche Lerneffekte, wie die stärkere Entwicklung von konzeptuellem Wissen.

Barzel differenziert im Unterricht zwischen zwei Lernwegen – dem genetischen Lernen, das der naturwissenschaftlichen Forschung gleicht, und dem fachsystematischen Lernen, das anfänglich häufig aus lehrerzentriertem Unterricht besteht und CAS von den Schülerinnen und Schülern erst – und meist nur – in den Übungsphasen genützt wird. In ihrer Metastudie kommt sie zum Schluss, dass das Potential des forschenden Lernens durch die Verwendung von CAS wesentlich besser genützt werden kann.

Ein fundamentaler Baustein dieser „genetischen" Unterrichtsform sind entsprechende Arbeitsaufträge im Unterricht. Als Beispiel soll hier ein Arbeitsauftrag (Modul E) aus der Lernwerkstatt zur Untersuchung ganz-

---

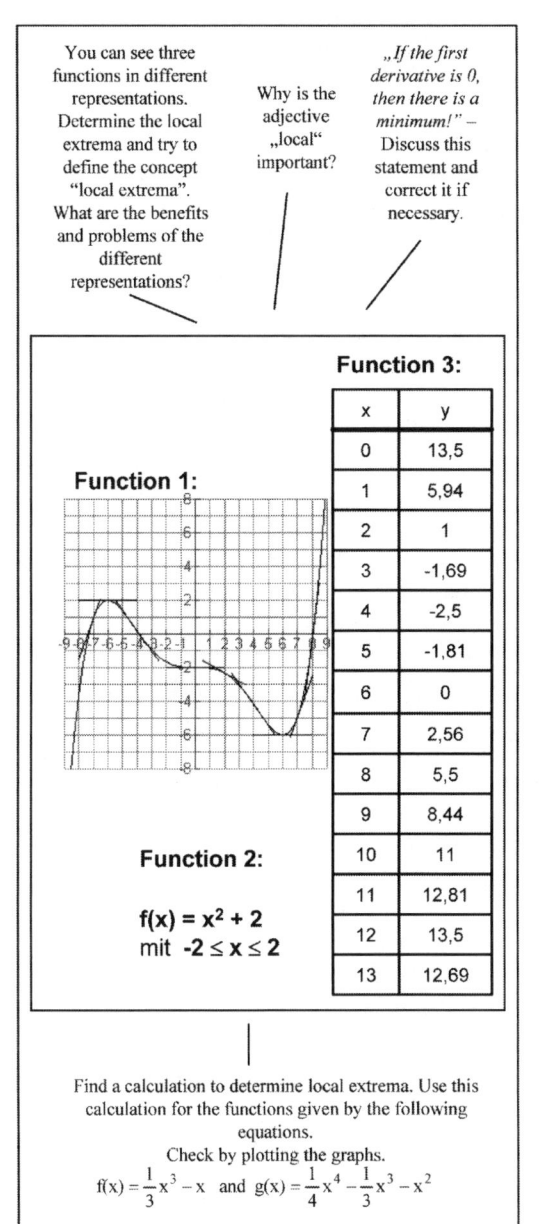

You can see three functions in different representations. Determine the local extrema and try to define the concept "local extrema". What are the benefits and problems of the different representations?

Why is the adjective „local" important?

„If the first derivative is 0, then there is a minimum!" – Discuss this statement and correct it if necessary.

Function 1:

Function 2:

$f(x) = x^2 + 2$ mit $-2 \leq x \leq 2$

Function 3:

x	y
0	13,5
1	5,94
2	1
3	-1,69
4	-2,5
5	-1,81
6	0
7	2,56
8	5,5
9	8,44
10	11
11	12,81
12	13,5
13	12,69

Find a calculation to determine local extrema. Use this calculation for the functions given by the following equations. Check by plotting the graphs.

$f(x) = \frac{1}{3}x^3 - x$ and $g(x) = \frac{1}{4}x^4 - \frac{1}{3}x^3 - x^2$

Abb. 3: Modul „E" der Lernwerkstatt zur Untersuchung ganzrationaler Funktionen. Barzel, B. (2005). „Open learning? Computeralgebra?... No time left for that...". *ZDM Mathematics Education, 37 (5),* 337.

rationaler Funktionen von Barzel, Fröhlich & Stachniss-Carp (2003) dienen (s. Abb.3). Diese Lernwerkstatt besteht aus verschiedenen Modulen, die unterschiedliche kognitive Aktivitäten bei der Arbeit in Kleingruppen anregen sollen. Bei der Erstellung der Lernwerkstatt wurde großer Wert auf die Ausgewogenheit zwischen Instruktion und eigenverantwortlicher Arbeit gelegt. Das Prinzip des Differenzierens von Funktionen wurde vor der Umsetzung der Lernwerkstatt bereits im Unterricht behandelt.

Offene Fragestellungen, wie beispielsweise die Frage nach den Vorteilen der verschiedenen Arten der Repräsentation einer Funktion hinsichtlich des Auffindens lokaler Extremstellen, sollen die kognitiven Aktivitäten „Analysieren" und „Reflektieren" anregen. Die Aufforderung das Konzept der lokalen Extremstellen selbständig zu definieren und eine Diskussion über notwendige und hinreichende Bedingungen für lokale Extrema zu führen, fördert die Kompetenz „Modellbilden" bzw. unterstützt auch die Fähigkeit der Schülerinnen und Schüler „Begründungen" zu suchen und zu präsentieren. Der Auftrag (mittels CAS) die Berechnungen zur Auffindung lokaler Extremstellen selbständig anzustellen, verknüpft die bisher genannten Kompetenzen mit der Kompetenz „Operieren".

Offensichtlich wird durch eine solche Art von Arbeitsaufträgen großer Wert auf verschiedenste, vermehrt kommunikative Kompetenzen gelegt. Zum einen wird der individuelle Aufbau von mathematischen Konzepten in Gang gebracht, zum anderen wird auch der Aushandlungsprozess zwischen Gruppe und Individuum eingeleitet. Eine wissenschaftliche Begleituntersuchung zur Wirksamkeit dieser Lernwerkstatt hinsichtlich des Lernerfolgs der Schülerinnen und Schüler ergab neben hohen Zufriedenheitswerten seitens der Schülerinnen und Schüler hinsichtlich der Methode und der Verwendung von CAS auch, dass die Schülerinnen Schüler der Lernwerkstatt-Gruppe bei einer Testung dieses Stoffgebiets besser abschnitten als die Schülerinnen und Schüler der Kontrollgruppe. (Barzel, 2005)

Die Erstellung solcher Aufträge ist zum Teil sehr aufwändig, aber diese Mehrarbeit ist – bei einer Vielzahl von guten, online erhältlichen Materialen – nicht unbedingt immer notwendig. Als Beispiele wären hier das Projekt „Treffpunkt Mathematik" (http://tom.haimath.at/) oder die Homepage des „Austrian Center for Didactics of Computer Algebra" (http://www.acdca.ac.at/) zu nennen.

Zusammengefasst lässt sich also festhalten: Die Auslagerung der operativen Arbeit an ein Computer-Algebra-System im Zusammenspiel mit entsprechender methodischer Umsetzung bietet einen Mehrwert für den Unterricht. Verschiedene didaktische Ansätze, wie das forschende Lernen, werden durch die Verwendung von CAS erst ermöglicht bzw. sinnvoll durchführbar gemacht. Und die direkt damit verbundene Kommunikation – sei es zwischen Mensch und Maschine, sei es beim Aushandlungsprozess zwischen Individuum und Gruppe – ist ein Schlüssel beim nachgewiesenermaßen nachhaltigen Aufbau von mathematischen Konzepten.

Fragen über Fragen – der Weg des Lernens

Jungwirth (1994) zeigt in ihren Studien auf, dass der fragend-entwickelnde Mathematikunterricht seiner Grundidee – die Schülerinnen und Schüler werden nicht belehrt, sondern das schon vorhandene Wissen wird gemeinsam von Lernenden und Lehrenden weiterentwickelt – vielfach nicht gerecht wird. Nur vereinzelt wissen Schülerinnen und Schüler mit

dem Schema „Frage-Antwort-Bewertung durch die Lehrperson" gut umzugehen. Viele – vor allem auch Mädchen – ziehen sich zurück und nur wenige sprechen und beteiligen sich am Unterricht. (Jungwirth, 1994) Trotzdem stehen die Lehrenden gerade im Fach Mathematik nach verschiedenen aktuellen Studien immer noch im Zentrum des Unterrichts, indem sie diesen durch scheinbar zielführende Fragen an die Klasse zu lenken versuchen. Es sind aber nicht Fragen, die den fragend-entwickelnden Unterricht weniger lernwirksam machen. Im Gegenteil – Lernen passiert gleichsam anhand von Fragen, die gestellt und beantwortet werden. Entscheidend ist die Position, von der aus die Fragen gestellt werden.
Wenn die Lehrenden Fragen stellen, deren einzig richtige Antwort sie selbst kennen, werden die Lernenden oft nur die Frage „Was will die Lehrperson von mir hören?" und nicht die eigentliche Frage beantworten. Wird aber die Frage offen genug und aus Interesse an der Antwort gestellt und haben die Schülerinnen und Schüler Zeit, ihre individuellen Antworten zu erarbeiten, kann der Lernprozess gelingen. In dieser Hinsicht geben die Lehrenden den Lernenden auch tatsächlich die Gelegenheit, den Stoff auf ihre Weise anzupacken und zu verarbeiten. (vgl. Ruf & Gallin, 1990, S. 18)
Kommen darüber hinaus die Fragen nicht von den Lehrenden, sondern entspringen sie dem Denken der Lernenden, impliziert das zugleich auch deren Bereitschaft, die Antworten darauf zu finden. Darüber hinaus sagen Fragen sehr viel über den individuellen Standpunkt der Lernenden im Lernprozess aus. In dieser Hinsicht gibt es auch keine „richtigen" oder „falschen" Fragen, sondern nur solche, die die Schülerinnen und Schüler näher ans Ziel bringen und solche, die weniger zielführend sind. Und jede Frage gibt den Lehrenden Aufschluss darüber, wie sie das Denken der Lernenden weiter fördern können.
Wenn die Schülerinnen und Schüler gelernt haben, ihren individuellen Lernprozess durch zielführende Fragen selbst zu steuern, befinden Sie sich schon mitten in der von Leuders (2001) hervorgehobenen Interaktion, im Aushandlungsprozess zwischen Individuum und Gruppe und in der Konsensfindung. Die einzige Frage, die sich eine Lehrperson von dieser Position ausgehend, nunmehr persönlich stellen kann, ist: Wie können die Lernenden angeleitet werden, selbst zielführende Fragen zu stellen, um den Lernprozess in Gang zu setzen? Leider gibt es auf diese Frage keine immer passende Antwort und kein allgemeingültiges Rezept. Doch es gibt Standpunkte für neue Fragen.
Ruf & Gallin (1990) haben mit dem „Dialogischen Lernen" ein Konzept entwickelt, die Schülerinnen und Schüler mit eigenverantwortlicher Arbeit in das Unterrichtsgeschehen einzubinden. Am Beginn des Lernprozesses steht eine Kernidee, die von der Lehrperson vorgestellt wird. Spezielle Arbeitsaufträge, die die Schülerinnen und Schüler zu dieser Kernidee erhalten, liefern erste Einträge ins Lernjournal, die in der Klasse ausgetauscht und besprochen werden. Die Rückmeldung der Lehrperson mittels einer Autographensammlung – eine Textsammlung, bestehend aus „zielführenden" Arbeiten von Schülerinnen und Schülern – bildet den Ausgangspunkt für den weiteren Lernprozess, der mit einer weiterführenden Kernidee methodisch wieder von neuem beginnt.
Dieses Vorgehen soll hier kurz an einem Beispiel erklärt werden. Eine mögliche Kernidee im Kapitel „Statistik" ist, dass man mit der Auswahl von Daten einen Sachverhalt manipuliert darstellen kann. Die Lehrperson gibt mit dem Satz: „Glaube nie einer Statistik, die du nicht selbst gefälscht hast!" den Anstoß. Die Schülerinnen und Schüler erhalten eine Auswahl an Statistiken, anhand derer sie einen manipulativen Zeitungsartikel verfassen sollen. Über eine Auswahl an Texten werden Kriterien zur Manipulation durch die Datenauswahl her-

ausgearbeitet und reflektiert. Im nächsten Durchgang könnte die manipulative graphische Darstellung von Daten als Kernidee ins Zentrum rücken.

Dieses Beispiel zeigt im weitesten Sinne eine Ähnlichkeit zum lernwirksamen, fragend-entwickelnden Unterricht. Die Lehrperson präsentiert die Kernidee (Lehrstoff), gibt einen Auftrag (offene Frage), die Schülerinnen und Schüler bearbeiten den Auftrag im Lernjournal (offene Antwort) und durch die Rückmeldung wird die Antwort bewertet. Doch wo sind die Fragen der Schülerinnen und Schüler explizert? Schreiben die Schülerinnen und Schüler den Zeitungsartikel mit dem Blickpunkt auf die Erwartungshaltung der Lehrperson? Stellen sie sich selbst zielführende Fragen?

Die Schülerinnen und Schüler bekommen vor dem Verfassen des Zeitungsartikels den Auftrag, eigenständig Leitfragen für diesen Artikel in Kleingruppen bspw. mit Hilfe der Methode des Placemats zu erarbeiten. Solche Fragen könnten sein: An wen ist der Artikel gerichtet? Was soll diese Person glauben? Welche Daten müssen dazu hervorgehoben und welche verschwiegen werden? Dies dient dazu, eigene Fragen zu entwickeln und über Peer Effekte diese Leitfragen und nicht die Erwartungshaltung der Lehrperson ins Zentrum des Prozesses zu rücken. Die dabei entwickelten Fragen würden ohnehin teils bei der Erstellung des Zeitungsartikels aufgeworfen werden. Darüber hinaus sollen die Schülerinnen und Schüler aber auch den Auftrag bekommen, die gemeinsam entwickelten Fragen ausdrücklich aufzuschreiben, um über die Antworten den Lernprozess noch sichtbarer und damit auch selbstständig reflektierbar zu machen. Zudem können Schülerinnen und Schüler nur lernen, (zielführende) Fragen zu stellen, indem sie es selbst tun und diesen Prozess anschließend reflektieren.

Die Arbeit an einem solchen Lernjournal gleicht der Arbeit an einem Portfolio. Der Lese- und Korrekturaufwand für die Lehrperson und der Erstellungsaufwand für die Schülerinnen und Schüler sind unumstritten hoch. Im Zentrum der bisherigen Ausführungen steht die, dem Denken der Schülerinnen und Schüler entspringende, zielführende Frage. Die Sprache nimmt dabei eine wesentliche Rolle ein. In ihrer schriftlichen Form „verlangsamt" und strukturiert sie die Gedanken, sodass ein grundlegendes Verständnis möglich wird. (Ruf & Gallin, 1990)

Greift man ausschließlich diese Idee auf und verbindet sie mit einer „normalen" Mitschrift im Unterricht, so kann mit weniger Aufwand als mit einem eigenen Portfolio in einem ersten Schritt schon ein respektabler Ertrag erreicht werden: Die Schülerinnen und Schüler bekommen den Auftrag, über das gesamte Schuljahr hinweg ihre Mitschrift laufend mit drei Fragen und den Antworten dazu individuell zu bereichern: „Was?", „Wie?" und „Warum?" – Was weiß ich über das Problem? Wie kann ich vorgehen? Warum liefert eine ganz andere Rechnung das gleiche Ergebnis? Was muss ich mir merken? Wie kann man einen speziellen Sachverhalt verallgemeinern? Warum ergibt sich etwas Unerwartetes? ... Solche Fragen, die von den Schülerinnen und Schülern regelmäßig schriftlich gestellt, ausgetauscht, reflektiert und beantwortet werden, können ein hohes Potential für einen erfolgreichen Lernprozess mit sich bringen. Und eine klassische Unterrichtsmitschrift wird so automatisch, mit nur geringem, zusätzlichem Aufwand zum Lernjournal.

Eine Antwort auf den fragend-entwickelnden Unterricht muss also lauten: Es gibt keine falschen Fragen, Fragen verlangen nach Antworten, durch Fragen wird der Lernprozess weitergeführt, Fragen erweitern den Blick auf das Individuum oder die Sache. Wesentlich sind aber die Position von der aus die Frage gestellt wird, der Stellenwert, den die Frage einnimmt, und der Raum der ihr bei der Beantwortung gegeben wird, sodass aus einer Frage auch Entwicklung folgen kann.

Zusammenfassung

Sprache ist untrennbar mit mathematischem Verstehen und Handeln verbunden. Es gibt verschiedene Methoden, die helfen können, den Sprachgebrauch der Schülerinnen und Schüler einzuleiten. Die aktive, individuelle Auseinandersetzung mit dem Stoff und die Konsensfindung gemeinsam mit anderen, stehen dabei im Mittelpunkt des Lernprozesses. Über Fragen, die dem Denken der Schülerinnen und Schüler entspringen oder den Lernprozess tatsächlich zu aktivieren vermögen, wird die Auseinandersetzung mit mathematischen Inhalten vertieft. Computer-Algebra-Systeme, deren Gebrauch mit ständiger Übersetzungsleistung verbunden ist, schaffen weitere Freiräume und Möglichkeiten für diesen konstruktiven Prozess.
Es gibt viele Chancen, alle Beteiligten des Unterrichts – mehrheitlich Lernende – zu Wort kommen zu lassen, um dem Ziel näher zu kommen, den Mathematikunterricht nachhaltig und sinnfüllend zu gestalten. Ruf U. & Gallin P. formulieren es so: „Gäbe es einen hippokratischen Eid für Pädagogen müsste er in etwa so lauten: Ich verpflichte mich, die Gestaltungskräfte nach bestem Vermögen und Urteil zu unterstützen und sie unter keinen Umständen durch Zwang zum Zuhören und zur passiven Wissensspeicherung lahm zu legen." (Ruf U. & Gallin P., Band 2 (1998), S. 320

Literatur

Barzel, B. (2005). „Open learning? Computeralgebra?... No time left for that…". *ZDM Mathematics Education, 37 (5)*, 336-342.
Barzel, B. (2012). *Computeralgebra im Mathematikunterricht. Ein Mehrwert – aber wann?*. Münster: Waxmann.
Barzel B., Büchter A. & Leuders T. (2011). *Mathematik Methodik, Handbuch für die Sekundarstufe I und II*. Berlin: Cornelson.
Barzel, B., Fröhlich, I. & Stachniss-Carp, S. (2003). *Das ABC der ganzrationalen Funktionen. Schülerheft & Lehrerheft*. Stuttgart: Klett.
BIFIE (Hrsg.) (2013). *Praxishandbuch Mathematik AHS Oberstufe. Auf dem Weg zur standardisierten kompetenzorientierten Reifeprüfung. Teil 1*. (2. Auflage). Wien: BIFIE.
Büchter A. & Leuders T. (2005). *Mathematikaufgaben selbst entwickeln. Lernen fördern – Leistung überprüfen*. Berlin: Cornelson Scriptor.
Deutsches PISA-Konsortium (Hrsg.) (2000). *Schülerleistungen im internationalen Vergleich für die Erfassung von Wissen und Fähigkeiten*. Berlin: Max-Planck-Institut für Bildungsforschung.
Drijvers, P. (2002). Learning mathematics in a computer algebra environment: obstacles are opportunities. *ZDM Mathemtics Education, 34 (5)*, 221-228.
Jungwirth, H. (1994). Die Forschung zu Frauen und Mathematik: Versuch einer Paradigmenklärung. *Journal für Mathematik-Didaktik*, 15, 253-276.
Leuders, T.(2001). *Qualität im Unterricht in der Sekundarstufe I und II*. Berlin: Cornelson Scriptor.
Leuders, T., Hefendehl-Hebeker, L.& Weigand, H. (Hrsg.) (2010). *Mathmagische Momente*. Berlin: Cornelson.
OECD (Hrsg.) (1999). *Measuring Student Knowledge and Skills. A new Framework for Assessment*. Paris: OECD.
Peschek, W. & Schneider, E. (2002). *Rasenmäher oder Schaf?*. Abgerufen am 21.3.2015 von https://www.yumpu.com/de/document/view/93662/rasenm
Peschek, W. & Schneider, E. (2002a). CAS in general mathematics education. *ZDM Mathemtics Education, 34 (5)*. 189-195.
Projekt mathematische Bildung, Methodenpool (2012). Abgerufen am 11.03.2015 von http://mb.bmbf.gv.at/methodenpool.html
Projekt mathematische Bildung, Heft 1: Methodische Zugänge für Schülerinnen und Schüler ermöglichen (2012). Abgerufen am 11.03.20115 von http://mb.bmbf.gv.at/methodenhefte.html
Ruf U. & Gallin P. (1998). *Dialogisches Lernen in Sprache und Mathematik*. Band 1 & Band 2. Leipzig: Kallmeyer.
Suchań, B., Wallner-Paschon, C., Bergmüller, S. & Schreiner, C. (Hrsg.). (2012). *PIRLS & TIMSS 2011. Schülerleistungen in Lesen, Mathematik und Naturwissenschaft in der Grundschule. Erste Ergebnisse*. Graz: Leykam.

Angaben zu den Autoren

Mag. Heinrich Juen, Pädagogische Hochschule Tirol – Zentrum für Fachdidaktik
heiner.juen@ph-tirol.ac.at

Mag. Martin Andre, Pädagogische Hochschule Tirol – Zentrum für Fachdidaktik
m.andre@tsn.at

*Herbert Schwetz, Gert Linhofer, Bianca Binder und
Isabelle Benischek*

Sprachsensibles Lehren und Lernen im Mathematikunterricht als fachdidaktische Herausforderung
Zum Zusammenhang von lösungsunterstützender Skizze und Lösungshäufigkeit von Textaufgaben

Language-sensitive teaching and learning in maths lessons as a subject didactic challenge

Zusammenfassung

Um einen mathematischen Text verstehen und in ein mathematisches Modell umsetzen zu können, bedarf es vieler Schritte und Teilkompetenzen. Der Modellierungsprozess kann nur gelingen, wenn es auf der Sprachebene keine oder nur sehr geringe Probleme gibt. Heuristische Strategien wie das Erstellen von Skizzen können für den Lösungsprozess hilfreich sein. Mittels einer Studie wurde gezeigt, dass Weltwissen, mathematikspezifische Lesekompetenzen sowie lösungsunterstützende Skizzen einen Einfluss auf das Lösen von mathematischen Textaufgaben haben.

Abstract

In order to succeed in understanding and solving word problems several steps and competences are needed. A word problem can only be solved if the individual is capable of starting a modelling process and if she or he has sufficient language skills. Research was undertaken to prove the role of heuristic strategies (e.g. informative sketches) and other factors. It was demonstrated that common knowledge and mathematically oriented reading literacy have influences on the ability to solve selected word problems.

Einleitung

In den 1980er Jahren hat sich der Universitätslehrer und Rechtsanwalt Schönherr (1984) der Unverständlichkeit und Komplexität der Rechtsprache angenommen. Er hat sich um eine verständliche und zweckmäßige Sprache bemüht. Schönherr hat Gesetze so umgeschrieben, dass sie von Bürgerinnen und Bürgern verstanden werden konnten. Aus heutiger Sicht ist das ein Ausgangspunkt für mehr Sprachsensibilität in einem Fachbereich. Das sinnerfassende Lesen ist nicht nur eine Kompetenz der Leserinnen und Leser, auch die Fachsprache selbst mit ihren Fachbegriffen und komplexen Satz- und Textkonstruktionen wird als Problem erkannt. Wer beispielsweise der Bedeutung der Begriffe „konkludent" oder „Präponderanz" nicht mächtig ist, kann eine Gesetzesstelle, die diese Begriffe enthält, mit großer Wahrscheinlichkeit nicht sachgerecht erfassen.

Die Erfahrung in der Praxis hat gezeigt, dass das Lesen, Verstehen und Lösen von bestimmten Textaufgaben Schülerinnen und Schülern große Probleme bereitet. Es soll untersucht werden, ob das Anfertigen einer lösungsunterstützenden Skizze nach dem Lesen einer Textaufgabe eine Hilfe beim Verstehen und Lösen von Textaufgaben sein kann. Dieser Zwischenschritt zwischen Lesen und Lösen einer Textaufgabe wird als eine Möglichkeit betrachtet, sprachsensiblen Mathematikunterricht zu realisieren.

In der fachdidaktischen Literatur finden sich viele Zusammenstellungen von Zielen für den Mathematikunterricht. So betont etwa Leuders (2005, S. 37), dass Ziele für den Mathematikunterricht nicht nur aus der Struktur des Faches ableitbar sind. Eine Reihe von Zielen kommt seiner Ansicht nach von außen, also von der Gesellschaft (z.B. Mündigkeit etc., vgl. hier auch Schulorganisationsgesetz §2). Die innermathematischen Ziele sind unter anderem um Ziele aus dem Sprachunterricht zu ergänzen, da es Mathematik ohne Sprache nicht gibt und geben kann. Dies zeigt sich auch bei den Bildungsstandards für die vierte Schulstufe, wo „Kommunizieren" „als eigener mathematischer Kompetenzbereich innerhalb der allgemeinen mathematischen Kompetenzen genannt" (bifie, 2010, S. 6) wird. Im Kompetenzmodell Mathematik für die achte Schulstufe sind zwei der vier Handlungsbereiche sehr stark mit der Sprache und dem Versprachlichen verbunden, nämlich „Interpretieren" und „Argumentieren, Begründen".

Mit einem Beispiel aus dem Buch „Problemlösen lernen im Mathematikunterricht" von Bruder & Collet (2011) soll demonstriert werden, was im Fokus dieses Beitrages steht. Es geht um das Lesen und Lösen textlich vermittelter Problemstellungen und um die Identifikation von Faktoren, die das Lösen unterstützen.

> *„The semicircular disc glides along two legs of a right angle. Which line describes point P on the perimeter of the half circle?"* (Engel, 1998 in Bruder & Collet, 2011, S. 25)

Das mathematikspezifische sinnerfassende Lesen und das Lösen dieses Beispiels werden vermutlich scheitern, wenn die Bedeutung von einzelnen Begriffen (z.B. semicircular, perimeter etc.) nicht verfügbar ist. Dann kann sehr wahrscheinlich auch der Sinn der einzelnen Sätze und die Gesamtbedeutung der Angabe nicht entschlüsselt werden. Zusätzlich wird nach einer bestimmten mathematischen Idee gefragt. Wäre die Schülerin oder der Schüler aber in der Lage, eine lösungsunterstützende Skizze anzufertigen, könnte vermutlich die Aufgabe gelöst werden.

Es wird auf die empirisch abgesicherte Erkenntnis verwiesen, dass im Bereich des allgemeinen sinnerfassenden Lesens kognitive Aktivitäten auf der Wort-, der Satz- und der Textebene erforderlich sind (Rosebrock et al., 2003), sowie sogenannte Superstrukturen zu identifizieren sind. Dies gilt umso mehr für Textaufgaben mit spezifischen alltagsfernen Begriffen. In vielen Fällen ist auch noch eine mathematische Idee (z.B. indirekte Proportionalität, Ortslinie etc.) in Textrechnungen mitverpackt, die das Dekodieren erschweren kann.

Es stellt sich die Frage, in welche Kategorie von Aufgaben die zuvor genannte „Semicircular-Disc-Aufgabenstellung" eingeordnet werden könnte. Bezüglich der Terminologie, ob eine Aufgabe als Sach- oder Textaufgabe zu bezeichnen ist, wird auf Krauthausen und Scherer (2007, S. 83) zurückgegriffen. Die Aufgabe, wie hoch beispielsweise der Wasserverbrauch an einer bestimmten Schule ist, würde von den beiden Fachdidaktikern als Sachaufgabe bezeichnet werden, da ein Lebensbezug vorliegt. Die „Semicircular-Disc-Aufgabe" wäre zur Gruppe der Textaufgaben zu zählen; der Lebensbezug bzw. die Sache sind in diesen Aufgaben sekundär.

In einer früheren Publikation (Linhofer, Binder & Schwetz, 2015) zu diesem Thema wurde von der „conditio sine qua non", der allgemeinen Lesekompetenz für das sinnerfassende mathematikspezifische Lesen von Textaufgaben, gesprochen. Es werden weitere relevante Faktoren benannt und begründet. Für das mathematikspezifische sinnerfassende Lesen und das Lösen von Textbeispielen wird ein Modell vorgelegt, das das Anfertigen von lösungsunterstützenden Skizzen einschließt. Dieses neue Modell greift für das sinnerfassende mathematikspezifische Lesen auf bekannte Lesemodelle (Rosebrock et al., 2013) zurück und stellt eine wesentliche Erweiterung des 2015-Modells (Linhofer, Binder & Schwetz, 2015) dar.

Das bewusste Berücksichtigen von Leseprozessen im Mathematikunterricht, allgemein und fachspezifisch, und der Einsatz eines heuristischen Hilfsmittels über den Weg der Übersetzung eines Gesamttextes in eine lösungsunterstützende Skizze, wird als eine Möglichkeit von sprachsensiblem Lehren und Lernen angesehen. Es wird also der Frage nachgegangen, was das Lösen von Textaufgaben unterstützen und fördern kann. Im Zentrum der Forschungsarbeit steht die lösungsunterstützende Skizze. Die Sinnhaftigkeit des Einsatzes von lösungsunterstützenden Skizzen wird aus folgenden Perspektiven begründet:
- die lösungsunterstützende Skizze als heuristisches Hilfsmittel (Bruder, 2011, S. 45ff.),
- die lösungsunterstützende Skizze als Instrument zum Wechsel von Repräsentationsebenen (Bruner, 1971),
- die lösungsunterstützende Skizze als Situationsmodell nach dem Modell des Modellierens (vgl. Maaß, 2009, S. 12 und Praxishandbuch für „Mathematik" 4. Schulstufe (M4) [bifie, 2011, S. 9]).

Im oben erwähnten Praxishandbuch M4 wird ein vierschrittiges Modell mit den Elementen „Sachproblem", „Situationsmodell", „mathematisches Modell" und „Lösung" für das Modellieren von Sachaufgaben vorgeschlagen (bifie, 2011, S. 9). Es wird davon ausgegangen, dass die lösungsunterstützende Skizze eine mögliche Realisierung des Situationsmodells und/oder mathematischen Modells sowie ein heuristisches Hilfsmittel darstellt.

Die Orientierung an mehr Sprachsensibilität im Mathematikunterricht kann auch unter dem Aspekt der Qualitätssteigerung betrachtet werden. Wenn Fragen der Qualitätssicherung für den Mathematikunterricht diskutiert werden, stehen mehrere Wege der Realisierung zur Verfügung. Es kann bei der aktiven Lernzeit, bei einem veränderten Vermittlungsstil, bei den Aufgaben, bei der Diagnostik, bei verstärkter Differenzierung, bei der kollegialen Fortbildung vor Ort etc. angesetzt werden. Leuders (2005, S. 94ff.) sieht in drei Bereichen Potenzial für die Qualitätssteigerung, nämlich in der Veränderung der Aufgabenkultur, im kritischen Hinterfragen des fragend-entwickelnden Unterrichts und in der veränderten Arbeit in den Fachgremien in den Schulen. Bislang ist der Aspekt der Orientierung an mehr Sprachsensibilität im Mathematikunterricht in der fachdidaktischen Literatur noch nicht ausführlich erörtert worden.

In diesem Beitrag wird der Fokus auf Textaufgaben in der sechsten Schulstufe gelegt. Es wird ein Modell für das fachspezifische Lesen im Mathematikunterricht und das Lösen von Textaufgaben vorgeschlagen und einer ersten empirischen Überprüfung unterzogen. Es werden zwei Studien referiert, in denen es um den Zusammenhang von lösungsunterstützenden Skizzen und einem Score aus Textaufgaben geht.

Lösungsunterstützende Skizzen als mögliche Realisierung des Situationsmodells und eines sprachsensiblen Mathematikunterrichts

Modell für fachspezifisches Lesen im Mathematikunterricht

Im Folgenden wird ein Modell für fachspezifisches Lesen im Mathematikunterricht und das Lösen von Textaufgaben vorgestellt und beschrieben. Der Fokus liegt hier auf dem gelingenden Leseprozess für Textaufgaben und möglichen Faktoren, die damit in Zusammenhang stehen könnten. Der zweite Schwerpunkt liegt auf dem Situationsmodell als Vorstufe für das Generieren eines mathematischen Modells zur Lösung von Aufgaben. Es interessiert ganz besonders die Realisierung des Situationsmodells als heuristisches Hilfsmittel über den Weg der Erstellung lösungsunterstützender Skizzen.

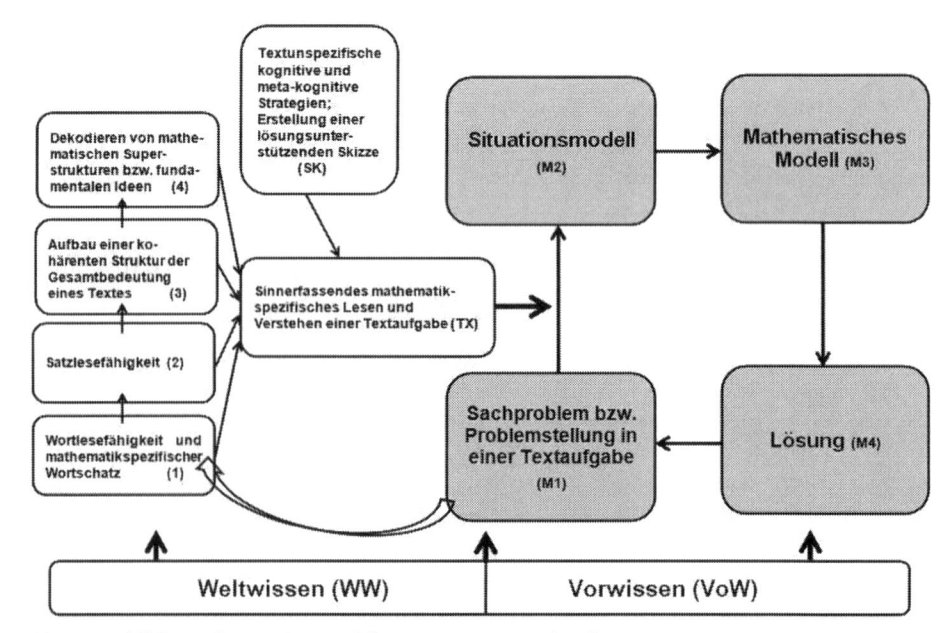

Abb. 1: Modell des mathematischen Modellierens ergänzt um Teilaspekte

Die Elemente 1, 2, 3 und 4 sind angelehnt an das Modell von Rosebrock und Nix (2013, S. 13) und wurden in einer Vorgängerpublikation (Linhofer, Binder & Schwetz, 2015) beschrieben. Der Faktor 4 ist ebenfalls dem Modell von Rosebrock entnommen, modifiziert und durch den Aspekt der fundamentalen Idee ergänzt. Die Faktoren in Kästchen SK und WW sind dem Lesemodell, auf dem der Test „Verlaufsdiagnostik sinnerfassenden Lesens" nach Walter (2013) aufbaut, entlehnt. Diese Elemente werden dem Modell für das Modellieren (Praxishandbuch für „Mathematik" 4. Schulstufe in bifie, 2011, S. 9) als Explikation der Elemente angefügt. Der Faktor Vorwissen (VoW) kontrolliert die Ausgangssituation. Die Variable TX ist ein weiterer wichtiger Faktor und beschreibt das Können, die Kenntnisse sowie die Fertigkeiten der Schülerinnen und Schüler.

Lösungsunterstützende Skizze als heuristisches Hilfsmittel nach Bruder

In einem motivierenden Mathematikunterricht ist es wichtig, den Schülerinnen und Schülern Aufgaben zu stellen, die sie fordern und fördern. Jede und jeder setzt sich individuell mit den Problemstellungen auseinander, wobei unterschiedliche Problemlösemethoden (Heurismen: heuristische Prinzipien, Regeln, Strategien und Hilfsmittel) angewendet werden (Bruder & Collet, 2011, S. 35f.). Zu den heuristischen Strategien zählen unter anderem „systematisches Probieren" und „Analogieschlüsse"; zu den heuristischen Prinzipien das „Symmetrieprinzip" oder das „Zerlegen und Ergänzen"; zu den heuristischen Hilfsmitteln „das Veranschaulichen durch informative Figuren", „Tabellen" oder „Lösungsgraphen" (Bruder & Collet, 2011, S. 37).

Es ist zu beachten, dass Heurismen nicht zu den mathematischen Algorithmen zählen, da sie keine Lösungsgarantie bieten können; sie können jedoch Hilfe und Orientierung geben (Bruder & Collet, 2011, S. 42). Heuristische Hilfsmittel sollen „dabei helfen, ein Problem zu verstehen und zu strukturieren (etwa indem man eine Übersicht über das Gegebene und das Gesuchte anlegt), zu visualisieren (d.h. Beziehungen zwischen Größen einer Figur oder einem Graphen sichtbar zu machen) bzw. Informationen zu reduzieren mithilfe einer Gleichung" (Bruder & Collet, 2011, S. 45).

> „Wenn die Kinder bei offenen Aufgaben Schwierigkeiten haben, zu erkennen, welche Größen die Aufgabe beeinflussen, so kann es hilfreich sein, die Situation am Modell nachzustellen oder eine Skizze anzufertigen." (Maaß, 2009, S. 32)

Eine Skizze kann als „informative Figur" bezeichnet werden, denn es geht „um die Darstellung möglichst vieler Beziehungen und Informationen in einer Figur. Eine Skizze ist nämlich nur dann sinnvoll, wenn man möglichst viel aus ihr ablesen kann und wenn man in ihr vielleicht sogar noch Beziehungen oder Informationen entdecken kann, die man aus dem Aufgabentext noch nicht entnehmen konnte." (Bruder & Collet, 2011, S. 46f.). In diesem Zusammenhang ist zu beachten, dass das Anfertigen einer Skizze bereits eine große Abstraktionsleistung erfordert. Den Schülerinnen und Schülern muss bewusst werden, dass es einen Unterschied zwischen einem „Bild zum Text" und einer aussagekräftigen Skizze gibt (Bruder & Collet, 2011, S. 48). Die Schülerinnen und Schüler sind an das Anfertigen von Skizzen heranzuführen. „Die Aufforderung, ein Bild zu einer Geschichte zu malen, reicht in den meisten Fällen nicht aus. Die Kinder gestalten zwar ihre assoziierten Vorstellungen zu der Sachsituation liebevoll und ausführlich aus, sind aber häufig nicht in der Lage, wesentliche Elemente wiederzugeben." (Bongartz & Verboom, 2012, S. 26) Bereits in der Volksschule ist somit an der Erstellung von Skizzen zu arbeiten, Vereinfachungen und Symbole sind zu vereinbaren, die als Repräsentanten herangezogen werden können (z.B. Strichmännchen für Personen, Kreise für Torten, usw.) (Bongartz & Verboom, 2012, S. 26).

Für das Lösen von Aufgaben kann das Anlegen von Tabellen ebenfalls hilfreich sein. „Tabellen sind zunächst immer Darstellungsformen für Informationen. Ihren heuristischen Wert entfalten sie jedoch nicht als reines Datenblatt oder als Wertetabelle für eine Funktion. Eine wertvolle Hilfe bei der Reduktion und Fokussierung von Informationen in Problemaufgaben bieten Tabellen dann, wenn sie bewusst als Hilfsmittel zum Strukturieren von Informationen eingesetzt werden, z.B. zur Unterstützung des systematischen Probierens […]." (Bruder & Collet, 2011, S. 56)

Die lösungsunterstützende Skizze aus der Perspektive des Modells der Repräsentationsebenen nach Bruner

Einleitend wird mit einem Beispiel aus dem fachdidaktischen Werk von Bruder (2011, S. 47) gezeigt, wie durch Wechsel der Darstellungsebene eine Aufgabe sicherer gelöst werden kann:

„*Wie lange benötigt man für das Zersägen eines 7 m langen Baumstammes in 1-m-Stücke, wenn jeder Schnitt 30 Sekunden dauert?*"

Nach Bruder wird ein typischer Fehler begangen, wenn als Antwort 350 Sekunden gegeben wird. Wäre die Anzahl der Schnitte mit einem symbolisierten Stamm in Form einer Strecke ermittelt worden, hätte die Aufgabe richtig gelöst werden können. Anders ausgedrückt, es wäre ein angemesseneres Situationsmodell entstanden. Im ersten Kapitel seines Werkes „Studien zur kognitiven Entwicklung" aus dem Jahr 1971 stellt Bruner unter dem Titel „Über die kognitive Entwicklung" (1971, S. 27ff.) dar, wie durch unterschiedliche Darstellungen Wissen gewonnen werden kann:

„*Es gibt zwei Bedeutungen des Wortes ‚Darstellung': Man kann darunter das verwendete Medium verstehen oder aber ihr Ziel. Mit Bezug auf das erstere können wir sagen, daß [sic] man etwas auf drei verschiedene Weisen kennen kann: dadurch, daß [sic] man es tut, dadurch, daß [sic] man es sich bildlich vorstellt, und dadurch, daß [sic] man ein symbolisches Mittel wie z.B. die Sprache verwendet.*"

Für Leuders (2007, S. 186f.) haben die drei Darstellungsformen nach Bruner, nämlich enaktiv (durch Handlungen), ikonisch (durch Bilder) und symbolisch (durch Zeichen und Sprache) eine große Bedeutung, um Wissen erschließen und gewinnen zu können.

Nach Erichson (2003, S. 185) haben die lern- und kognitionspsychologischen Forschungsergebnisse zu einer veränderten Sicht von Lernen geführt. Demnach wäre Lernen aus einer konstruktivistischen Perspektive heraus zu gestalten. Die Autorin nennt drei Merkmale für das lernerseits gedachte Konzept, nämlich (1) Lernen als sozial-konstruktiver Annäherungsprozess, (2) Lernen auf eigenen Wegen und (3) in komplexen und divergenten Sinnzusammenhängen. Eine Variante, Lernen auf eigenen Wegen zu ermöglichen, ist in der Fertigkeit und Fähigkeit, Informationen aus einer textlich präsentierten Aufgabe in eine andere Darstellungsform zu übertragen, zu sehen. Diese Ergebnisse von Übertragungen werden dann individuelle Produktionen sein und dem Prinzip der Viabilität entsprechen. Unter Viabilität (via = der Weg) versteht man den Freiraum, den Lehrende den Lernenden einräumen können, um eigene Wege beschreiten zu können. Das Verlassen der Symbol- bzw. Sprachebene durch Lernende hin zum Tun und/oder „Zeichnen" wäre eine vielversprechende Option, um Schülerinnen und Schüler zum Produzieren von Situationsmodellen anzuregen. Im vorliegenden Projekt wurden die Probandinnen und Probanden in einem Test aufgefordert, lösungsunterstützende Skizzen anzufertigen; diese werden als lösungsrelevanter Faktor betrachtet.

Forschungsfragen

Die im Fokus stehende Variable ist ein Score, gebildet aus anspruchsvollen Textaufgaben, die bildungsstandardnah und/oder Träger einer fundamentalen Idee (z.B. Darstellung von Sachverhalten durch eine Variable, Umkehrungen etc.) sind. Diese ausgewählten Aufgaben lassen Modellierungsprozesse zu und es ist möglich, dass vor dem mathematischen Modell Situationsmodelle von den Schülerinnen und Schülern generiert werden können.
Es sollen folgende Forschungsfragen beantwortet werden:
(1) Studie I: Gibt es unterschiedliche Lösungshäufigkeiten für anspruchsvolle Textaufgaben, die nur auf der Verbalebene bzw. auf der Verbal- und Bildebene dargestellt sind?
(2) Studie II: Haben die drei Testformen A, B und C (Beschreibung der Testformen im Kapitel 4.2) mit den unterschiedlichen Formen der Aufforderungen zur Erstellung einer lösungsunterstützenden Skizze einen Einfluss auf den Textaufgaben-Score?
(3) Studie II: Haben die lösungsunterstützende Skizze, das Weltwissen und der mathematikspezifische Lesetest einen Einfluss auf den Textaufgaben-Score?

Empirischen Studien zur Wirksamkeit lösungsunterstützender Skizzen

Quasi-experimentelle Studie zur Wirksamkeit vorgegebener heuristischer Elemente

Im Design einer querschnittlichen und quasi-experimentellen Pilotstudie wurde an einem steirischen Gymnasium im Dezember 2014 in drei zweiten Klassen (6. Schulstufe) eine Erhebung durchgeführt. Die Stichprobe umfasste 72 Schülerinnen und Schüler, davon waren 44,4 % weiblich.

Stichprobenbeschreibung und Prüfung der Voraussetzungen
Auf Basis der Daten einer vorangegangenen Untersuchung am Ende der 5. Schulstufe (Linhofer, Binder & Schwetz, 2015), wurden die Schülerinnen und Schüler in zwei Gruppen (Treatment 1 und Treatment 2) nach dem Quotenauswahlverfahren bezüglich des Geschlechts eingeteilt. Wie in Tabelle 1 zusammengefasst, konnte kein signifikanter Zusammenhang zwischen beiden Gruppen in dem Merkmal Geschlecht (Pearsons-Chi-Quadrat: p = 0,460) und kein signifikanter Unterschied im erreichten Punktewert beim Lesen-Denken-Rechnen-Test (T-Test: p = 0,767) gefunden werden.
In einem Fragebogen wurden Mathematik- und Deutschnoten der Schülerinnen und Schüler im letzten Zeugnis und auf die letzte Schularbeit erhoben. Die beiden Gruppen unterschieden sich im Mittelwert (MW) der Mathematiknoten (T-Test: p = 0,822) und Deutschnoten (T-Test p = 0,407) nicht signifikant. Bezogen auf die Gesamtstichprobe gab

es keine geschlechtsspezifischen Unterschiede bezüglich des Mittelwertes der Mathematiknoten (T-Test: p = 0,14), jedoch wurde ein signifikanter Unterschied im Mittelwert der Deutschnoten zu Gunsten der Mädchen (Mädchen: MW = 2,09; Buben: MW = 2,86) festgestellt (T-Test: p = 0,001). Eine getrennte Analyse der Gruppen ergab, dass sich in der Treatmentgruppe 1 keine geschlechtsspezifischen Unterschiede bezüglich der Mittelwerte der Noten widerspiegelte (T-Test: MW M-Noten p = 0,454; MW D-Noten p = 0,441). In Treatmentgruppe 2 wurden signifikante Unterschiede jeweils zugunsten der Mädchen festgestellt (T-Test: MW M-Noten p = 0,008; MW D-Noten p < 0,001). Eine getrennte T-Test-Analyse von Buben und Mädchen ergab, dass Mädchen der Treatmentgruppe 2 signifikant bessere Notenmittelwerte in Mathematik (p = 0,038) und Deutsch (p = 0,021) hatten, als Mädchen der Treatmentgruppe 1. Bei den Buben konnten diesbezüglich keine signifikanten Unterschiede festgestellt werden.

Tab. 1: Statistische Untersuchung der Treatmentgruppen auf Unterschiede

	Treatmentgruppe 1	Treatmentgruppe 2
Schüler/innen	35 (14 Schülerinnen)	37 (18 Schülerinnen)
Vergleich der Gruppen	[ns]Geschlechtsverteilung (Pearsons-Chi-Quadrat: p = 0,460) [ns]LDR-Test Score (T-Test: p = 0,767) [ns]MW M-Noten (T-Test: p = 0,822) [ns]MW D-Noten (T-Test p = 0,407) *Vergleich Buben T1 und T2:* [ns]MW M-Noten (T-Test: p = 0,146) [ns]MW D-Noten (T-Test p = 0,404) *Vergleich Mädchen T1 und T2:* *MW M-Noten (T-Test: p = 0,038) *MW D-Noten (T-Test p = 0,021)	
Geschlechtsspezifische Analyse innerhalb der Gruppen (T-Test)	[ns]MW M-Noten (p = 0,454) [ns]MW D-Noten (p = 0,441)	*MW M-Noten (p = 0,008) *MW D-Noten (p < 0,001)

[ns]…nicht signifikant
*signifikanter Unterschied

Testbeschreibung und Ergebnisse

Beiden Gruppen wurde folgende mehrzeilige Aufgabenstellung („Speditionsaufgabe") mit nicht lösungsrelevanten Kontextangaben gestellt:
„In einer Spedition in X-Stadt wird ein 5-achsiger Sattelschlepper beladen. Der Laderaum des Sattelschleppers wird mit Kisten beladen. Auf der Breitseite des Sattelschleppers stehen zwei Kisten nebeneinander. Auf der Längsseite des Laderaumes können 12 Kisten angeordnet werden. Es werden drei Schichten an Kisten auf dem Sattelschlepper verstaut. Wie groß ist das Ladevolumen des Sattelschleppers in Kisten? Schreibe eine Antwort!"

Eine Gruppe (Treatment 1) hatte zusätzliche lösungsunterstützende Hilfen auf der Bildebene, die andere Gruppe (Treatment 2) hatte die Aufgabe nur in schriftlicher Form vorliegen. Diese Zuweisung der Gruppen erfolgte zuvor per Los. Als abhängige Variable wurde die Lösungshäufigkeit der Aufgabe (richtig oder falsch gelöst) festgelegt. Die Nullhypothese lautete, dass kein Zusammenhang zwischen Treatment und Lösungshäufigkeit besteht.

Tab. 2: Zusammenhang zwischen Treatment und Lösungshäufigkeit

		Speditionsaufgabe richtig oder falsch gelöst		Gesamtsumme
		falsch	richtig	
Treatment 1	Anzahl	10 (28,6 %)	25 (71,4 %)	35 (100 %)
Unterstützung	Erwartete Anzahl	15,1	19,9	35
Treatment 2	Anzahl	21 (56,8 %)	16 (43,2 %)	37 (100 %)
keine Unterstützung	Erwartete Anzahl	15,9	21,1	37
Gesamtsumme	Anzahl	31	41	72

In Tabelle 2 und Abbildung 2 werden die Häufigkeiten der Schülerinnen und Schüler nach den Variablen Treatment (Treatment 1, Treatment 2) und Lösungshäufigkeit (falsch, richtig) dargestellt. In der Treatmentgruppe 1 konnten 25 Schüler/innen (71,4 % der Gruppe) die gestellte Aufgabe richtig lösen. In der Treatmentgruppe 2 konnten 16 Schülerinnen und Schüler (43,2 % der Gruppe) die Aufgabe korrekt lösen. Ein Pearsons-Chi-Quadrat-Test zeigt, dass ein signifikanter Zusammenhang zwischen den Variablen Treatment und Lösungshäufigkeit besteht ($p = 0{,}016$). Die Nullhypothese wird somit verworfen.

	Treatment 1	Treatment 2
falsch	10	21
richtig	25	16

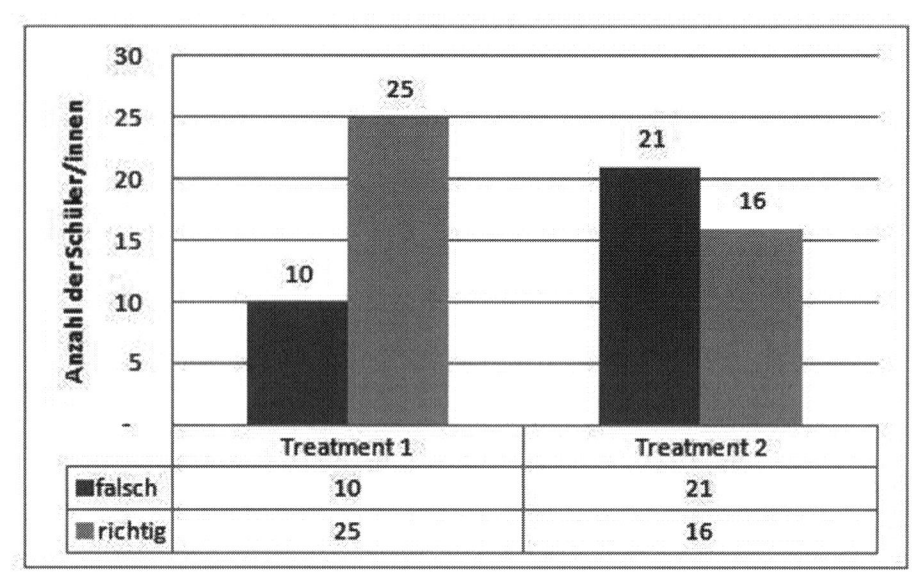

Abb. 2: Darstellung der Lösungshäufigkeiten in den beiden Treatmentgruppen

Geschlechtsspezifische Unterschiede und Zusammenhänge
Bezogen auf die Gesamtstichprobe konnte kein geschlechtsspezifischer Zusammenhang bezüglich der Lösungshäufigkeit festgestellt werden (Pearsons-Chi-Quadrat: p = 0,558). Ebenso konnten innerhalb der Treatmentgruppen keine statistischen Zusammenhänge zwischen Geschlecht und Lösungshäufigkeit festgestellt werden (Treatmentgruppe 1: Pearsons-Chi-Quadrat: p = 0,445; Treatmentgruppe 2: Pearsons-Chi-Quadrat: p = 0,886).
Eine alleinige Analyse der Buben der Treatmentgruppen 1 und 2 ergab, dass 76,2 % Schüler der Treatmentgruppe 1 die Aufgabe richtig lösen konnten. Im Vergleich dazu konnten nur 42,1 % der Schüler der Treatmentgruppe 2 die richtige Lösung angeben. Dieser Unterschied ist signifikant zugunsten der Buben in der Treatmentgruppe 1 (Pearsons-Chi-Quadrat: p = 0,028; Fishers exakter Test (einseitig): p = 0,030). Eine analoge statistische Prüfung bei den Mädchen ergab keinen signifikanten Zusammenhang (Pearsons-Chi-Quadrat: p = 0,265).

Querschnittstudie zu den Zusammenhängen eines Textaufgaben-Scores und den von Schülerinnen und Schülern eingebrachten lösungsunterstützenden Skizzen

In einer steirischen Bildungsregion wurde im Februar 2015 eine Querschnittserhebung in sechsten Schulstufen an Neuen Mittelschulen und an einer AHS (19 Klassen in acht ländlichen Schulen sowie Schulen in Bezirkshauptstädten; n = 319; 54,2 % Buben und 45,1 % Mädchen, 0,7 % machten keine Angabe) nach dem oben dargestellten Modell durchgeführt. In den Daten liegt ein Überhang von Mädchen vor.

Der Textaufgaben-Score als abhängige Variable

Die abhängige Variable ist ein Summenscore aus 9 Textaufgaben (Min. = 0; Max. = 9; MW = 4,02; Median = 4,00; SD = 2,28; Schiefe = 0,10); diese Variable wird als Textaufgabenscore bezeichnet.

Die ausgewählten Textaufgaben

Diese Textaufgaben wurden so ausgewählt, dass es für die Schülerinnen und Schüler möglich war, eine lösungsunterstützende Skizze anzufertigen. Beispielhaft werden zwei Aufgaben angeführt:
- *Speditionsaufgabe*: Siehe Aufgabenstellung im Kapitel 4.1
- *Parkstreifenaufgabe:* Autos sind in der Regel 4 m lang. Wie viele können auf einem 40 m langen Parkstreifen höchstens hintereinander parken? Bedenke, dass ein Abstand sein muss!

Die Speditionsaufgabe haben 41,4 % und die Parkstreifenaufgabe haben 22,6 % der Schülerinnen und Schüler richtig gelöst.

Testformen

Den Schülerinnen und Schülern wurden drei Testformen vorgelegt. Die Testform A enthielt folgende einmalige Anweisung: „Bevor du die Aufgabe löst, versuche eine Skizze anzufertigen!" Die Testform B enthielt ebenfalls die einmalige Anweisung „Bevor du die Aufgabe löst, versuche eine Skizze anzufertigen!" und bei jedem zweiten Beispiel wurde noch einmal auf die Skizze mit einer Aufforderungsgrafik hingewiesen. Die Testform C enthielt ebenfalls die einmalige Anweisung „Bevor du die Aufgabe löst, versuche eine Skizze anzufertigen!" und bei jedem zweiten Beispiel wurde noch einmal auf die Skizze mit einer Aufforderungsgrafik hingewiesen. Zusätzlich wurden bei dieser Form Bilder und ganz konkrete Hinweise (z.B. Speditionsaufgabe: „Mache ein Skizze für die erste Lage der Kisten!") gegeben.

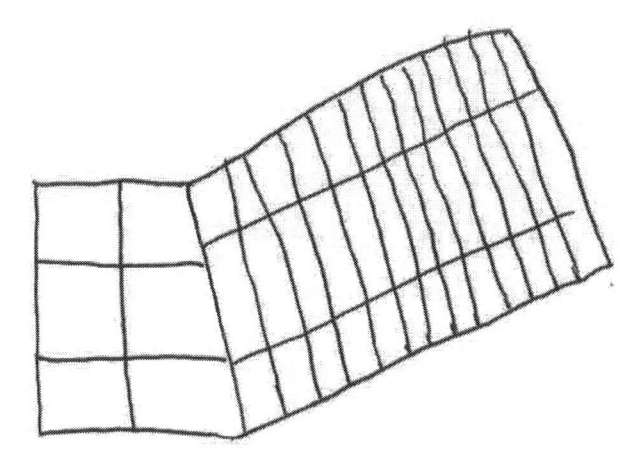

Abb. 3: Beispiel einer Schüler/innen-Skizze zur Speditionsaufgabe

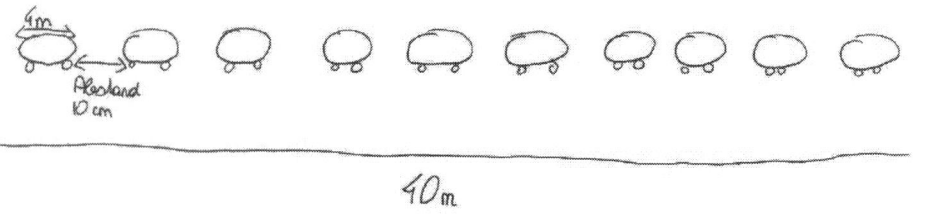

Abb. 4: Beispiel einer Schüler/innen-Skizze zur Parkstreifenaufgabe

Mit einer Varianzanalyse wurde überprüft, ob es zwischen den drei Testformen signifikante Mittelwertsunterschiede für den Textaufgaben-Score gab. Dies ist nicht der Fall (MW für Form A = 4,09; MW für Form B = 4,10; MW für Form C = 3,89; p = 0,75).

Score für die sinnvollen lösungsunterstützenden Skizzen

Bei der Auswertung der Protokolle wurden die sinnvollen lösungsunterstützenden Skizzen analysiert und als Variable berücksichtigt (Min. = 0; Max = 8; MW = 1,95). Grob gesprochen könnte man sagen, dass die Schülerinnen und Schüler im Schnitt zwei sinnvolle Skizzen bei diesem Test gemacht haben. Die Inspektion der Verteilung zeigt, dass eine linkssteile Verteilung vorliegt. Weiters gibt es eine große Gruppe von Probandinnen, von Probanden (110 von 317, entspricht 34,7 %), die keine lösungsunterstützenden Skizzen angefertigt hatten. Im Schnitt haben demnach weniger als zwei Drittel der Schülerinnen und Schüler eine sinnvolle lösungsunterstützende Skizze verwendet.

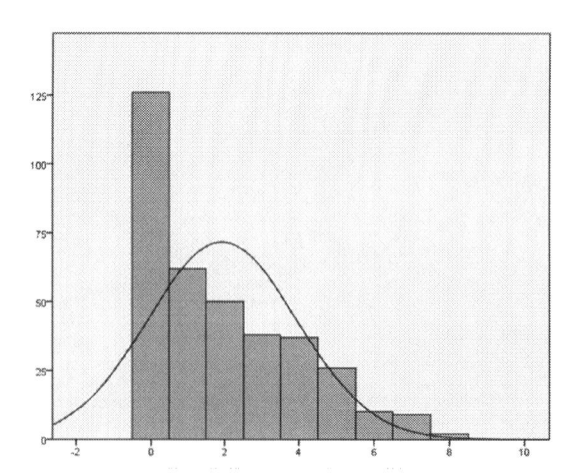

Abb.5: Grafische Darstellung der Normalverteilung für den Lösungsskizzen-Score

Aufgrund der auffallenden Abweichung von der Normalverteilung wurde für diese Variable eine Kategorisierung vorgenommen. Die verbleibenden Schülerinnen und Schüler, die Skizzen gemacht haben, wurden in zwei Gruppen eingeteilt.

Tab. 3: Kategorisierung der Variablen „Lösungsskizzen-Score"

Drei Kategorien für den Lösungsskizzen-Score	n	%
keine sinnvolle Skizze	110	34,7
wenige sinnvolle Skizzen (1 bis 4)	130	41,0
mehr sinnvolle Skizzen (5 bis 8)	77	24,3
	317	100,0

Analyse der abhängigen Variablen „Textaufgaben-Score"

Mit einem allgemeinen linearen Modell (ALM) wurde aus der Perspektive der beiden unabhängigen Variablen „Geschlecht" und „Lösungsskizzen-Score" untersucht, ob Mittelwertsunterschiede vorliegen (Bühl, 2010, S. 483ff.). Es wurden auch die letzten beiden Schularbeitennoten der Fächer Mathematik und Deutsch erhoben. Daraus wurde ein Mittelwert errechnet (MW = 2,58; SD = 0,79; Median = 3,00; Schiefe = -0,06).

In die empirische Überprüfung des Modells wurden auch das Weltwissen und der mathematikspezifische Lesetest (MLT) aufgenommen. Das Weltwissen wurde mit einer Liste von Begriffen aus den Textaufgaben (z.B. Spedition, Sattelschlepper etc.) abgefragt. Die Probandinnen und Probanden mussten auf einer vierteiligen Ratingskala (1 = trifft zu; 4 = trifft nicht zu) angeben, ob sie diesen Begriff einer Freundin oder einem Freund erklären könnten (Median = 1,75; Min. = 1; Max. = 4). Der MLT (MW = 13,3; Median = 14,0; SD = 2,62; Schiefe = -,55; Min. = 1; Max = 19) bestand aus einem Set von mathematischen Aussagen, die mit „richtig" oder „falsch" beantwortet werden mussten. Der „Weltwissenstest" war nicht normalverteilt. Aus diesem Grund wurde diese Variable als dichotome (geteilt am Median) eingebracht.

Tab. 4: Ergebnisse der Varianzanalyse

Ergebnisse aus dem ALM	F	Sign.	part. Eta-Quadrat
Geschlecht (fester Faktor; fF1)	14,36	0,03	0,02
Lösungsskizzen-Score (3 Kat.; fester Fakt.; fF2)	4,36	0,01	0,03
Weltwissen (2 Kategorien, mediangeteilt; fF3)	21,78	0,00	0,07
Wechselwirkung aus den festen Faktoren fF1 & fF2	0,08	0,92	0,00
Wechselwirkung aus den festen Fakt. fF1 & fF3	0,31	0,57	0,00
Wechselwirkung aus den festen Fakt. fF2 & fF3	0,18	0,83	0,00
Wechselwirk. aus den festen Fakt. fF1 & fF2 & fF3	0,54	0,58	0,00
Mittelwert der Schularbeitennoten (Kovariate)	85,62	0,00	0,22
Mathematikspezifischer Lesetest (MLT)	22,45	0,00	0,07

Es wurde ein angepasstes R-Quadrat von 0,41 ermittelt.
Es liegen signifikante Einflüsse der festen Faktoren und der Kovariaten als Indikator für das Vorwissen vor. Die Wechselwirkung aus den beiden festen Faktoren hat keinen Einfluss.

In den nachfolgenden Darstellungen werden die Mittelwerte berichtet.

Tab. 5: Darstellung der Mittelwerte

Mittelwerte für den Textaufgaben-Score	Buben	Mädchen
keine sinnvolle lösungsunterstützende Skizze	3,52	2,97
wenige sinnvolle lösungsunterstützende Skizzen (1 bis 4)	4,33	3,51
mehrere sinnvolle lösungsunterstützenden Skizze (5 bis 8)	5,46	5,20
Gesamtmittelwert	4,23	3,86

In der nachfolgenden Grafik werden die Mittelwertunterschiede veranschaulicht.

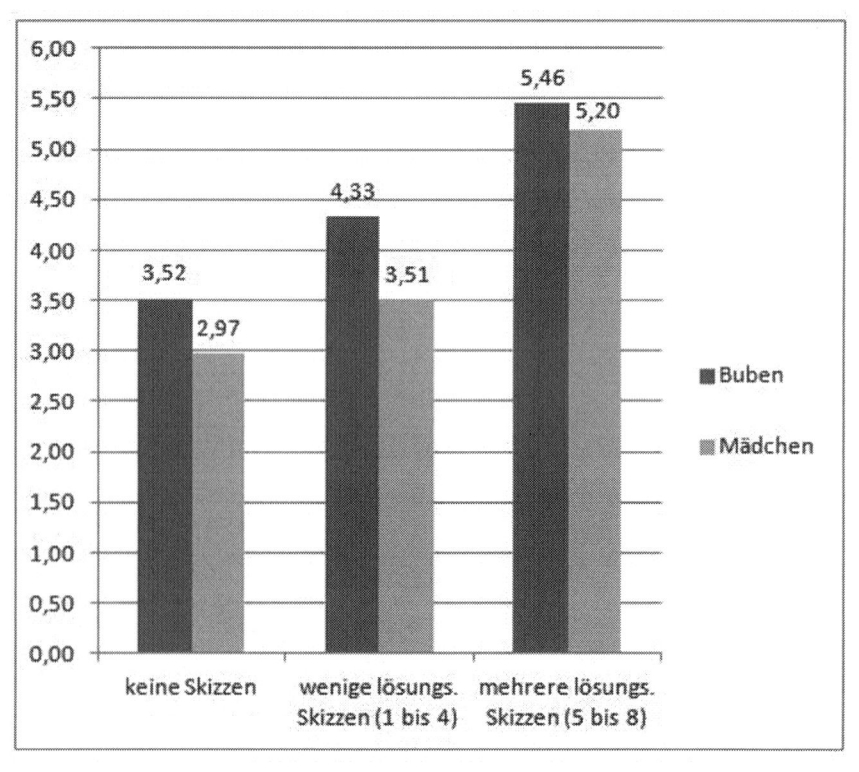

Abb. 6: Grafische Darstellung der geschlechtsbezogenen Mittelwerte für den Textaufgaben-Score

Zusammenfassung der Ergebnisse, Diskussion und Ausblick

Die erste Forschungsfrage der Studie II lautete, ob die drei Testformen A, B und C mit den unterschiedlichen Formen der Aufforderungen zur Erstellung einer lösungsunterstützenden Skizze einen Einfluss auf den Textaufgaben-Score haben. Diese Frage kann verneint werden. Das bedeutet, dass Aufforderungen, die vor oder bei den Aufgaben stehen, scheinbar die gewohnte Arbeitsweise der Schülerinnen und Schüler nicht oder nur geringfügig beeinflussen. Haben Lernende es nicht zu ihrem Prinzip gemacht, Skizzen anzufertigen, dann nützen schriftliche Aufforderungen wenig. Hier spielen die Lehrperson und der Unterricht eine große Rolle.

Die zweite Forschungsfrage der Studie II lautete, ob die lösungsunterstützende Skizze, das Weltwissen und der mathematikspezifische Lesetest einen Einfluss auf den Textaufgaben-Score haben. Die Variable bezüglich der lösungsunterstützenden Skizzen (3 Kategorien), das Weltwissen (2 Kategorien) und das Geschlecht wurden als feste Faktoren in das Modell eingebracht. Um das Vorwissen zu kontrollieren, wurde der Mittelwert aus den letzten Schularbeitsnoten aus Deutsch und Mathematik als Kovariate eingebracht. Als Ergebnis kann festgehalten werden, dass das Weltwissen, der mathematikspezifische Lesetest und die lösungsunterstützende Skizzen einen Einfluss auf die abhängige Variable, den Textaufgaben-Score, haben. Mit einem angepassten R-Quadrat von 0,41 liegt eine bemerkenswerte Varianzaufklärung vor. Einige wesentliche Teile des Modells konnten empirisch geprüft werden. Für das Lösen von Text- und Sachaufgaben braucht es mehr als nur Rechnen zu können. „Die Fähigkeit des Modellierens ist ein individueller, zyklischer Konstruktionsprozess, der von den Schülerinnen und Schülern weitgehend autonom in der Auseinandersetzung mit Sachproblemen zu leisten ist." (bifie, 2011, S. 9) Ein Teil des Zyklus ist das Erstellen eines Situationsmodells; Lernende legen ihre Sichtweise des Sachproblems dar. In einem weiteren Schritt wird durch Mathematisierung, Abstrahierung und Idealisierung ein mathematisches Modell daraus (bifie, 2011, S. 9). In diesem Zusammenhang kommt dem Anfertigen von Skizzen und Tabellen als heuristische Strategie große Bedeutung zu.

In der durchgeführten Studie I konnte ein signifikanter Zusammenhang zwischen der Lösungshäufigkeit einer Textaufgabe und der Verfügbarkeit lösungsunterstützender Hilfen auf der Bild- und Textebene festgestellt werden. Schülerinnen und Schüler, die zusätzliche Informationen auf der Bildebene hatten, konnten die Speditionsaufgabe öfter richtig lösen, als Schülerinnen und Schüler, die die Aufgabenstellung in reiner Textform zur Verfügung hatten. Für die Gesamtstichprobe konnte kein signifikanter Zusammenhang zwischen Geschlecht und Lösungshäufigkeit festgestellt werden. Dies steht im Gegensatz zu den Ergebnissen von PIRLS und TIMSS 2011, die speziell auch für Österreich Auskunft über die Mathematik- und Leseleistungen der 9 bis 10-jährigen Schülerinnen und Schüler geben. Hier zeigte sich, dass Buben in den Inhaltsbereichen „Zahlen", „geometrische Formen", „Darstellen von Daten" und „Begründen" signifikant bessere Leistungen erbrachten als Mädchen. Kein signifikanter Geschlechterunterschied wurde im Bereich des Wissens um Fakten, Prozeduren, Vorgangsweisen und Konzepte in Mathematik festgestellt. Bezüglich der Leseleistung wurde festgestellt, dass es keine signifikanten Unterschiede zwischen Mädchen und Buben beim Lesen der vorgegebenen mathematischen Texte zur Informationsgewinnung, und beim Wiedergeben und einfachen Schlussfolgern von Texten gibt. Die Mädchen der Stichprobe hatten einen signifikant besseren Mittelwert der Deutschnoten, wobei in einer Deutschnote nicht nur die Leseleistung abgebildet wird. Zwei Jahre zuvor, bei PISA 2009 erbrachten die Mädchen signifikant bessere Leseleistungen, die Buben signifikant bessere Leistungen in

Mathematik (Schwantner & Schreiner, 2010, S. 20-21, 32-33; Suchań, Wallner-Paschon & Bergmüller, 2012, S. 19-23, 31).

Auffallend ist die hohe Lösungshäufigkeit der Buben, die jene Testform mit den zusätzlichen Informationen auf der Bildebene hatten. Hier konnte ein statistischer Zusammenhang festgehalten werden. Diese Gruppe von Schülern konnte vermutlich von den Hilfestellungen profitieren. Bei den Mädchen konnte dieser Zusammenhang nicht festgestellt werden. Es muss aber darauf hingewiesen werden, dass sich die Mädchen der Treatmentgruppe 2 (Gruppe ohne Hilfestellungen) signifikant besser im Mittelwert der Mathematiknoten und Deutschnoten von den Mädchen der Treatmentgruppe 1 unterschieden. So lässt sich vermuten, dass die Mädchen der Treatmentgruppe 1 ebenfalls die zusätzlichen Informationen nutzen konnten und sich verbesserten, sodass kein signifikanter Unterschied zu den „besseren" Mädchen der Treatmentgruppe 2 vorlag.

Die vorliegende Studie II kommt zu dem Schluss, dass eine (schriftliche) Aufforderung an die Schülerinnen und Schüler, Skizzen zu erstellen, wenig Wirkung zeigt. Schülerinnen und Schüler, die es gewohnt sind, Skizzen und Tabellen zu erstellen, werden dies auch tun, ohne spezifische Aufforderungen; Schülerinnen und Schüler, die es nicht gewohnt sind, ignorieren die Aufforderung oder können eventuell damit nichts anfangen. Es liegt somit an der Lehrkraft, die Bereitschaft bei den Schülerinnen und Schülern zu stärken, Skizzen und Tabellen als sinnvolle und gewinnbringende heuristische Strategie als Teil des Lösungsprozesses von Aufgaben zu erkennen. Wie die Untersuchung zeigt, hat die Anfertigung von Skizzen einen positiven Einfluss auf die Lösung von Aufgaben.

Es wäre daher zu fordern, dass sich sowohl Lehrpersonen als auch Schülerinnen und Schüler vermehrt mit der Thematik „Skizzen als wertvolle Hilfestellungen" beschäftigen und diese heuristische Strategie umsetzen.

Der Aspekt der Sprachsensibilität ist in diesem Zusammenhang dahingehend gegeben, dass Sprache unbedingt Berücksichtigung als Brücke zwischen vorgegebenen Texten und mathematischen Modellen via lösungsunterstützende Skizzen bzw. Situationsmodellen gesehen werden muss.

Literatur

Bruner, J., Olver, R. R. & Greenfield, P. M. (1971). Studien zur kognitiven Entwicklung. Stuttgart: Ernst Klett Verlag.

BIFIE. Bundesinstitut für Bildungsforschung, Innovation & Entwicklung des österreichischen Schulwesens. (Hrsg.) (2010). Themenheft Mathematik „Kommunizieren". Volksschule Grundstufe I + II. Graz: Leykam.

BIFIE. Bundesinstitut für Bildungsforschung, Innovation & Entwicklung des österreichischen Schulwesens (Hrsg.) (2011). Praxishandbuch für „Mathematik" 4. Schulstufe. Graz: Leykam.

Bongartz, Th. & Verboom, L. (Hrsg.) (2012). Fundgrube Sachrechnen. Berlin: Cornelsen Scriptor.

Bruder, R. & Collett, Ch. (2011). Problemlösen lernen im Mathematikunterricht. Berlin: Cornelsen Scriptor.

Erichson, Ch. (2003). Simulation und Authentizität. In Baum, M. & Wielpütz, H. (Hrsg.). Mathematik in der Grundschule. Seelze: Kallmeyersche Verlagsbuchhandlung.

Gruber, H. (2009). Situiertes Lernen. In Arnold, K.-H., Sandfuchs, U. & Wiechmann, J. (2009). Handbuch Unterricht. Bad Heilbrunn: Klinkhardt/UTB.

Krauthausen, G. & Scherer, P. (2007). Einführung in die Mathematikdidaktik. Heidelberg: Spektrum Akademischer Verlag. 3. Auflage.

Linhofer, G., Binder, B. & Schwetz, H. (2015). Impulse für einen sprachsensiblen Mathematikunterricht. Ergebnisse aus einer Studie zur Wortschatzarbeit im Mathematikunterricht der fünften Schulstufe. In Benischek, I., Beer, R., Forstner-Ebhart, A. & Amtmann, E. (Hrsg.). Modelle und Fakten für wirksames Lehren und Lernen. Wien: facultas, S. 175-187.

Leuders, T. (2005). Qualität im Mathematikunterricht. Berlin: Cornelsen Scriptor.

Leuders, T. (2007). Mathematikdidaktik Praxishandbuch für die Sekundarstufe I und II. Berlin: Cornelsen Scriptor.
Maaß, K. (2009). Mathematikunterricht weiterentwickeln. Berlin: Cornelsen Scriptor.
Rosebrock, C., Nix, D., Rieckmann, C. & Gold, A. (2013). Leseflüssigkeit fördern. Lautleseverfahren für die Primar- und Sekundarstufe. Seelze: Kallmeyer in Verbindung mit Klett. 2. Auflage.
Schwantner, U. & Schreiner, C. (Hrsg.). (2010). *PISA 2009. Internationaler Vergleich von Schülerleistungen. Erste Ergebnisse. Lesen, Mathematik, Naturwissenschaften* (1. Aufl.). Graz: Leykam.
Suchań, B., Wallner-Paschon, C., Bergmüller, S. & Schreiner, C. (Hrsg.). (2012). PIRLS & TIMSS 2011. Schülerleistungen in Lesen, Mathematik und Naturwissenschaft in der Grundschule. Erste Ergebnisse. Graz: Leykam.
Schönherr, F. (1984). Sprache und Recht. Aufsätze und Vorträge. Herausgegeben von Barfuß, W. (1984). Wien: Manzsche Verlags- und Universitätsbuchhandlung.
Walter, J. (2013). Verlaufsdiagnostik sinnerfassenden Lesens. Göttingen: Hogrefe.

Angabe zu den Autorinnen und Autoren

Mag. Gert Linhofer, BG Rein, glinhofer@bgrein.at

Mag. Bianca Binder, BG Rein bbinder@bgrein.at

Mag. Dr. Isabella Benischek, Kirchliche Pädagogische Hochschule Wien/Krems isabella.benischek@kphvie.ac.at

Univ. Doz. Mag. Dr. Herbert Schwetz, Paris-Lodron-Universität in Salzburg hschwetz@inode.at

Denise Demski und Kathrin Racherbäumer

Sprachsensible Schulentwicklung – Einstellungen und Unterrichtspraxis von Lehrkräften

Language-sensitive school development – Teachers' attitudes and their teaching practice

Zusammenfassung

Eine Vielzahl nationaler und internationaler Vergleichsstudien verweist auf geringere Leistungen von Schülerinnen und Schülern mit Zuwanderungsgeschichte. Begründet werden diese Befunde zumeist mit Defiziten in der Bildungssprache. Im Rahmen des Projektes *Sprachsensible Schulentwicklung* soll eine durchgängige fächerübergreifende Sprachbildung vor allem an Schulen verankert werden, die einen hohen Anteil an Kindern mit Migrationshintergrund aufweisen und/oder sich in einer sozial deprivierten Lage befinden. Im vorliegenden Artikel werden Befunde der wissenschaftlichen Begleitung des Projekts präsentiert, wobei insbesondere die Einstellungen zu Heterogenität und Mehrsprachigkeit und die selbstberichtete (sprachsensible) Unterrichtspraxis der befragten Lehrkräfte (N = 487) sowie die Zusammenhänge dieser Konstrukte betrachtet werden.

Abstract

Results of (inter)national student assessment tend to show minor competencies of students having a migration background. The reasons for these findings are particularly seen in shortcomings of students' competencies in the language of instruction. The project *Sprachsensible Schulentwicklung* aims at implementing language-aware teaching in all subjects taught and regardless of students' age in schools having a high proportion of migrant students and schools in deprived areas respectively. Findings from the evaluation of this project are presented in the article at hand. The analyses focus on teachers' (N = 487) attitudes toward heterogeneity and multilingualism and their reported teaching practices. Moreover, the relationships between these constructs are analyzed.

Einleitung

Ein Zusammenhang zwischen dem Migrationshintergrund der Schülerinnen und Schüler mit ihren schulischen Leistungen wird über alle Stufen der Bildungskette und in vielen Staaten festgestellt. Ergebnisse aus Leistungsvergleichsstudien bescheinigen Schülerinnen und Schülern der Sekundarstufe I aus eingewanderten Familien in deutschen Schulen relativ systematisch unterdurchschnittliche Leistungen (z.B. Pöhlmann, Haag & Stanat, 2012). Als eine wesentliche Begründung für den geringen Bildungserfolg wird die Beherrschung der Bildungssprache angesehen (Felbrich, Darsow, Paetsch & Stanat, 2012). So verweist die „Internationale Grundschul-Lese-Untersuchung" (IGLU, Bos, Tarelli, Bremerich-Vos & Schwippert, 2012) in fast allen Untersuchungsländern auf geringere Lesekompetenzen von Kindern mit Zuwanderungsgeschichte. Vor diesem Hintergrund stellt die Förderung der Instruktionssprache eine Möglichkeit dar, zu mehr Chancengerechtigkeit beizutragen. Dabei gilt es, Sprachförderung in der gesamten Bildungslaufbahn – von der Kita bis zur Oberstufe – und über Fächergrenzen hinweg nachhaltig zu implementieren. Neben der Kompensation der sprachlichen Hürden gilt es jedoch auch die Ressource Mehrsprachigkeit zu erkennen und wertzuschätzen und somit implizite Defizitzuschreibungen zu überwinden (Fürstenau, 2013; Fürstenau & Gomolla 2012; Karakasoglu, Gruhn & Wojciechowicz, 2011). Letzteres kann dazu beitragen, das Selbstkonzept der multilingual aufwachsenden Kinder und Jugendlichen nachhaltig zu stärken (z.B. Cummins, 2013), was vor dem Hintergrund des wenig positiven Selbstkonzepts von Schülerinnen und Schülern mit Migrationshintergrund im verbalen Bereich als wichtig für die Bildungsaspirationen erachtet werden kann (Shajek, Lüdtke & Stanat, 2006). Eine solche ganzheitliche Betrachtungsweise geht über Unterrichtsentwicklungsmaßnahmen hinaus und ist letztlich nur durch einen ganzheitlichen Schulentwicklungsprozess zu erreichen, an dessen vorläufigem Zielpunkt eine sprachsensible/multilinguale Schulkultur steht.

Sprachsensible Schulentwicklung

Der Diskurs der interkulturellen Erziehungswissenschaft zeigt Ansätze auf, wie die oben dargestellte Situation verändert werden kann (Fürstenau, 2013, S. 220). Insgesamt wird ein konstruktiver und sozial gerechter Umgang mit der Heterogenität bzw. Diversität der Schülerinnen und Schüler allgemein und der Mehrsprachigkeit im Besonderen gefordert. Vor diesem Hintergrund geraten insbesondere Schulen in sozialräumlich deprivierter Lage in den Fokus, da hier sprachliche Defizite von Kindern mit und ohne Migrationshintergrund von den Lehrerinnen und Lehrern als zentrale Herausforderung benannt werden (Racherbäumer & van Ackeren, im Erscheinen).

Das Projekt „Sprachsensible Schulentwicklung", das durch die der Stiftung Mercator gefördert wird, setzt hier an, indem im Rahmen von Netzwerken 33 nordrhein-westfälischen Schulen der Sekundarstufe I[1], die über einen hohen Anteil an mehrsprachigen Schülerinnen und Schülern verfügen und/oder sich in herausfordernden Lagen befinden, gezielte Lernangebote zur Schulentwicklung unterbreitet werden. Zusätzlich erhalten die beteiligten

---

1 Zu den Projektschulen gehören zwei Hauptschulen, drei Realschulen, zwölf Sekundarschulen, 14 Gesamtschulen sowie zwei Gymnasien.

Projektschulen Fortbildungen zur sprachsensiblen Fachunterrichtsentwicklung. Dabei werden kontinuierlich die Einstellungen der Lehrkräfte zu Heterogenität und Mehrsprachigkeit thematisiert und reflektiert.[2]

Insgesamt wird damit implizit an Theorien des organisationalen Lernens bzw. der Schulentwicklung angeknüpft (zusammenfassend Dedering, 2012; Feldhoff, 2011; Gourmelon, Mroß & Seidel, 2014). Unter Rückgriff auf die Theorie zu lernenden Organisationen nach Argyris und Schön (1996) stellt das Lernen auf der individuellen Ebene die Basis und notwendige Voraussetzung organisationalen Lernens dar. Durch die Interaktion mit der Umwelt nimmt das Individuum neue Informationen auf und fügt sie zu seinem bereits vorhandenen Wissen hinzu (Dedering, 2012, S. 29). Die organisationale Struktur stellt einen Rahmen dar, der sich wiederum förderlich oder hinderlich auf Verhaltensänderungen bzw. organisationales Lernen auswirken kann (March & Olsen, 1976). Das Projekt zielt daher darauf ab, über (1) die Veränderung (a) der Einstellung und (b) des unterrichtlichen Handelns der *einzelnen Lehrkräfte* einerseits sowie (2) der Veränderung der *organisationalen Struktur- & Prozessebene* (z.B. Einrichtung von Steuergruppen, Weiterentwicklung schulinterner Curricula) andererseits Schulentwicklungsprozesse zu initiieren und nachhaltig zu implementieren.

Daher gilt es auf der Ebene der einzelnen Lehrkraft zunächst implizite Normalitätserwartungen sowie Defizitzuschreibungen mit Blick auf Mehrsprachigkeit bzw. Defizite in der Bildungssprache zu überwinden. Der sozialpsychologischen Theory of reasoned action (Ajzen & Fishbein, 1980) bzw. ihrer Weiterentwicklung, der Theory of planned behavior (Ajzen, 1991) folgend, kann eine Verhaltensintention als wichtigster Prädiktor für das tatsächliche Verhalten angesehen werden. Intentionen werden wiederum insbesondere durch verhaltensbezogene Einstellungen sowie subjektive Normen beeinflusst, sodass der intendierte wertschätzende Umgang mit der sprachlichen Heterogenität der Schülerinnen und Schüler eine entsprechende Haltung voraussetzt. Ein wertschätzender Umgang von Lehrkräften mit Schülerinnen und Schülern aus unterschiedlichen Kulturkreisen erfordert von den Lehrenden interkulturelle Kompetenzen (zusammenfassend z.B. Göbel & Buchwald, 2008).

> „Interkulturelle Handlungskompetenz zeigt sich in der Fähigkeit, kulturelle Bedingungen und Einflussfaktoren im Wahrnehmen, Denken, Urteilen, Empfinden und Handeln, einmal bei sich selbst und zum anderen bei kulturell fremden Personen zu erfassen, zu würdigen, zu respektieren und produktiv zu nutzen" (Thomas, Kinast & Schroll-Machl, 2000, S. 103).

In Anlehnung an Hachfeld und Kolleginnen und Kollegen (2011; vgl. auch Czaja, 2012) kann in Bezug auf kulturelle Überzeugungen zwischen Multikulturalismus und Egalitarismus differenziert werden. Lehrkräfte mit ausgeprägten egalitären Überzeugungen intendieren eine Gleichbehandlung aller Schülerinnen und Schüler und stellen ihre Gemeinsamkeiten heraus. Multikulturelle Überzeugungen manifestieren sich hingegen in einer Berücksichtigung der differentiellen kulturellen Hintergründe der Schülerinnen und Schüler, die als Bereicherung für die schulische Praxis angesehen werden. Zum Zusammenhang kultureller Überzeugungen und einer tatsächlichen sprachsensiblen Unterrichtspraxis von Lehrkräften liegen bisher allerdings vergleichsweise wenig belastbare Befunde vor.

---

2 Die Universität Duisburg-Essen führt ausschließlich die wissenschaftliche Begleitung des Projekts durch. Eine detaillierte inhaltliche Darstellung mit Angabe der Ansprechpartner findet sich unter http://www.sprachsensible-schulentwicklung.de

Ferner werden organisationale Rahmenbedingungen in der Forschung als wesentliche Gelingensbedingungen von Schulentwicklungsprozessen benannt. Hierzu gehört z.B. eine prozesssteuernde Begleitung durch die Schulleitung, beispielsweise durch die Verankerung durchgängiger Sprachbildung im Schulprogramm (Hawighorst, 2013).

Die wissenschaftliche Begleitung des Projekts, dessen erste Ergebnisse Gegenstand des vorliegenden Artikels sind, verfolgt das Ziel eine fundierte Bestandsaufnahme und Analyse des Schulentwicklungsprojekts in seinen Ausgangsbedingungen, Prozessen und Wirkungen zu erstellen. Im Fokus steht zunächst eine dezidierte Analyse der Ausgangsbedingungen. Hierzu werden die Einstellungen der Lehrkräfte sowie deren unterrichtliches Handeln auf der Individualebene erfasst. Auf der organisationalen Ebene werden organisatorische Merkmale wie die Schulform oder die Schulgröße und auf der Prozessebene Absprachen hinsichtlich des Umgangs mit Mehrsprachigkeit auf Schul- oder Fachgruppenebene erhoben. Im nächsten Schritt stehen die Implementationsprozesse sprachsensibler Schul- und Unterrichtsentwicklung unter Berücksichtigung der professionellen Verzahnung der Einrichtungen in den Netzwerken, die Entwicklung der Innovationsorientierung der beteiligten Akteure sowie die Qualitätsverbesserung des bildungssprachförderlichen Unterrichts im Fokus.

Fragestellung

Anknüpfend an die dargestellten Ansätze organisationalen Lernens ist die Einstellung zu Mehrsprachigkeit und Multikulturalität im weiteren Sinn sowie deren möglicher Zusammenhang zum unterrichtlichen sprachsensiblen Handeln ein wesentlicher Punkt, den es im Rahmen der Bestimmung der Ausgangslage zu klären gilt; letztlich auch, um die Notwendigkeit einer Einstellungsänderung der Lehrkräfte für eine veränderte Unterrichtspraxis zu prüfen. Aus diesem Grunde werden in der vorliegenden Analyse zunächst entsprechende personale Merkmale fokussiert, die mit einer sprachsensiblen Unterrichtspraxis korrelieren können. Im Rahmen des Artikels werden die Einstellungen der befragten Lehrkräfte zu Heterogenität und Mehrsprachigkeit und ihre selbstberichtete Unterrichtspraxis hinsichtlich des Merkmals der Sprachsensibilität dargestellt.

Zudem soll im Hinblick auf die Einstellung zu und den Umgang mit einer sprachlich heterogenen Schülerschaft der Einfluss des organisationalen Kontextes herausgearbeitet werden. Zu explizieren sind demnach die folgenden Fragen:

1. Welche Einstellungen zu Mehrsprachigkeit und professionellem Lehrerhandeln im Kontext Mehrsprachigkeit und Multikulturalität haben Lehrerinnen und Lehrer?
2. Wie ist das Ausmaß der selbstberichteten sprachsensiblen Unterrichtspraxis?
3. Gibt es Zusammenhänge zwischen Einstellungen und dem selbstberichteten unterrichtlichem Handeln der Lehrkräfte?
4. Sind hinsichtlich der Einstellungen sowie dem selbstberichteten unterrichtlichen Handeln Unterschiede zwischen den betrachteten Schulformen feststellbar?

Forschungsdesign

Zur Erfassung der einzelschulischen Ausgangslagen wurden von April bis Oktober 2014 in einer standardisierten Online-Befragung Lehrkräfte (N = 487) aus den 33 Projektschulen zu ihrer Einstellung hinsichtlich Heterogenität und Mehrsprachigkeit sowie ihrer Unterrichtspraxis befragt. Tabelle 1 stellt die Verteilung der Lehrkräfte differenziert nach Schulform, Geschlecht und durchschnittlichem Alter dar.

Tab. 1: Demographische Merkmale der Lehrkräfte

Schulform	Geschlecht		ø Alter in Jahren	Gesamt
	♀	♂		
Hauptschule	14 77,8 %	4 22,2 %	47,89	18 3,7 %
Realschule	42 79,2 %	11 20,8 %	45,25	53 10,9 %
Sekundarschule	76 76,0 %	24 24,0 %	40,15	100 20,5 %
Gesamtschule	194 67,4 %	94 32,6 %	44,01	291 59,8 %
Gymnasium	11 45,8 %	13 54,2 %	40,64	25 5,1 %
Gesamt	337 69,7 %	146 30,2 %	43,33	487 100,0 %

(Abweichungen in der Anzahl aufgrund von fehlenden Werten)

Fast 70 Prozent der befragten Lehrkräfte sind weiblich; der Anteil an Lehrerinnen ist insbesondere an den Realschulen (79,2 %), Hauptschulen (77,8 %) und Sekundarschulen (76,0 %) hoch, die Mehrzahl der befragten Gymnasiallehrkräfte ist hingegen männlich (54,2 %).

Datenauswertung

In einer ersten Annäherung an das Forschungsfeld werden deskriptive Statistiken zu den Einstellungen der Lehrkräfte sowie Merkmale ihrer selbstberichteten Unterrichtspraxis dargestellt. Hierzu werden Skalen auf Basis der Ergebnisse von explorativen Faktorenanalysen (Hauptkomponentenverfahren, oblimin rotiert) konstruiert. Nachfolgend durchgeführte Korrelationsanalysen geben Hinweise auf die Zusammenhänge der betrachteten Konstrukte. Um den potentiellen Einfluss der Schulform auf die Einstellungen und die Unterrichtspraxis zu analysieren, werden abschließend einfaktorielle Varianzanalysen durchgeführt.

Erste Ergebnisse

Im Folgenden werden erste Ergebnisse der Lehrkräftebefragung dargestellt. Die Analyse der Ausgangsbedingungen orientiert sich dabei an den vier spezifizierten Forschungsfragen.

Einstellungen der Lehrkräfte

Anknüpfend an die dargestellte Theorie zur Erklärung organisationalen Handelns werden zunächst die Einstellungen der Lehrkräfte zu Multikulturalität bzw. Mehrsprachigkeit in den Blick genommen. Anknüpfend an Hachfeld et al. konnten Skalen zur Messung von egalitären bzw. multikulturellen Einstellungen repliziert werden. Ferner wurde eine Skala gebildet, die die Einstellung zu Mehrsprachigkeit erfasst, sowie eine Skala, die das Professionsverständnis der Lehrkräfte zur Förderung der Bildungssprache abbildet. Die Mittelwerte und Standardabweichungen der gebildeten Skalen sowie Beispielitems sind in Abbildung 1 dargestellt. Negativ gepolte Items wurden recodiert, so dass ein hoher Skalenwert mit einer positiven Einstellung zur Mehrsprachigkeit bzw. zur Förderung der Bildungssprache einhergeht.

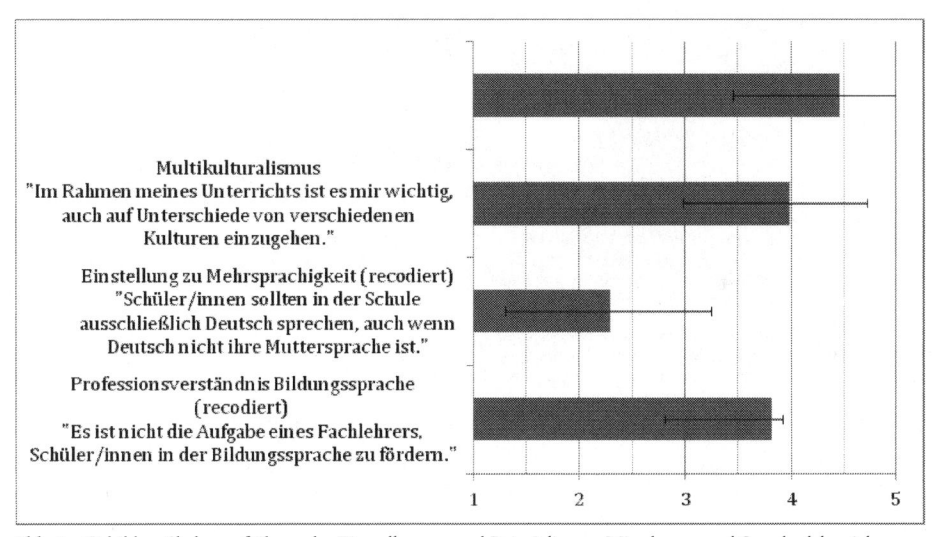

Abb. 1: Gebildete Skalen auf Ebene der Einstellungen und Beispielitems; Mittelwerte und Standardabweichungen

Wie sich zeigt, gaben die befragten Lehrkräfte ein höheres Ausmaß an Egalitarismus (M = 4,46) als an Multikulturalismus (M = 3,98) an, gleichwohl liegen beide Durchschnittswerte deutlich über dem theoretischen Skalenmittelwert. Ebenfalls sehen die Befragten die Förderung der bildungssprachlichen Kompetenzen der Schülerinnen und Schüler tendenziell als eine Aufgabe aller Fachlehrkräfte an (M = 3,81, Items wurden recodiert). Die Zustimmung zur Skala zur Einstellung gegenüber Mehrsprachigkeit ist deutlich geringer (M = 2,30, Items wurden recodiert), folglich sind die Befragten tendenziell der Meinung, dass Schülerinnen und Schüler mit einer anderen Herkunftssprache als Deutsch in der Schule und in ihren Familien ausschließlich Deutsch sprechen sollten.

Unterrichtspraxis

In Bezug auf die selbstberichtete (sprachsensible) Unterrichtspraxis lassen sich auf Grundlage der Ergebnisse von explorativen Faktorenanalysen drei Skalen unterscheiden. Auf einen ersten Faktor laden sechs Items, die Aspekte des *Scaffoldings und des Übens* betrachten; die aus diesen Items konstruierte Skala weist mit einem Cronbachs Alpha von .84 eine gute Reliabilität auf. Auf einen zweiten Faktor laden vier Items, denen der *Umgang mit dem (Fach-)Wortschatz* gemein ist, z.B. die schriftliche Einführung des neuen Wortschatzes oder das Anlegen eines Glossars. Drei Items, die das *Feedback* an die Schülerinnen und Schüler betrachten, laden auf einen vierten Faktor. Mit Alphawerten von jeweils .77 weisen die auf Basis der Faktoren zwei und drei gebildeten Skalen ebenfalls zufriedenstellende Reliabilitäten auf. Darüber hinaus lässt sich eine Skala zum *Einbezug unterschiedlicher Herkunftssprachen in den Unterricht* konstruieren(α = .72); hier wird z.B. betrachtet, inwieweit Sprachvergleiche angestellt werden. Abbildung 1 stellt die Mittelwerte und Standardabweichungen der vier konstruierten Skalen sowie jeweils ein Beispielitem dar.

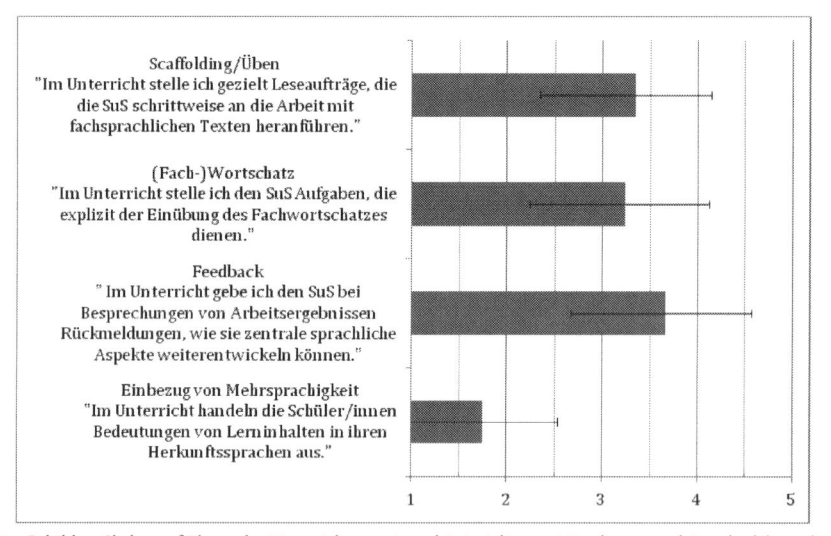

Abb. 2: Gebildete Skalen auf Ebene der Unterrichtspraxis und Beispielitems; Mittelwerte und Standardabweichungen

Bezogen auf ihre selbstberichtete sprachsensible Unterrichtspraxis berichten die Lehrkräfte mit einem Mittelwert von 3,66 den größten Grad der Zustimmung in Hinblick auf das Geben von Feedback zu sprachlichen Aspekten. Die Durchschnittswerte der Skalen zum Scaffolding bzw. Üben (M = 3,34) sowie zum Umgang mit dem (Fach-)Wortschatz (M = 3,23) liegen ebenfalls über dem theoretischen Skalenmittelwert von 3. Deutlich geringer fällt nach Einschätzung der Lehrkräfte hingegen der Einbezug von Herkunftssprachen in den Unterricht aus (*M* = 1,75).

Zusammenhänge zwischen den Konstrukten

Korrelationsanalysen wurden durchgeführt, um die Zusammenhänge der betrachteten Konstrukte auf der individuellen Ebene der Einstellungen und des Handelns zu betrachten. Tabelle 2 stellt die jeweiligen signifikanten Korrelationskoeffizienten dar.

Tab. 2: Korrelationen zwischen den Skalen auf Ebene der Einstellung und des unterrichtlichen Handelns, ** = p < 0,01

Einstellungen	Unterrichtspraxis			
	Scafffolding/ Üben	(Fach-) Wortschatz	Feedback	Einbezug von Herkunftssprachen
Egalitarismus	.20**	.18**	.25**	n.s.
Multikulturalismus	.17**	n.s.	.13**	.22**
Einstellung zu Mehrsprachigkeit	n.s.	n.s.	n.s.	.15**
Förderung der Bildungssprache	.13**	n.s.	.17**	.14**

Es zeigen sich signifikante, wenn auch nicht sehr hohe Zusammenhänge zwischen den erfassten Einstellungen und den Dimensionen der Unterrichtspraxis. Egalitarismus korreliert positiv mit Scaffolding/Üben (r = .20), dem Einüben des (Fach-)Wortschatzes (r = .18) sowie dem Feedback zu sprachlichen Aspekten (r = .25). Multikulturalismus korreliert positiv mit Scaffolding/Üben (r = .17) und Feedback (r = .13); Lehrkräfte mit multikulturellen Überzeugungen zeigen zudem tendenziell einen stärkeren Einbezug von Herkunftssprachen in den Unterricht (r = .22), folglich liegen hier Zusammenhänge mit einem Aufbrechen einer monolingualen Unterrichtspraxis vor. Lehrkräfte, die ihrem Professionsverständnis folgend auch eine Förderung der Bildungssprache im Fachunterricht befürworten, berichten häufiger von Maßnahmen des Scaffoldings/des Übens, von Feedback an die Schülerinnen und Schüler sowie vom Einbezug unterschiedlicher Herkunftssprachen in das Unterrichtsgeschehen.

Schulformunterschiede

Mögliche Unterschiede in den Einstellungen der Lehrkräfte und ihrer selbstberichteten Unterrichtspraxis differenziert nach Schulformen können durch einfaktorielle Varianzanalysen identifiziert werden. In Bezug auf die Einstellungsvariablen (Egalitarismus, Multikulturalismus, Wertschätzung von Mehrsprachigkeit, Professionsverständnis zur Förderung der Bildungssprache) lassen sich keine signifikanten Unterschiede zwischen den fünf betrachteten Schulformen feststellen, es zeigen sich jedoch systematische Zusammenhänge bei den Skalen zur Unterrichtspraxis. Der in der ANOVA errechnete F-Wert ist für die Einführung bzw. das Einüben des (Fach-)Wortschatzes ($F_{4, 471}$ = 2,905, $p < 0,05$), für das Feedback ($F_{4, 476}$ = 6,819, $p < 0,001$) sowie für den Einbezug von Mehrsprachigkeit in den Unterricht ($F_{4, 475}$ = 2,998, $p < 0,05$) signifikant. Durchgeführte Post-Hoc-Tests zeigen eine signifikant geringere Förderung des (Fach-)Wortschatzes durch Hauptschullehrkräfte als durch Lehrpersonen an Gesamtschulen. Auch das Feedback zu sprachlichen Aspekten wird an Hauptschulen überzufällig seltener gegeben als an Sekundarschulen, Gesamtschulen und insbesondere an den Gymnasien. Seltener geben die befragten Hauptschullehrkräfte zudem den Einbezug von Mehrsprachigkeit in den Unterricht ein, die Differenzen der Mittelwerte zwischen den Schulformen sind hier jedoch nicht signifikant.

Fazit, Diskussion und Ausblick

Im Rahmen des vorliegenden Beitrages wurden erste Ergebnisse der wissenschaftlichen Begleitung des Projekts *„Sprachsensible Schulentwicklung"* präsentiert. Dem Projektnamen entsprechend zielt das Projekt darauf ab, eine sprachsensible Schulentwicklung zu initiieren. Ein solches Vorgehen impliziert einerseits die Kompensation bildungssprachlicher Defizite von Heranwachsenden mit und ohne Migrationshintergrund und andererseits einen produktiven wertschätzenden Umgang mit Mehrsprachigkeit. Das Projekt wird an 33 Schulen unterschiedlicher Schulformen der Sekundarstufe I in Nordrhein-Westfalen durchgeführt.

Für die wissenschaftliche Begleitung stellen Ansätze des Organisationalen Lernens den Rahmen zur wissenschaftlichen Analyse des Projekts dar. Zur Bestimmung der Ausgangslage ist die Einstellung zu Mehrsprachigkeit und Multikulturalität im weiteren Sinn sowie deren möglicher Zusammenhang zum unterrichtlichen sprachsensiblen Handeln ein wesentlicher Punkt, den es in einem ersten Schritt zu klären galt. Hierzu wurden an den beteiligten Schulen Online-Befragungen durchgeführt, die sich an alle Lehrkräfte der Schulen richteten. Hinsichtlich der ersten Forschungsfrage – *Welche Einstellungen zu Mehrsprachigkeit, professionellem Lehrerhandeln im Kontext Mehrsprachigkeit und Multikulturalität haben Lehrerinnen und Lehrer?* – zeigte sich ein höheres Ausmaß an Egalitarismus als an Multikulturalismus, gleichwohl liegen beide Durchschnittswerte deutlich über dem theoretischen Skalenmittelwert. Die Förderung der bildungssprachlichen Kompetenzen der Schülerinnen und Schüler sehen die Lehrkräfte tendenziell als eine Aufgabe aller Fachlehrkräfte an. Hingegen ist die Einstellung zu Mehrsprachigkeit deutlich geringer ausgeprägt. Demnach sind die Befragten tendenziell der Ansicht, dass mehrsprachig aufwachsende Schülerinnen und Schüler in der Schule und in ihren Familien ausschließlich Deutsch sprechen sollten. Die Zusammenschau dieser unterschiedlichen Einstellungsmerkmale lässt vermuten, dass Lehrkräfte eher einen kompensatorischen Umgang mit mehrsprachig aufwachsenden Schülerinnen und Schülern präferieren bzw. möglicherweise auch für besonders zielführend im Sinne der schulischen Förderung halten. Diese Einstellung steht in scheinbarem Gegensatz zur relativ hohen Zustimmung zur Skala des Multikulturalismus, die einen wertschätzenden Umgang mit der Unterschiedlichkeit von Kulturen impliziert. Eine solche Einstellung scheint kaum mit einem „Verbot" der Erstsprache – die ja ein wesentliches Merkmal der Kultur ist – in Schule bzw. sogar im häuslichen Kontext vereinbar zu sein. Dieser Widerspruch könnte einerseits dadurch erklärt werden, dass die Lehrkräfte auf die Items der Skala zum Multikulturalismus sozial erwünscht geantwortet haben, sodass der positive Gesamtwert nicht die Realität widerspiegelt. Eine weitere Möglichkeit könnte darin begründet liegen, dass die Lehrkräfte als Gelingensbedingung für die Förderung der bildungssprachlichen Fähigkeiten die Negierung der Herkunftssprache annehmen.

Im nächsten Schritt wurden Befunde zur selbstberichteten sprachsensiblen Unterrichtspraxis betrachtet. Hierzu konnten auf Basis der Ergebnisse von Faktorenanalysen vier Skalen gebildet werden (*Scaffolding und Üben, Umgang mit dem (Fach-)Wortschatz, Feedback, Einbezug unterschiedlicher Herkunftssprachen in den Unterricht*). Die Lehrkräfte geben zu den ersten drei Skalen *Scaffolding und Üben, Umgang mit dem (Fach-)Wortschatz, Feedback* ein Maß an Zustimmung an, das oberhalb des theoretischen Skalenmittelwerts liegt. Ein Einbezug der Herkunftssprachen in den Unterricht findet hingegen kaum statt, was anknüpfend an die dargestellten Ergebnisse zur Einstellung zur Mehrsprachigkeit zu erwarten war. Insgesamt fokussieren die Lehrkräfte also die Kompensation von sprachlichen Defiziten, indem sie etablierte Verfahren wie z.B. Scaffolding nutzen. Die überraschend hohen Skalenmittelwerte geben jedoch noch keine Auskunft über den tatsächlichen zeitlichen Umfang bzw. die Kontinuität der eingesetzten Förderung, sodass sie einerseits vor dem Hintergrund der sozialen Erwünschtheit und andererseits vor dem Hintergrund der Itemformulierung kritisch zu interpretieren sind.

Des Weiteren wurde durch Korrelationsanalysen der Frage nachgegangen, ob sich Zusammenhänge zwischen Einstellungen und dem selbstberichteten unterrichtlichem Handeln der Lehrkräfte nachzeichnen lassen. Insgesamt zeigen sich signifikante, wenn auch nicht sehr hohe Zusammenhänge zwischen den erfassten Einstellungen und Dimensionen der Unterrichtspraxis. Ein zu erwartender aber gleichwohl interessanter Befund ist, dass Lehrkräfte mit multikulturellen Überzeugungen tendenziell einen stärkeren Einbezug von Herkunftssprachen in den Unterricht zeigen (r = .22), während Lehrkräfte mit egalitären Überzeugungen dies eher nicht tun.

Im letzten Schritt wurden mögliche Unterschiede in den Einstellungen der Lehrkräfte und ihrer selbstberichteten Unterrichtspraxis differenziert nach Schulformen betrachtet. In Bezug auf die Einstellungsvariablen konnten keine signifikanten Unterschiede zwischen den fünf betrachteten Schulformen festgestellt werden, es zeigen sich jedoch systematische Zusammenhänge bei den Skalen zur Unterrichtspraxis, auch wenn die Befunde aufgrund der teilweise geringen Zellenbesetzungen mit Vorsicht zu interpretieren sind. So zeigt sich insgesamt eine signifikant geringere selbstberichtete bildungssprachliche Förderung durch Hauptschullehrkräfte als durch Lehrpersonen an Sekundarschulen, Gesamtschulen und insbesondere an den Gymnasien. Seltener geben die befragten Hauptschullehrkräfte zudem den Einbezug von Mehrsprachigkeit in den Unterricht an, die Differenzen der Mittelwerte zwischen den Schulformen sind hier jedoch nicht signifikant. Vor dem Hintergrund der zu antizipierenden besonderen Herausforderungen in der Förderung der bildungssprachlichen Kompetenz von Hauptschüler/innen ist dieses Ergebnis überraschend. Hier stellt sich die Frage, welche unterrichtlichen Strategien die Lehrkräfte zur sprachlichen Förderung anwenden, die im Rahmen der Befragung nicht zur Auswahl standen. An dieser Stelle können die im Rahmen der Prozessbegleitung geplanten vertiefenden Interviews möglicherweise Aufschluss geben.

Abschließend muss kritisch angemerkt werden, dass aufgrund sozialer Erwünschtheit das Ausmaß der sprachsensiblen Unterrichtspraxis und der Wertschätzung von Mehrsprachigkeit überschätzt worden sein könnte. Da sich die Stichprobe zudem ausschließlich aus Schulen zusammensetzt, die durch die Projektteilnahme bereits einen Schwerpunkt auf Sprachbildung gelegt haben, muss die Generalisierbarkeit der Ergebnisse zumindest kritisch hinterfragt werden.

Literatur

Argyris, C. & Schön, D.A. (2008). *Die lernende Organisation. Grundlagen, Methode, Praxis*. Stuttgart: Schäffer Peschel.

Ajzen I. (1991). The Theory of Planned Behavior. *Organizational Behavior and Human Decision Processes, 50*, 179–211.

Ajzen, I. & Fishbein, M. (1980). *Understanding attitudes and predicting social behavior*. Englewood Cliffs, NJ: Prentice-Hall.

Bos, W., Tarelli, I., Bremerich-Vos, A. & Schwippert, K. (Eds.) (2012). *IGLU 2011. Lesekompetenzen von Grundschulkindern in Deutschland im internationalen Vergleich*. Münster: Waxmann. Retrieved from http://www.waxmann.com/fileadmin/media/zusatztexte/2828Volltext.pdf

Czaja, S. J. (2012). Lehrerüberzeugungen im transnationalen Raum. Eine empirische Untersuchung zum Zusammenhang wahrgenommener kultureller Lehrerüberzeugungen und der Qualität der Lehrer-Schüler-Beziehung. Freie Universität Berlin: Unveröffentlichte Masterarbeit.

Dedering, K. (2012). *Steuerung und Schulentwicklung. Bestandsaufnahme und Theorieperspektive*. Wiesbaden: Springer VS.

Fürstenau, S. (2013). Schulqualität im Kontext sprachlich-kultureller Heterogenität: Das Beispiel Durchgängiger Sprachbildung an einer Grundschule. In I. Gogolin, I. Lange, U. Michel & H. Reich, (Eds.), *Herausforderung Bildungssprache – und wie man sie meistert* (pp. 220-238). Münster: Waxmann.

Fürstenau, S. & Gomolla, M. (Eds.) (2012). *Migration und schulischer Wandel: Mehrsprachigkeit*. Wiesbaden: Springer VS.

Felbrich, A., Darsow, A., Paetsch, J. & Stanat, P. (2012). Die BeFo-Interventionsstudie – Sprachsystematische und fachbezogene Sprachförderung in der Grundschule. In F. Hellmich, S. Förster & F. Hoya (Eds.), *Bedingungen des Lehrens und Lernens in der Grundschule. Bilanz und Perspektiven* (pp. 211-214). Wiesbaden: Springer VS.

Feldhoff, T. (2011). *Schule organisieren*. Wiesbaden: VS.

Göbel, K. & Buchwald, P. (2008). Interkulturelles Kompetenztraining: Lernziele und didaktische Methoden. In T. Ringeisen, P. Buchwald & C. Schwarzer (Eds.), *Interkulturelle Kompetenz in Schule und Weiterbildung* (pp. 115-131). Berlin: LIT.

Gomolla, M. & Radtke, F.-O. (2009.: *Institutionelle Diskriminierung. Die Herstellung ethnischer Differenz in der Schule* (3rd ed.). Wiesbaden: VS.

Gourmelon, A., Mroß, M. & Seidel, S. (2014). Management im öffentlichen Sektor: Organisationen steuern – Strukturen schaffen – Prozesse gestalten. Leck: rehm.

Hachfeld, A., Hahn, A., Schroeder, S., Anders, Y. & Stanat, P. (2011). Assessing teachers' multicultural and egalitarian beliefs: The Teacher Cultural Beliefs Scale. *Teaching and Teacher Education*, 27, 986-996.

Hawighorst, B. (2013). Schulischer Wandel durch sprachsensible Unterrichts- und Schulentwicklung. In S. Fürstenau & M. Gomolla(Eds), *Migration und schulischer Wandel: Mehrsprachigkeit* (pp. 169-180). Wiesbaden: VS.

Karakasoglu, Y., Gruhn, M. & Wojciechowicz, A. (Eds.) (2011). *Interkulturelle Schulentwicklung unter der Lupe*. Münster: Waxmann.

March, J. G. & Olsen, J. P. (1976). Ambiguity and choice in organizations. Bergen: Universitetsforlaget.

Pöhlmann, C., Haag, N. & Stanat, P. (2013). Zuwanderungsbezogene Disparitäten. In H. A. Pant, P. Stanat, U. Schroeders, A. Roppelt, T. Siegle & C. Pöhlmann (Eds.), *IQB-Ländervergleich 2012. Mathematische und naturwissenschaftliche Kompetenzen am Ende der Sekundarstufe I* (pp. 297-330). Münster: Waxmann.

Racherbäumer, K. & Ackeren, I. van (im Erscheinen). Was ist eine (gute) Schule in schwieriger Lage? Befunde einer Studie im kontrastiven Fallstudiendesign. In L. Fölker, T. Hertel & N. Pfaff (Eds.), Brennpunkt(-)Schule. Analysen, Probleme und Perspektiven zur schulischen Arbeit in segregierten Quartieren. Leverkusen: Barbara Budrich.

Shajek, A., Lüdtke, O. & Stanat, P. (2006). Akademisches Selbstkonzept bei Jugendlichen mit Migrationshintergrund. *Unterrichtswissenschaften*, 34(2) 2, 125-145.

Thomas, A., Kinast, E.-U. & Schroll-Machl, S. (2000). Entwicklung interkultureller Handlungskompetenz von international tätigen Fach- und Führungskräften durch interkulturelle Trainings. In K. Götz, (Ed.), Interkulturelles Lernen/Interkulturelles Training (pp. 97-122). München: Rainer Hampp.

Angaben zu den Autorinnen

Dipl.-Soz.-Wiss. Denise Demski, Universität Duisburg-Essen
denise.demski@uni-due.de

Dr. Kathrin Racherbäumer, Universität Duisburg-Essen
kathrin.racherbaeumer@uni-due.de

Im Dialog

Ulrike Jessner-Schmid und Jörg Meier im Gespräch mit Kerstin Mayr-Keiler

Sprachsensibles Lehren und Lernen im Rahmen der PädagogInnenbildung Neu

Language sensitive teaching and learning in context of „PädagogInnenbildung Neu"

Die im Frühjahr 2015 ins Leben gerufene Kooperation zwischen der Pädagogischen Hochschule Tirol und der Universität Innsbruck im Bereich „Deutsch und Mehrsprachigkeit" wurde im Mai 2015 mit dem Siegel „Regional Educational Competence Centre" ausgezeichnet und vereint die fachdidaktische Forschung an der Pädagogischen Hochschule mit der angewandten Mehrsprachigkeitsforschung der *DyME*-Research-Group (*Dynamics of Multilingualism with English*) unter der gemeinsamen Leitung von Univ.-Prof. Dr. Jörg Meier (Fachdidaktikzentrum der PHT) und Univ.-Prof. Dr. Ulrike Jessner-Schmid (*DyME* angesiedelt am Institut für Anglistik der Leopold-Franzens-Universität). Aus diesem aktuellen Anlass wurden die beiden Leitungen des Competence Center eingeladen ihre Standpunkte und Expertensicht zum Thema *Sprachsensibel Lehren und Lernen im Rahmen der PädagogInnenbildung Neu* einzubringen.

Kerstin Mayr-Keiler im Gespräch mit Univ.-Prof. Dr. Ulrike Jessner-Schmid (Universität Innsbruck) und Univ.-Prof. Dr. Jörg Meier (Pädagogische Hochschule Tirol).

Sprachsensibler (Fach-)Unterricht ist in aller Munde – was verstehen Sie unter „sprachsensiblem" Unterricht?

Meier:
Lernen geschieht immer sprachlich vermittelt und reflektiert und ist somit auch immer Lernen *von* Sprache und *durch* Sprache. Fachlernen benötigt Sprache in unterschiedlichster Form, um Inhalte, Ideen und Vorstellungen in Bilder, Anschauungen und Worte zu fassen. Sprache und Denken gehören unmittelbar zusammen sowie auch fachliches und sprachliches Lernen in jedem Unterricht untrennbar miteinander verbunden sind. Unter sprachsensiblem Fachunterricht ist der *bewusste* Umgang mit Sprache beim Lehren und Lernen im Fach zu verstehen.

Jessner-Schmid:
Ich verstehe darunter, dass im Unterricht - und zwar in allen Gegenständen – Sprache eine zentrale Rolle spielt und es daher notwendig ist, Funktion und Form von Sprache besser zu durchleuchten und zu begreifen. Diese Perspektive wird notwendigerweise durch die Erkenntnisse der Mehrsprachigkeitsforschung geformt, da erst durch die Auseinandersetzung mit Mehrsprachigkeit bestimmte unterrichtsrelevante Themen sichtbar geworden sind. Eines davon ist „sprachsensibler" Unterricht.

Welche Aspekte sind aus Ihrer Sicht besonders zu berücksichtigen und warum?

Meier:
Ein wesentliches Thema aller Schulformen und -fächer sind Sprachbildung und Sprachförderung, nicht nur für Schülerinnen und Schüler mit Migrations-hintergrund, sondern für alle Kinder und Jugendliche, besonders aber für diejenigen unter ihnen, die aus so genannten bildungsfernen Schichten stammen, denn eine gesellschaftliche Integration setzt eine erfolg-reiche Teilhabe an Bildung voraus.

Jessner-Schmid:
Es geht darum, zu erkennen, dass im Unterricht Sprachen erlernt werden und es Wissen zu erwerben gilt, das wiederum durch Sprache vermittelt wird. Allerdings geht es nicht nur um das Lernen von und durch Sprache, sondern auch um das Lernen über die Sprache.

Glauben Sie Lehrerinnen und Lehrer brauchen einen sprachsensiblen Ansatz für ihren Unterricht?

Meier:
Fachlehrerinnen und -lehrer sollen natürlich nicht zu Deutschlehrerinnen und -lehrer werden und ihren Unterricht zusätzlich mit sachfremden Inhalten belasten. Es geht vielmehr darum, deutlich zu machen, dass Sprache ein unverzichtbares Instrument beim Erfahren neuer Zusammenhänge, bei der Darstellung von Erkenntnissen und beim grundsätzlichen Umgang mit Wissen ist.

Jessner-Schmid:
Ich denke, dass es sehr wichtig wäre, auch den Fachlehrerinnen und -lehrer klar zu machen, dass auch ihr Unterricht zur Sprachbildung beiträgt. Nicht zuletzt tragen Beispiele aus der CLIL-Forschung zu dieser Erkenntnis bei.

Warum sollte sprachsensibel unterrichtet werden?

Meier:
Sprache ist die Grundvoraussetzung für das Verstehen und Kommunizieren im Fach und darüber hinaus ein gutes diagnostisches Instrument, um etwaigen Förderbedarf festzustellen und daran zu arbeiten. Daher ist Sprache auch der Schlüssel für einen gelingenden Fachunterricht; und weil das Erlernen einer fachlichen Bildungssprache immer auch bedeutet, fachlich zu lernen, profitieren Schülerinnen und Schüler von der sprachsensiblen Anleitung bei der Umsetzung fachlicher Inhalte in Sprache.

Jessner-Schmid:
Um Aufgabenstellungen in allen Fächern verstehen zu können, müssen SchülerInnen über sprachliche Ressourcen verfügen, die es ihnen ermöglichen, Texte zu erfassen und diese richtig zu interpretieren.

Wie sehen Sie die Verbindung zwischen sprachlicher Bildung und fachlicher Bildung?

Meier:
Sprachliches und fachliches Lernen sind, wie bereits gesagt, nicht voneinander getrennt, denn Sprache ist in der Regel nicht vor den Inhalten da, sondern entwickelt sich gleichzeitig mit dem Lernen von Fachinhalten. Deshalb sollten Sprache und Fach sprach- und fachdidaktisch sowie lernpsychologisch nicht voneinander getrennt und Unterricht kommunikativ und diskursiv konzipiert und gestaltet werden. Trotz dieser durchaus bekannten Erkenntnisse wird der Beitrag, den Sprache beim fachlichen Lernen leistet, nach wie vor häufig unterschätzt. Dabei geht es, weit über das Erlernen einer Fachsprache hinaus, um den grundsätzlich souveränen Umgang mit der (Bildungs-)Sprache des Lehrens und Lernens im unterrichtlichen Kontext.

Jessner-Schmid:
In der Forschung wird man sich der Komplexität von Zusammenhängen immer bewusster. Auf keinen Fall sollte man zwischen sprachlicher und fachlicher Bildung unterscheiden, da diese in Abhängigkeit voneinander und ständiger Interaktion zu betrachten sind.

Sind Sie der Ansicht, dass der Sprache an sich eine größere Bedeutung im Rahmen der (Fach-) Lehrer/innen-Aus-, Fort- und Weiterbildung beigemessen werden sollte?

Meier:
Die genannten Erkenntnisse zur Bedeutung der Sprache und zum sprachsensiblen Fachunterricht sollten u.a. in den Lehrplänen deutlicher verankert und für Fachlehrerinnen und -lehrer auf verschiedenen Ebenen greifbarer gemacht werden. Ihnen sollten auf unterschiedliche Art und Weise Informationen gegeben und Materialien zur Verfügung gestellt werden, mit Hilfe derer sie die sprachliche Seite ihres Fachunterrichts reflektieren können. Darüber hinaus müssen sie sprachdidaktisch aus-, fort- und weitergebildet sowie deutlich darüber informiert werden, welche Komplexität der Anforderungen fachliche Bildungssprache an die Schülerinnen und Schüler stellt.

Jessner-Schmid:
Die Schlüsselrolle der Sprachigkeit sollte in der Pädagog/innenbildung aufgrund der vorangegangenen Erkenntnisse auf allen Ebenen der Ausbildung deutlich verankert werden. Es ist von äußerster Wichtigkeit, dass man Grundwissen zu (Mehr)Sprachigkeit in jeder Form der Pädagog/innenbildung verankert. Dazu gehört Forschung zu metasprachlichem Wissen im (mehrsprachigen) Menschen.

Wo sehen Sie die sprachlichen Schwierigkeiten von Schülerinnen und Schülern allgemein und im Speziellen?

Meier:
Nicht erst seit der PISA-Studie und den OECD-Bildungsberichten wird beklagt, dass – bereits lange vor der so genannten „Medienrevolution" – mit dem öffentlichen Schulsystem insgesamt auch der traditionelle Deutschunterricht in die Krise geraten und ein zunehmender Verlust elementarer Fähigkeiten im Umgang mit komplexen Texten zu beobachten sei.
Die bildungssprachlichen Fähigkeiten vieler Schülerinnen und Schüler reichen häufig nicht aus, um im Unterricht Fachtexte zu verstehen und eigene, sprachlich angemessene Texte zu schreiben sowie im Unterrichtsgespräch Zusammenhänge zu begreifen und zu erklären. Diese Probleme haben viele Kinder und Jugendliche, aber vor allem zwei- und mehrsprachige, sowie einsprachige Schülerinnen und Schüler aus so genannten bildungsfernen Schichten.
Die sprachlichen Schwierigkeiten liegen im Fachunterricht vor allem in den folgenden vier Bereichen: in der Morphologie und Syntax der Fachtexte, in den fachtypischen Sprachstrukturen, in den fachlichen Inhalten sowie in der Struktur von Fachtexten.

Jessner-Schmid:
Wie bereits von Jim Cummins, einem der führenden Wissenschafter im Bereich der zweisprachigen Bildung, vor längerer Zeit erkannt wurde, müssen wir im Sprachgebrauch zwischen sprachlichen Fähigkeiten im täglichen Sprachgebrauch und solchen, die sich speziell auf den akademischen Bereich beziehen, unterscheiden, um einen effizienten Zugang zum sprachsensiblen Unterricht zu finden. Daneben sollten Materialien wie z.B. Schulbücher besser auf die tatsächliche sprachliche Entwicklung abgestimmt und regionalen Gegebenheiten angepasst werden. Wenn wir z.B. an das Präteritum im österreichischen Sprachraum denken, dann fällt auf, dass diese Formen von den Kindern wie fremdsprachliche Elemente erlernt werden müssen, da sie – im Gegensatz zu anderen Kontexten im norddeutschen Sprachraum – nicht Teil der Umgangssprache sind. Darauf wird allerdings in den Schulbüchern keine Rücksicht genommen, d.h. das Präteritum wird als bekannt abgefragt.

Welche sprachlichen Fertigkeiten sollten die Schülerinnen und Schüler im Schulkontext (insbesondere im Unterricht) entwickeln und wie kann/sollte dies geschehen? (Basis, Rahmenbedingungen, etc.)?

Meier:
Die beschriebenen sprachlichen Defizite können mit gezielter Unterstützung durch geeignete methodische und didaktische Strategien im Rahmen eines sprachsensiblen Unterrichts verringert oder beseitigt werden. Schülerinnen und Schüler müssen dafür mit Bildungssprache, die sich durch ihre Orientierung an den Regeln des Schriftsprachgebrauchs deutlich von der Alltagssprache unterscheidet, sowie mit den dahinter stehenden Konzepten und der Komplexität der Anforderungen, die fachliche Bildungssprache stellt, vertraut gemacht werden, denn nur wenn sie Bildungssprache verstehen, ist es ihnen möglich, dem Unterricht adäquat zu folgen. Daher müssen Bildungssprache und die Kompetenzen, die durch sie vermittelt werden, ein mit dem fachlichen Lernen verbundener Lerngegenstand des Unterrichts sein.

Jessner-Schmid:
Gerade die Unterschiede zwischen Alltagssprache und Schriftsprache – und zwar in allen lebenden Sprachen – sollten im schulischen Kontext vermittelt werden, damit die SchülerInnen an die Anforderungen der Berufswelt herangeführt werden können. Außerdem, wie bereits angesprochen, sollten die meta-sprachlichen Fertigkeiten der Schülerinnen und Schüler trainiert werden. Das heißt, die Sprachen sollten sprachfachübergreifend unterrichtet werden und sprachliche Kompetenzen sollten auch im Fachunterricht in ihrer Bedeutung als integraler Bestandteil von Bildung wahrgenommen werden.

Was brauchen die Lehrerinnen und Lehrer Ihrer Meinung nach, um sprachsensibel unterrichten zu können?

Meier:
Benötigt werden, neben den beschriebenen Aus-, Fort- und Weiterbildungsmöglichkeiten, geeignete unterstützende Materialien, die Lehrerinnen und Lehrern fachliche Hinweise geben, konkrete Unterrichtsbeispiele aus verschiedenen Fächern bereitstellen sowie vielfältige sprachwissenschaftliche und sprachdidaktische Hintergrundinformationen bieten.

Jessner-Schmid:
Wie bei allen anderen Themen, die für das Lehrpersonal neu sind, benötigt man u.a. Materialien und Beispiele aus allen Fächern, damit man sich der Thematik annähern kann.

Was sind aus Ihrer Sicht die notwendigsten, konkreten nächsten Schritte, damit sprachsensibler Unterricht zu einem integralen Bestandteil des Lehrens und Lernens wird?

Meier:
Es genügt nicht, in Referenzrahmen für Schulqualität und neuen Lehrplänen Orientierungspunkte für schulisches Handeln zu implementieren und dabei neuere Forschungsergebnisse der Bildungs- und Unterrichtsforschung sowie Aspekte der aktuellen Qualitätsdiskussion und gesellschaftlichen Debatten zu integrieren. Vielmehr muss es auch einen angemessenen Umgang mit den Vorgaben der Bildungsstandards in den einzelnen Fächern geben sowie die Ermöglichung einer Umsetzbarkeit dieser Vorgaben unter Berücksichtigung der curricularen Unterrichtsziele und der verfügbaren Zeit.

Jessner-Schmid:
Wie bereits oben erwähnt, ist eine der Voraussetzungen, dass man Denkperspektiven der Mehrsprachigkeitsforschung stärker in den Unterricht einbindet und zwar in allen Fächern. Ein gesamtheitlicher Zugang zur Sprachbildung, der alle Unterrichtsfächer einschließt, muss daher die Basis für weitere Überlegungen zum sprachsensiblen Unterricht bilden. denn alle Fächer hängen zusammen. Im Mittelpunkt steht dabei das metasprachliche Wissen, das gefördert und trainiert werden muss.

Praxisbeiträge

Alexandra Koch und Kornelia Leleux

Sprachbrille auf! im Mathematikunterricht – Stärkung der fach- und bildungssprachlichen Kompetenzen im Fach Mathematik

Put your language glasses on! in maths lessons – Reinforcing language competences in maths

Zusammenfassung

Gemeinsames Ziel des Verbundes „Sprachbrille auf! im Mathematikunterricht" des Schulamts Duisburg ist die Stärkung der fach- und bildungssprachlichen Kompetenzen im Fach Mathematik. Erreicht werden soll dies, durch systematische Förderung der Bildungssprache im Fach Mathematik mittels sprachsensibler Unterrichtsgestaltung und gemeinsam geplanter sprachsensibler Unterrichtsreihen unter Einbezug des Scaffolding Konzepts, Planungsrahmen in Anlehnung an SIOP und der Realisierung des WEGE Konzepts.

Abstract

The common goal of the association „Sprachbrille auf! in mathematics education" of the education authority Duisburg is to strengthen the professional and educational language skills in mathematics. This will be achieved through systematic promotion of the academic language in mathematics by means of language-sensitive instructional design and jointly planned language-sensitive teaching units incorporating the scaffolding concept, planning frameworks (based on the SIOP concept and the "WEGE" concept.

Einführung in die Thematik

Ich seh da (eh), ich seh da Timos Freunde und sein Mutter (ehm), (eh) hat (ehm) sein Mutter (ehm) hat Kuchen bebacht, geback (ehm) dann Hund spiel Ball, mit Ball und im Timos Freunde hat Kuchen (ehm) gesehn und dann haben sich gefreud. Und (ehm) da gib auch Lufballon und da gib von Hund das Foto. (Ali, in Deutschland geboren, drei Jahre Kindergartenbesuch, Klasse 3, 4. Schulbesuchsjahr)
(in Klammern = Wortfindungsprobleme)

Ali besucht die Gemeinschaftsgrundschule im Dichterviertel im Norden Duisburgs im Stadtteil Obermarxloh. Er ist eines von vielen Kindern mit den gleichen großen sprachlichen Problemen, die ihn oft daran hindern, aktiv am Unterricht teilzunehmen. Die Schule wird von 182 Schülern und Schülerinnen besucht. Davon haben 91% (fast ausschließlich türkischen) Migrationshintergrund. Seit Jahren genehmigt das Schulamt für die Stadt Duisburg mehrere Sprachförderprojekte. Kinder mit erhöhtem Förderbedarf in der deutschen Sprache bekommen zusätzlichen Sprachförderunterricht in Deutsch.
Das Thema ‚Sprachsensibilität in allen Fächern' ist ein pädagogischer Schwerpunkt des Kollegiums, so fiel es der Schule leicht, sich für die Teilnahme an dem bundesweiten Projekt ‚Bildung in Schrift und Sprache' zu entscheiden.

Der Verbund „**Sprachbrille auf! im Mathematikunterricht**" des Schulamts Duisburg setzt sich aus fünf Grundschulen zusammen. Vier davon liegen im Duisburger Norden und zeichnen sich wie an Alis Schule durch einen hohen Anteil an Schülern und Schülerinnen mit Migrationshintergrund und Kindern aus sozial benachteiligten Verhältnissen aus. Insgesamt zeigt der Sprachstand dieser Schüler und Schülerinnen große Defizite bei mündlichen Sprachfertigkeiten wie Sprachverstehen und Wortschatz auf. Große Schwierigkeiten bereitet die Bildung grammatikalisch korrekter Sätze und nicht zuletzt die Rechtschreibung. Gemeinsames Ziel der Verbundschulen ist die Stärkung der fach- und bildungssprachlichen Kompetenzen im Fach Mathematik.
Der Verbund „Sprachbrille auf! im Mathematikunterricht" strebt eine Erleichterung des Zugangs zu den fachlichen Inhalten eines verständigen Mathematikunterrichts nach dem PIK AS-Konzept durch die Verknüpfung des fachlichen Lernens mit der Stärkung der bildungssprachlichen Kompetenzen an.
Erreicht werden soll dies durch systematische Förderung der Bildungssprache im Fach Mathematik, durch sprachsensible Unterrichtsgestaltung und gemeinsam geplante sprachsensible Unterrichtsreihen unter Einbezug des Scaffolding-Konzepts und der Realisierung des WEGE-Konzepts. Planungsrahmen – in Anlehnung an SIOP – die von den Lehrkräften überarbeitet und individualisiert wurden, helfen bei der Darstellung und Definition der sprachlich notwendigen Mittel auf Satz-, Wort-, und Formulierungsebene und strukturieren so die sprachsensible Unterrichtsplanung. Auf diese Weise wird der Übergang von der Alltagssprache zur Fachsprache bewusst in den Blick genommen.
Neben der Entwicklung und Erprobung von Unterrichtsmaterialien befasst sich der Duisburger Verbund mit der Erweiterung der Kompetenzen der Lehrkräfte im Bereich des sprachsensiblen Mathematikunterrichts. Es wird an einem durchgängigen Konzept von Professionalisierungsmaßnahmen und deren Multiplikation gearbeitet. Die Sensibilisierung beginnt bei den Lehramtsanwärtern, die an den BiSS Schulen in die Unterrichtsplanung

der BiSS-Reihen eingebunden sind. Im Seminar Mathematik im Zentrum für schulpraktische Lehrerausbildung Duisburg erfahren diese theoretische und praktische Unterstützung bei der Planung von sprachsensiblem Mathematikunterricht. Einer umfangreichen Fortbildungsreihe der direkt an BiSS beteiligten Lehrerinnen und Lehrern folgt eine Multiplikation in die Lehrerkollegien und in das Kompetenzteam der Stadt Duisburg. Ein besonders wichtiger Baustein wird die Öffnung einer Verbundschule als Hospitationsschule darstellen. Hier soll allen interessierten Lehrern die Möglichkeit geboten werden, erprobten und bewährten sprachsensiblen Mathematikunterricht zu erleben. Neben der Möglichkeit der Hospitation wird umfangreiches Unterrichtsmaterial zu sprachsensibel geplantem Mathematikunterricht zur Verfügung gestellt.

Bezug zum Lehrplan Nordrhein-Westfalen

Prozess- und inhaltsbezogene Kompetenzen (laut Lehrplan Nordrhein-Westfalen)

Die Schülerinnen und Schüler unseres Verbundes benötigen eine intensive fachbezogene Sprachförderung, damit auch sie eine Chance haben, am Ende der Grundschulzeit die im Mathematiklehrplan NRW angestrebten Kompetenzen zu erwerben. Neben den inhaltsbezogenen Kompetenzen im Fach Mathematik definiert der Mathematiklehrplan NRW gleichrangig die prozessbezogenen Kompetenzen. Die Schulung der prozessbezogenen Kompetenzen muss ab Klasse 1 systematisch aufgebaut werden und neben den inhaltsbezogenen Kompetenzen einen zentralen Punkt des Mathematikunterrichts darstellen. Die prozessbezogenen und inhaltsbezogenen Bereiche werden daher durch verbindliche Kompetenzerwartungen im Lehrplan konkretisiert:[1]

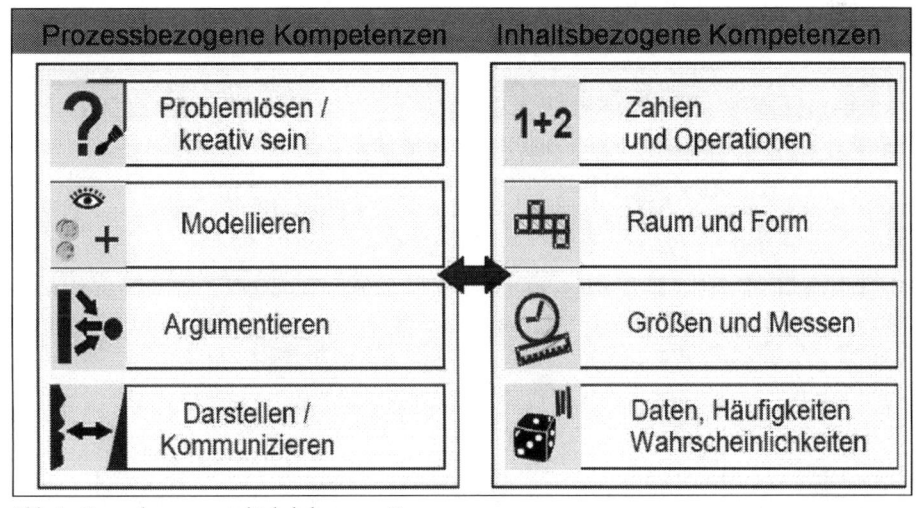

Prozessbezogene Kompetenzen	Inhaltsbezogene Kompetenzen
Problemlösen / kreativ sein	Zahlen und Operationen
Modellieren	Raum und Form
Argumentieren	Größen und Messen
Darstellen / Kommunizieren	Daten, Häufigkeiten Wahrscheinlichkeiten

Abb. 1: Prozessbezogene und inhaltsbezogene Kompetenzen

---

1 (Ministerium für Schule und Weiterbildung Nordrhein-Westfalen: Richtlinien und Lehrpläne für die Grundschule in Nordrhein-Westfalen.Kompetenzen. Ritterbach, Frechen 2008)

Damit unsere Schülerinnen und Schüler, wie zum Beispiel Ali, etwas genau beschreiben können, die Gedankengänge nachvollziehbar erklären können oder die Rechenwege begründen können, benötigen sie Elemente und Strukturen der Bildungs- und Fachsprachen, über diese verfügen Ali und viele unserer Schülerinnen und Schüler zu Beginn ihrer Schulzeit nicht.

Didaktische Konzeption

Unser Verbund arbeitet nach folgendem Konzept

1. PIK AS Ergebnisse[2] – als Grundlage der Unterrichtsplanung
2. Profilanalyse nach Prof. W. Grießhaber[3] – als Sprachstandsanalyse

Die Profilanalyse bietet ein Diagnose-Instrument zur Feststellung des sprachlichen Profils eines Kindes. Sie bezieht sich ausschließlich auf die Verbstellung in einem Satz. Sie lässt sich in der Praxis leicht anwenden und liefert rasche und eindeutige Ergebnisse als Basis für die Unterrichtsplanung.

3. Planungsrahmen in Anlehnung an SIOP – als Instrument der Bedarfsanalyse (siehe unten)
4. Scaffoldingprinzip[4] – WEGE-Konzept[5] – als Sprachfördermaßnahme

PIK AS Ansatz- als Grundlage der Unterrichtsplanung

In unserem Verbund wurden die Ergebnisse und Arbeiten des PIK AS Projektes aufgenommen, erweitert und für unsere Schülerschaft individualisiert.

PIK AS ist ein Kooperationsprojekt der Universitäten Dortmund und Münster, des Schulminsteriums NRW sowie der Deutschen Telekom Stiftung. Den Fokus bildet dabei die Umsetzung des in den KMK-Bildungsstandards und in den Lehrplänen zum Ausdruck kommenden Zusammenspiels von prozessbezogenen (auch „allgemeine mathematische Kompetenzen" genannt) und inhaltsbezogenen Kompetenzen durch die Anregung von fachbezogener Schulentwicklung (kurz PIK AS).

Das Teilprojekt PIK zielt auf die Bereitstellung von Unterstützungsleistungen und die Entwicklung von Unterstützungsmaterialien/Unterrichtsmaterialien für Lehrerinnen und Lehrer, Multiplikatorinnen und Multiplikatoren ab.

Das Teilprojekt AS erweitert die fachdidaktische Komponente durch Unterstützungsangebote für die fachbezogene Unterrichtsentwicklung und Schulentwicklung.[6]

Ein Baustein des PIK AS Projektes ist die Planung von sprachsensiblem Mathematikunterricht. Diesen Baustein haben wir aufgenommen und erweitern ihn durch den Planungsbaustein „Planungsrahmen" und durch einen Realisierungsansatz des Scaffoldings, dem WEGE-Konzept.

---

2 siehe dazu www.pikas-dzlm.de
3 Grießhaber, Wilhem, Heilmann, Beatrix: Diagnostik& Förderung leicht gemacht, 1. Auflage, Stuttgart, 2012
4 Gibbons, P.: Scaffolding language, scaffolding learning. Teaching second language learners in the mainstream classroom. Portsmouth, 2002
5 vgl. Verboom, Lilo:„Sprachförderung im Fach mit Plan", in: Grundschule Mathematik, Nr. 39, 4.Quartal 2013, S. 16-19
6 siehe :www.pikas-dzlm.de

Planungsrahmen in Anlehnung an SIOP –
als Instrument der Bedarfsanalyse

Eine Planung von sprachsensiblem Mathematikunterricht setzt nach den Prinzipien des Scaffolding sowohl eine Bedarfsanalyse, bei der der sprachliche Bedarf der jeweiligen Lehreinheit untersucht wird, sowie eine Lernstandsanalyse der einzelnen Schülerinnen und Schüler voraus.[7]

Wir haben für die sprachliche Bedarfsanalyse der Lehreinheiten ein Planungsraster – in Anlehnung an SIOP – entwickelt, das an dieser Stelle zum Einsatz kommt.
Von besonderer Wichtigkeit erscheint uns die gemeinsame Planung von sinnvollen Aktivitäten, die Impulse für Sprachhandlungen geben, sowie die vertiefenden, ganzheitlichen sprachlichen Übungen.
Da eine Unterrichtsplanung, die auf Bedarfsanalyse (Planungsraster) und Sprachstandserhebung (Profilanalyse) basiert, allein nicht ausreicht, um erfolgreiches Scaffolding zu betreiben, haben wir die Unterrichtsinteraktion in den Mittelpunkt gestellt. Unser Ziel war es, mit dem traditionellen Frage-Antwort-Schemata gerade im Mathematikunterricht zu brechen und so den Redeanteil der Schülerinnen und Schüler signifikant zu erhöhen und dabei die vier Sprachhandlungsfelder „Hören", „Sprechen", „Lesen", und „Schreiben" zu berücksichtigen. Die Sprachhandlungen im Unterricht sollen als Brücke zum geschriebenen Wort dienen.

---

[7] Gibbons, P.: Scaffolding language, scaffolding learning. Teaching second language learners in the mainstream classroom, Portsmouth, 2002, S.122 ff.

Planungsraster in Anlehnung an SIOP

Planungsraster in Anlehnung an SIOP		BiSS Bildung durch Sprache und Schrift	Schulamt für die Stadt Duisburg Generale Sprachförderung
Schule: GGS Schule im Dichterviertel	Frau Leleux, Klasse 3c	Datum: September 2014	
Titel der Stunde/ Reihe: Zahlraumerweiterung bis 1000			
Eingangsstandortbestimmung (Lernausgangslage): PIK AS: "Was wir schon wissen" mit Auswertungsbogen			
Aufnahme des Vorwissens (aus KiTa und vorherigen Klassen) (fachlich): Der Zahlenraum bis 100 ist im 2. Schuljahr behandelt worden. Die, in den Lehrplänen erwarteten Kompetenzen, sind im Allgemeinen erreicht worden.		Aufnahme des Vorwissens (aus KiTa und vorherigen Klassen) (sprachlich): Die dezimale Struktur unseres Zahlensystems ist den Kindern im Zahlenraum bis Hundert bekannt. Die Begriffe Einer, Zehner, Hunderter sind bekannt.	
Fachliche Lernziele: Die Schülerinnen und Schüler sollen bekannte Zahldarstellungen mit strukturiertem Material auf den erweiterten Zahlenraum übertragen. Die Kinder sollen Zahlenbilder in eine stellengerechte additive Zahlendarstellung übertragen. Die Kinder sollen die Wirkung von Veränderungen innerhalb der Stellentafel und einzelner Stellenwerte erkennen.		Sprachliche Lernziele: Die Mathematikwörter zur Zahlraumerweiterung bis 1000 werden fachlich sinnvoll genutzt und in unterschiedlichen Zusammenhängen angewendet.	
fachspezifisch und sprachliches Fachvokabular: siehe Wortspeicher zu den einzelnen Einheiten		Unterstützende Materialien/Medien: Alltagsmaterialien, Mehrsystemmaterial, Stellentafel, Wortspeicherplakate, Zahlenkarten	
Wichtige Satzstrukturen: siehe Wortspeicher zu den einzelnen Einheiten		Sinnvolle Aktivitäten, die Impulse geben für Sprachhandlungen: Rätsel in Partnerarbeit, Rätsel erfinden, Karteikarten erstellen, Bingo Fragen formulieren	
Differenzierungsangebote die kognitiv höhere Denkprozesse hervorrufen: Lernportfolio erstellen, Mathematikkonferenzen zu Entdeckungen im 1000-er Raum		Vertiefende sprachliche Übungen: Üben von Vorgangsbeschreibungen, Üben von zusammengesetzten Verben (Verbklammern)	
Abschlussstandortbestimmung (Lernzielüberprüfung): Eigenproduktion von Karteikarten und Rätseln Tabelle 1			

Scaffoldingprinzip – WEGE-Konzept – als Sprachfördermaßnahme

Nicht immer können wir, wie bei Ali, nachvollziehen, was unsere Schülerinnen und Schüler im Fachunterricht ausdrücken möchten. Den Kindern fehlen nicht nur Fachbegriffe, auch haben sie mit verschiedenen Stolperstellen der deutschen Sprache zu kämpfen. Neben Unsicherheiten beim Gebrauch des richtigen Artikels, des korrekten Kasus stellt auch der richtige Gebrauch der Präpositionen eine große Herausforderung dar. Die Nutzung einer Sprachförderung in vier Phasen hat sich für unsere Schülerinnen und Schüler als sehr effektiv erwiesen. Das WEGE-Konzept[8]:
Damit die Schülerinnen und Schüler ihre sprachlichen Kompetenzen kontinuierlich aufbauen können, durchlaufen sie folgende Phasen:
– (Gemeinsames) Erarbeiten der benötigten Fachbegriffe und Erstellung eines Wortspeichers
– Einschleif-Übungen zur sicheren Verwendung der erworbenen Fachbegriffe in einem engen inhaltlichen und sprachlichen Gerüst
– Ganzheitliche Übungen zu allen erworbenen Fachbegriffen in einem erweiterten inhaltlichen Kontext
– Anfertigung von Eigenproduktionen

Praxisbeispiel – methodische Umsetzung

Die Unterrichtsreihe ‚Wir erobern den Tausenderraum' gliedert sich in vier Einheiten:

1. Einheit: Wir schätzen, bündeln und zählen Alltagsmaterial

Die Einheit 1 beginnt äußerst handlungsorientiert mit dem Zählen von Kastanien. Nach dem Handeln (schätzen, bündeln, zählen) und der Klärung der Begriffe mit Anknüpfung an Bekanntes entsteht gemeinsam mit den Kindern der **Wortspeicher**:
Die Klärung des Begriffes ‚schätzen' sorgte für angeregte Diskussionen.
Kind 1: „Schätzen bedeutet, wir raten." Kind 2: „Nein, wir glauben."

W: Wortspeicher 1. Einheit:
Mathematikwörter und -sätze:
schätzen, ich schätze, ich habe geschätzt
bündeln, ich bündele, ich habe gebündelt
zählen, ich zähle, ich habe gezählt
die Kastanie, die Kastanien
die Holzperle, die Holzperlen
der Holzstab, die Holzstäbe
Zuerst haben wir die Anzahl der Kastanien geschätzt.
Danach haben wir die Kastanien gebündelt.
(10 Kastanien in einen kleinen Beutel und 10 kleine Beutel in einen großen Beutel)
Zuletzt haben wir die Kastanien gezählt.
unterstrichen = Mathematikwörter

---

8 (vgl. Verboom, Lilo: „Sprachförderung im Fach mit Plan", in: Grundschule Mathematik, Nr. 39, 4. Quartal 2013, S. 16-19)

Der gemeinsam erarbeitete Wortspeicher wird als Plakat ausgehängt. Es wird gemeinsam geklärt, warum diese Mathematikwörter für die Kinder von Bedeutung sind- für diese Unterrichtseinheit und darüber hinaus für Situationen des alltäglichen Lebens.

Der Arbeitsauftrag wird wiederholt und mit den erarbeiteten sprachlichen Mitteln begleitet. Zur Sicherung des Lernprozesses werden die Kinder am Ende der Stunde aufgefordert, den Prozess des Bündelns in ganzen, fachsprachlich korrekten Sätzen zu versprachlichen. Fehlerhafte Äußerungen werden unmittelbar gemeinsam oder von der Lehrperson sensibel korrigiert.

Abb. 2: (Foto: Kornelia Leleux)

Abb. 3: (Foto: Kornelia Leleux)

E: Einschleifübungen zur 1. Einheit:

Zur Sicherung der neuen Fachbegriffe sind für Kinder mit großen sprachlichen Problemen umfangreiche sprachliche Übungen notwendig. Mit den erarbeiteten Fachwörtern wurden Mathematiksätze gemeinsam gebildet, die das sprachliche Gerüst für die Vorgangsbeschreibung ergeben. Innerhalb dieses sprachlichen Gerüsts, trainieren die Kinder Sätze, die sie auch in anderen schulischen und alltäglichen Zusammenhängen verwenden können (vgl. Sätze im Wortspeicher). Dieses enge sprachliche Gerüst gibt den Kindern mit stark begrenzten fachsprachlichen Fähigkeiten die Chance zu wichtigen Erfolgserlebnissen zu kommen. Sie werden verstanden! Sie können Entdeckungen erklären! Diese Erfolgserlebnisse wirken sich sehr positiv auf die Lernmotivation und das mathematische Selbstbewusstsein aus.

2. Einheit: Wir zählen mit Mathematikmaterial

In der Einheit 2 benutzen wir nun ‚Mathematikmaterial': kleine Würfel (Einer), Zehnerstangen (Zehner), Hunderterplatten (Hunderter) und große Würfel (Tausender).
Der Zusammenhang zum Alltagsmaterial muss hergestellt werden, z.B. ein großer Beutel = eine Hunderterplatte.
Auch in dieser Einheit steht anfangs die Handlung im Vordergrund. Die Schülerinnen und Schüler bauen mit den Materialien und zählen dann die Anzahl der Objekte. Später werden sie dazu angehalten, mit dem Material strukturiert umzugehen.
Einer, Zehner und Hunderter werden wie in der Stellentafel angeordnet.(siehe Bild)

Abb. 4: (Foto: Kornelia Leleux)

W: Wortspeicher 2. Einheit:
Mathematikwörter und -sätze:
ein Einerwürfel – ein Einer
eine Zehnerstange – ein Zehner
eine Hunderterplatte – ein Hunderter
Ich habe _____ Hunderterplatten.
Ich habe _____ Zehnerstangen.
Ich habe _____ Einerwürfel.
Meine Zahl hat _____ Hunderterplatten, _____ Zehnerstangen und _____ Einerwürfel.
Wie heißt meine Zahl?
Der gemeinsam erarbeitete Wortspeicher wird als Plakat ausgehängt.

G: Ganzheitliche Übungen:
Nachdem die gemeinsam erarbeiteten Fachbegriffe und Satzmuster gesichert wurden, können die Kinder diese nun in unterschiedlichen Zusammenhängen anwenden. Es bieten sich verschiedene Übungsformen an. Neben dem Fehlersuchen, Rechenrätseln in Partnerarbeit, dem Heraussuchen richtiger Aussagen zu vorgegebenen Zahlen bietet das Ausfüllen von Lückentexten zeitgleich die Möglichkeit einer Lernstandserhebung.
Kind: „Meine Zahl hat 4 Hunderter, 6 Zehner und 8 Einer. Meine Zahl heißt vierhundertachtundsechzig." Dabei werden die Kinder dazu angehalten die Zahlwörter äußerst genau auszusprechen, auch als Vorbereitung auf die Inhalte der Einheit 3.

3. Einheit: Wir arbeiten mit der Stellentafel und lesen, sprechen und schreiben Zahlen

In der Einheit 3 steht die Partnerarbeit im Vordergrund. Immer wieder werden Übungen zum Lesen und Sprechen der Zahlen durchgeführt. Als Material werden Zahlenkarten (Einer, Zehner und Hunderter) in unterschiedlichen Farben benutzt, die aufeinandergelegt die Addition von Einern, Zehnern und Hundertern verdeutlichen. Weiterhin muss den Kindern bewusst werden, dass man Mathematik auch ‚hören' kann, z.B. dreihundertvierundsechzig. Wir hören die Einer, die Zehner und die Hunderter, sowie das wichtige Wort ‚und' als Wort der Addition.

Gemeinsam wird folgender Wortspeicher erarbeitet:

W: Wortspeicher 3. Einheit:
Mathematikwörter und -sätze:
die Zahlenkarten
eins, zwei, drei, vier, fünf, sechs, sieben, acht, neun
zehn, zwanzig, dreißig, vierzig, fünfzig, sechzig, siebzig, achtzig, neunzig
einhundert, zweihundert, dreihundert, vierhundert, fünfhundert, sechshundert, siebenhundert, achthundert, neunhundert
dreihundertsechs
dreihundertvierzig
dreihundertsechsundvierzig
Wir ordnen die Zahlen nach der Reihe.
Der gemeinsam erarbeitete Wortspeicher wird als Plakat ausgehängt.

E: Einschleifübungen:
Umwandlung von Stellenwert in Zahlenwort,
Zahlwörter lesen,
Zahlen und Zahlwörter schreiben,
Stellenwerttafel lesen/Zahlenrätsel mit der Stellenwerttafel,
Frage-Antwort Übungen: „Wie heißt meine Zahl?"

Abb. 5: (Foto: Kornelia Leleux)

4. Einheit: Wir verändern Zahlen in der Stellenwerttafel

In der Einheit 4 wird die Veränderung von Zahlen in der Stellentafel in den Vordergrund gestellt.
Eine Veränderung findet statt durch dazulegen, wegnehmen oder verschieben.

W: Wortspeicher 4. Einheit:
Mathematikwörter und -sätze:
die Stellenwerttafel,
das Plättchen, die Plättchen,
die Einerspalte, die Zehnerspalte, die Hunderterspalte,
verschieben, ich verschiebe, ich habe verschoben,
dazulegen, ich lege dazu, ich habe dazugelegt,

wegnehmen, ich nehme weg, ich habe weggenommen.
Meine Zahl heißt jetzt 223.
Ich **verschiebe** zwei Plättchen von der Zehnerspalte in die Einerspalte.
Meine Zahl heißt jetzt 205.
Ich **nehme** zwei Plättchen aus der Zehnerspalte **weg**.
Meine Zahl heißt jetzt 203.
Ich **lege** zwei Plättchen in der Hunderterspalte **dazu**. Meine Zahl heißt jetzt 423.

E: Eigenproduktion

Nach dem gemeinsamen Erarbeiten des notwendigen Fachwortschatzes (W: Wortspeicher) folgte das intensive sprachliche Training mit dem Wortmaterial (E: Einschleif-Übung) und das Anwenden in größeren sprachlichen und fachlichen Kontexten (G: Ganzheitliche Übungen). Nun sind die Kinder in der Lage mit den erworbenen fachlichen und sprachlichen Redemitteln eigene kleine Texte, Rätsel oder Rechengeschichten zu erstellen.

Im Folgenden eine Auswahl der erstellten Eigenproduktionen:

Karteikarte
Mathematikwort:
Wie heißen die Spalten in der Stellentafel bis zum Hunderter?

Karteikarte Rechenrätsel (dazulegen):
Meine Zahl heißt 323.
Ich lege 3 Plättchen in der Zehnerspalte dazu.
Wie heißt meine Zahl?

Karteikarte Rechenrätsel (verschieben):
Meine Zahl heißt 323.
Ich verschiebe 3 Plättchen von der Zehnerspalte in die Einerspalte.
Wie heißt meine Zahl?

Karteikarte Rechenrätsel (wegnehmen):
Meine Zahl heißt 323.
Ich nehme 3 Plättchen in der Zehnerspalte weg.
Wie heißt meine Zahl?

Angaben zu den Autorinnen

Alexandra Koch, BiSS Verbundkoordinatorin. A.Koch@gmx.com
Kornelia Leleux, Schulleiterin GGS im Dichterviertel Duisburg.
GGS.Kampstr@stadt-duisburg.de

Mario Merz und Astrid Rank

Macht die Mütze wirklich warm?
Förderung bildungssprachlicher Kompetenzen in Lernwerkstatt und Zoo

Does the cap really keep warm?
Promoting language skills in learning workshops

Zusammenfassung

Dieses Praxisbeispiel zeigt bildungssprachförderlichen Unterricht zum Thema Wärmelehre im Sachunterricht. Der zeitliche Umfang beträgt etwa fünf bis sechs Zeitstunden. In unserer Praxiserprobung wurden die Lernwerkstatt sowie der Lernort Zoo einbezogen. Der Unterricht verfolgt zwei grundsätzliche Ziele, zum einen die Vermittlung naturwissenschaftlicher, grundlegender physikalischer Kompetenzen im Bereich der Wärmelehre sowie bewusste Spracharbeit hinsichtlich des Registers Bildungssprache.

Abstract

This example shows how to support academic language as well as scientific content (thermodynamics). The class uses two locations: the learning laboratory and the zoo.

Worum geht es?

Ein komplexes physikalisches Thema (Wärmelehre) wird zunächst in der Lernwerkstatt mit Hilfe von Experimenten zugänglich gemacht. Bei einem Zoobesuch findet dann Transfer und Dekontextualisierung statt. Der Unterricht orientiert sich am Scaffolding nach Gibbons (2006). Dabei wird ein sprachliches Lerngerüst bereitgestellt. Das Lerngerüst steht als Metapher für eine Lernhilfe zur Aneignung sprachlicher Kompetenzen. Durch diese Methode wird eine Brücke von der Alltags- zur Bildungssprache für die Kinder konstruiert. Die Schülerinnen und Schüler nähern sich einem Lerngegenstand zunächst in der Alltagssprache. Als nächster Schritt findet die systematische Einführung die für den Lerngegenstand relevanten Begriffe und sprachlichen Mittel statt. Dabei wird zwischen macro-scaffolding (Modellierung des Unterrichts, diesen sprachförderlich planen) und dem micro-scaffolding (mündliche Interaktion im Unterricht) unterschieden. Außerdem verfolgt der Unterricht den Focus on Meaning Ansatz, bei dem sprachliches Lernen implizit vollzogen wird und der thematische Schwerpunkt im Vordergrund steht (vgl. Rösch & Rotter 2010, 217). Die Kinder erhalten in allen Phasen des Unterrichts sprachliche Unterstützung.

Kernaspekt des Beispiels bildet die Beantwortung der problematisierenden Frage: Macht die Mütze wirklich warm? (vgl. zu diesem Thema die ausführlichen Arbeiten von Archie 2014). Zur Beantwortung der Frage werden zunächst Experimente in der Lernwerkstatt mit Stationenarbeit an sechs Stationen durchgeführt, bei denen grundlegende Einblicke in die Wärmelehre erfahren werden. Jede Schülergruppe ist Expertengruppe für eine Station, kann aber aus Differenzierungsgründen auch andere Stationen bearbeiten. Im Anschluss an die Experimentierphase in der Lernwerkstatt erfolgt in der folgenden Stunde ein Zooaufenthalt, bei dem die wesentlichen von den Kindern gewonnenen Erkenntnisse auf die Wärmeregulationsfähigkeit von Säugetieren, Reptilien und Vögeln übertragen werden. Hier findet erneut eine Abschlusspräsentation statt, die den Zoobesuch mit den vorher durchgeführten Experimenten verknüpft.

Jede Phase des Unterrichts bietet somit sprachliche sowie naturwissenschaftliche Lernchancen. Ein allmählicher Wechsel vom alltäglichen Gebrauch der Sprache in den Kleingruppen hin zur Dokumentation und Präsentation der Arbeitsergebnisse in der Forscherkonferenz bildet die Brücke zur Bildungssprache. Ein Muster der Unterrichtsbausteine, angelehnt an die Phasen des Scaffoldings nach Gibbons, mit leicht abgewandelter Form, zeigt das folgende Schaubild (vgl. Abb. 1).

```
┌─────────────────────────┐
│        Phase 1          │
│                         │
│     Gruppenarbeit       │
│    Experimentieren      │
│                         │──── Lernwerkstatt
│        Phase 2          │
│  angeleitetes Berichten │
│ Geschehen rekonstruieren│
│       Reflexion         │
│   (micro-scaffolding)   │
├─────────────────────────┤
│        Phase 1          │
│     Gruppenarbeit       │
│      Tierstationen      │
│                         │──── Zoo
│        Phase 2          │
│  angeleitetes Berichten │
│       Reflexion         │
│   (micro-scaffolding)   │
└─────────────────────────┘
        (Phase 3)
```

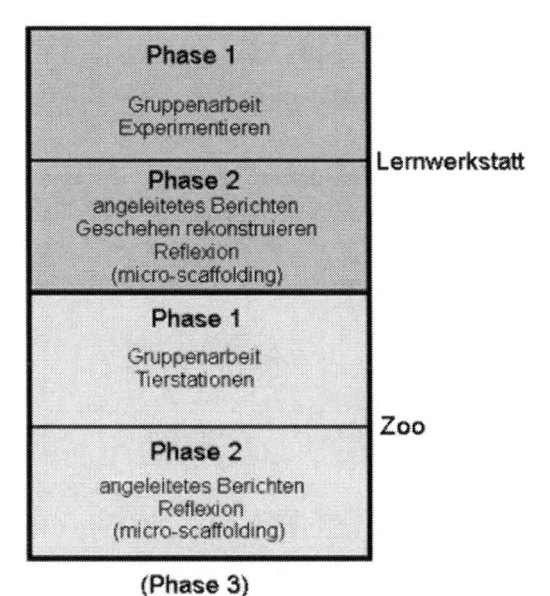

Abb. 1: Scaffolding-Gerüst

Methode und Arbeitsmaterial

Die Kinder erhalten durch die Konzeption des Arbeitsmaterials unterschiedliche sprachliche Unterstützung in Form von Forscherbuch, lexikalischen Hilfsmitteln, kleinen Sachtexten, Bildmaterial oder einem Glossar. Als Methode wurde das Experimentieren in Kleingruppen an sechs Stationen gewählt. Dies gewährleistet eine Auseinandersetzung in Alltagssprache innerhalb der Gruppe, auf die schließlich die Präsentation des Experiments und seiner Ergebnisse mit bildungssprachlichen Mitteln folgt. Ein Forscherbuch dient zur Dokumentation der Versuche, Vermutungen und Ergebnisse. Dort sind auch Leitfragen formuliert, um den Kindern einen besseren Zugang zur Thematik zu ermöglichen. Zusätzlich befinden sich im Forscherbuch Bilder zu den Stationen und es werden lexikalische Hilfsmittel angeboten, die bereits durch Tajmel (2010, 150) vorgeschlagen und auf ihre Wirksamkeit überprüft wurden (z.B. vorgegebener Wortschatz). Auf der letzten Seite befindet sich ein Glossar (vgl. Abb. 2) mit den wichtigsten Begriffen mit einer kleinen Abbildung.

Messung, *die* messen Mit dem Thermometer können wir die Temperatur der Luft messen. Die Messung der Temperatur.	Ablesen der genauen Temperatur mit Hilfe eines Thermometers.
Thermometer, *das*	Werkzeug zum Messen der Temperatur in C° (Grad Celsius). Thermometer gibt es in verschiedenen Formen, z.B. das Flüssigkeitsthermometer oder das Digitalthermometer.

Abb. 2: Glossar

Das Forscherbuch dient neben der Verschriftlichung von Gedanken, also der Dekontextualisierung von Sprache, auch der Ergebnissicherung sowie der Reflexion und gewährleistet Unterstützung beim Präsentieren der Ergebnisse. Die im Forscherbuch formulierten Leitfragen begleiten die Schülerinnen und Schüler im Rahmen des gesamten Projekttages. Beim Arbeitsmaterial werden sprachliche Hilfsmitteln, darunter beispielsweise Fachbegriffe, angeboten. Bei den einzelnen Stationen liegen Versuchsdurchführungsbeschreibungen aus. Auch der Versuchsaufbau wird als Bildkarte bei jeder Station präsentiert. Die Bildkarten sind mit Pfeilen und Begriffen versehen, die die relevanten Instrumente namentlich bezeichnen. Bei dieser Station finden sich Komposita zur näheren Bestimmung wie *Digitalthermometer, Metallplatten, Eiswasser* sowie *Styroporplatten* (vgl. Abb. 3):

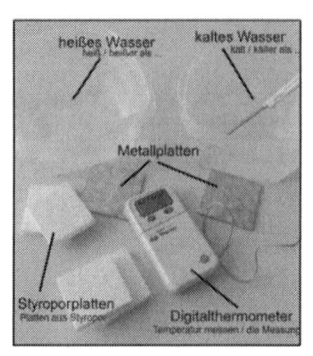

Abb. 3 : Stationsaufbau

Die Durchführung

Forschen in der Lernwerkstatt

Die Schülerinnen und Schüler werden in sechs Expertengruppen eingeteilt. An den Stationstischen liegen Kärtchen mit Versuchsaufbau, Versuchsbeschreibung und Bildmaterial mit lexikalischen Hilfsmitteln. Mittels der Leitfragen im Forscherbuch arbeiten die Kinder selbstständig. Jede Station behandelt Aspekte der Wärmelehre mit unterschiedlichen Experimenten. Sie ermöglichen den Kindern ähnliche Erfahrungen im Themenbereich. Hat eine Expertengruppe die Station abgearbeitet, kann sie einen weiteren Versuch bei einer anderen Station machen.

In der Experimentierphase tauschen sich die Kinder in ihrer alltäglichen Sprache (darunter auch nonverbale Hilfsmittel) in einem gemeinsamen Kontext aus. Es gibt sechs Stationen: Mütze/Isolation, Temperaturausgleich, Wärmeleitfähigkeit verschiedener Stoffe, Temperatur messen mit Thermometer, eigene Körpertemperatur messen und subjektives Temperaturempfinden (Unterrichtsmaterialien zur Wäremelehre findet man auf SUPRA o.J.). Anschließend findet die Reflexionsphase, die Forscherkonferenz, statt, bei der nun Dekontextualisierung stattfindet. Hier wird die Brücke nun von der Alltagsprache zur Bildungssprache geschlagen. Das Lerngerüst wird allmählich abgebaut, aber die Lehrkraft unterstützt die Kinder bei der adäquaten Formulierung des Versuchsaufbaus, Vermutungen, Beobachtungen und Ergebnisse. Um einen Einblick in das Experimentieren zu erhalten wird an dieser Stelle exemplarisch eine Station sowie die damit verknüpften Möglichkeiten sprachlicher Unterstützung näher beleuchtet.

Beispiel: Station 1 – Mütze

Diese Station behandelt im Wesentlichen den Kern der Thematik und besteht aus zwei kleinen Versuchen. Beim ersten Versuch werden zwei Wollmützen, zwei gleichgroße Gläser gefüllt mit heißem Wasser und zwei Thermometer verwendet. Die Temperatur wird gemessen und schließlich wird eines der Gläser mit einer Mütze abgedeckt. Die Kinder sollen sich untereinander mündlich beraten und vermuten, welches Wasserglas zuerst abkühlt. Schließlich führen sie mehrere Temperaturmessungen durch und notieren ihre Beobachtungen. Beobachtet wird, dass das Glas mit der Mütze langsamer abkühlt. Im zweiten Versuch wird je ein Eiswürfel auf einen Teller oder Eierbecher gelegt. Einer davon wird mit einer Mütze abgedeckt. So mag die Vermutung aufkommen, dass der Eiswürfel in der Mütze schneller schmilzt. Genau das Gegenteil kann dabei aber beobachtet werden.

Im zweiten Versuch verwenden die Kinder zwei möglichst gleichgroße Eiswürfel, die auf zwei Teller gelegt werden. Erneut wird eines davon mit einer Mütze abgedeckt und Vermutungen geäußert. Beobachtet wird, dass der Eiswürfel in der Mütze langsamer schmilzt, da Luft ein schlechter Wärmeleiter ist und diese in der Wolle der Mütze einen Temperaturausgleich verhindert. Beide Versuche zielen darauf ab zu zeigen, dass die Mütze nur die eigene Körperwärme isoliert. Nach den Beobachtungen können sich die Kinder am Hilfetisch einen kleinen Sachtext abholen, der das Phänomen erklärt und Begriffe wie Isolation einführt, die auch bereits auf der Forscherbuchseite als lexikalisches Hilfsmittel vermerkt sind.

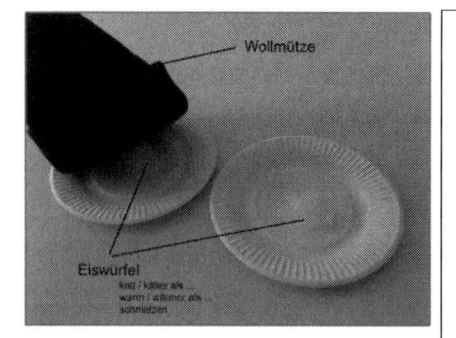

Station 1

Macht die Mütze warm?

Wichtige Begriffe:
Thermometer
messen / die Messung
Temperatur
Skala
°C (Grad Celsius)
Luft
Isolation

Aufgabe:
Messt die Temperatur des Wassers in beiden Glasbehältern und tragt sie in die Tabelle ein.
Führt weitere Temperaturmessungen des Wassers in regelmäßigen Abständen (ca. 1 Minute) durch.
Tragt die Temperatur in die Tabelle ein. Erklärt euch im Anschluss gegenseitig, was ihr herausfinden konntet

Versuch 1:

Glas ohne Mütze	Glas mit Mütze
Temperatur am Anfang (C°)	Temperatur am Anfang (C°)
Messung 1	Messung 1
Messung 2	Messung 2
Messung 3	Messung 3

Station 1

Aha!

In der Mütze befindet sich Luft. Diese kann entweder **warm** oder **kalt** werden. Der **Eiswürfel** sorgt dafür, dass die Luft in der Mütze etwas **kälter** wird. Gleichzeitig sorgt die Luft in der Mütze dafür, dass der Eiswürfel etwas **wärmer** wird. Die Luft und der Eiswürfel geben sich also gegenseitig etwas voneinander.

Die **erkaltete Luft** in der Mütze ist aber nun durch die Wolle der Mütze **eingesperrt**. Ein **Temperaturaustausch** mit der Luft außerhalb der Mütze dauert nun sehr viel länger. Dies wird **Isolation** genannt.

Hast du schon einmal einen Tee in einer Thermoskanne warm gehalten? Das funktioniert ganz genauso!

Abb. 4 : Station Mütze

Beispiele sprachlicher Herausforderungen der Station 1 (vgl. Abb. 4) für die Kinder zeigt die folgende Übersicht:

Wortebene	Fachbegriffe und Komposita	Glasbehälter, Temperaturmessungen, Abkürzungen *ca.* und °C, Wollmütze, Eiswürfel, Temperatur, Wärmeleiter, Isolation, isolieren, Temperaturaustausch, Thermoskanne
	Nominalformen	Temperaturmessungen, Wärmeleiter
	Operator sprachliche Handlungsweise	erklärt, messt, führt durch, tragt ein
Satzebene	Genitivattribute	Temperaturmessungen des Wassers, Temperatur des Wassers
	Schwierige Formulierungen	in regelmäßigen Abständen

Da nicht davon ausgegangen werden kann, dass die Kinder diese Begriffe alle kennen, werden lexikalische Hilfsmittel angeboten. Ein Sachtext erläutert die Begriffe, während sie im Glossar nachgeschlagen werden können. Bei der Präsentation müssen die Kinder explizit und präzise formulieren, da sie sich nicht mehr auf den gemeinsamen Kontext beziehen können. Dies erfordert ein hohes Maß an bildungssprachlichen Mitteln.

Zoobesuch

Jede Expertengruppe setzt sich im Zoo mit einem bestimmten Tier auseinander und vergleicht dabei die bei dem Experimentieren gewonnenen Erkenntnisse mit den Mechanismen der Wärmeregulation der Tiere. Untersucht werden die Tiere Dromedar, Wüstenfuchs, Ziege, Pinguin, Reptilien und Seelöwen. Auch Vögel und deren Wärmeregulation können im Winter gut thematisiert und beobachtet werden. Dadurch findet ein Transfer der vorher gelernten Thematik auf die Tierwelt statt. Jede Gruppe bekommt zunächst einen Tiersteckbrief, mit dem sie das Tier genau beobachten und dokumentieren sollen. An den Tiergehegen sind Informationstafeln angebracht. Diese sind aufgrund ihrer bildungssprachlichen Merkmale nicht leicht zu verstehen, die Kinder können daher auf das Glossar zurückgreifen. Zusätzlich werden ergänzende Seiten für das Forscherbuch ausgeteilt. Zu jeder Station findet sich ein kleiner Sachtext mit bildungssprachlichen Elementen und neuen lexikalischen Hilfsmitteln. Eine vereinfachte Zookarte mit eingezeichneten Stationen erleichtert die Orientierung. Wurde die Expertenstation bearbeitet, kann die Gruppe ein beliebiges weiteres Tier untersuchen.

Drittes und viertes Beispiel: Station Ziege und Reptilien

Ziege

Aufgabe:

Geht zum Gehege der Ziegen und Schafe. Ihr könnt die Tiere im Streichelgehege berühren!

Die Ziege ist ein Säugetier. Säugetiere tragen ganz verschiedene Haare am Körper. Die häufigste Form der Haare bildet das Fell. Dieses besteht aus einem isolierenden Unterfell und darüber liegenden Deckhaaren.

Versucht das Fell der Tiere ganz genau zu beschreiben. Wie fühlt es sich an? Wie sieht es aus?

Abb. 5: Forscherbuchseite Station Ziege

Die Aufgabe der Kinder ist es, das Fell der Ziege zu ertasten und zu beschreiben. Dabei wird eine Transferleistung vom Mützenversuch (und anderen Versuchen, z.B. Messen der Körpertemperatur) vollzogen, da hier dieselben Prinzipien zugrunde liegen (Fell isoliert eigene Körperwärme wie die Mütze). Bei den Reptilien sollen die Kinder die Temperatur des Terrariums und des Gebäudes, in dem sich die Reptilien befinden, wahrnehmen und beschreiben und Schlüsse darauf ziehen, weshalb diese Tiere eine warme Umgebung brauchen. Hinführend ist auch die Leitfrage, weshalb Eidechsen im Sommer gerne auf hellen Steinen in der Sonne sitzen. Der Mechanismus kann analog zum Versuch des Temperaturausgleichs betrachtet werden. Beim Bearbeiten der Station stoßen die Kinder auf Komposita wie *Unterfell, Deckhaare, wechselwarm, gleichwarm, Temperaturanpassung* oder auch *Körpertemperatur*, auf Fachbegriffe wie *Säugetier, Reptilien,* das Verb *regulieren,* sowie dem Begriff *Isolation,* die verstanden werden müssen.

Im Anschluss an die Arbeitsphase stellen die Expertengruppen ihre gesamte Dokumentation vor. Das sprachliche Lerngerüst geht hier ganz zurück, die Kinder sind auf ihre eigenen Protokolle angewiesen. Sie können sich nicht mehr auf unmittelbar Geschehenes beziehen (Experimente) und müssen sprachlich konkret und präzise formulieren. Sie nutzen das Forscherbuch dabei zu Hilfe. Jedes Gehege wird in der Großgruppe aufgesucht und von der jeweiligen Expertengruppe präsentiert (Tiersteckbrief, Lebensraum, Wärmeregulation und beschreiben, welche Experimente dies erklären können).

Fazit zum Praxisbeispiel

Das dargestellte Beispiel wurde zur Förderung bildungssprachlicher sowie naturwissenschaftlicher Kompetenzen konzipiert und erprobt. Dabei wurden aktuelle Befunde zur Bildungssprache einbezogen, wie dem Konzept des Scaffolding und dem FoM-Ansatz sowie dem Verwenden lexikalischer Hilfsmittel. Bei dem dargestellten Praxisbeispiel war der Unterricht hinsichtlich der Förderung von Bildungssprache erfolgreich. Die lexikalischen Hilfsmittel halfen den Schülerinnen und Schüler bei der Beschreibung der Durchführung und ihrer Ergebnisse. Begriffe wie *Isolation, Temperaturausgleich, Thermometer, usw.* sind bei der Reflexion gefallen und waren den meisten bekannt. So formulierte ein Schüler bei der Reflexionsphase, dass dieser zwar zunächst vermutete, dass die Mütze den Eiswürfel schneller schmelzen ließe, da diese den Eiswürfel warm macht. Schließlich beschrieb er aber, dass die Mütze die eigene Körperwärme in sich einschließt. Dies wurde dann von einer Schülerin um den Begriff *isoliert* ergänzt. Auch Versprachlichungen des Fühlens, Beschreibens und des Ablesens des Thermometers funktionierte sehr gut. Sind gewünschte Begriffe nicht gefallen, wurde im Sinne des micro-scaffoldings sprachliche Hilfestellung durch den Lehrer (oder durch andere Schülerinnen und Schüler) angeboten. Auch die Inhalte der Unterrichtseinheit waren den Kindern schließlich bekannt. Sie verstanden das Prinzip der Wärmeisolation und des Temperaturausgleichs und konnten dies auf das Fell der Tiere bzw. der Wärmeregulation von Reptilien übertragen und dies entsprechend sprachlich erläutern. Nach der letzten Unterrichtsphase könnte noch eine nächste Phase anknüpfen, bei dem die Kinder den Unterricht schriftlich reflektieren sollen (z.B. einen eigenen Sachtext formulieren, oder einen Bericht bzw. Reflexion schreiben) um noch einmal genau den sprachlichen Ertrag des Unterrichts zu diagnostizieren und ggf. weiter zu fördern. Dies bietet die höchste Form konzeptioneller Schriftlichkeit. Außerdem bietet sich die Methode des Kinderreports an. So konnte beispielsweise durch Hövelbrinks (2011, 27) aufgezeigt werden, dass die Effektivität beim Lernen bildungssprachlicher Merkmale deutlich höher ausfällt, wenn Kinder das zuvor gelernte am nächsten Tag noch einmal aufgreifen und wiederholen, anstelle dies am gleichen Tag zu tun. Ein sprachliches Lerngerüst bietet Chancen für alle Kinder. Nahezu jedes Lehrmaterial lässt sich hinsichtlich bildungssprachlicher Merkmale untersuchen und ohne viel Aufwand optimieren.

Literatur

Archie, C. (2014). Aufbau von fachdidaktischen Kompetenzen zur Gestaltung eines sprachsensiblen Sachunterrichts durch die Fortbildung `Macht die Mütze wirklich warm?`. Poster auf der Tagung der GDSU in Hamburg. https://www.uni-bamberg.de/fileadmin/ba2gp97/Poster/Poster_GDSU_24022014_Archie2.pdf (10.3.2015)

Gibbons, Pauline (2006). Unterrichtsgespräche und das Erlernen neuer Register in der Zweitsprache. In Mecheril, Paul/Quehl, Thomas (Hrsg.): Die Macht der Sprachen. Englische Perspektiven auf die mehrsprachige Schule. Münster: Waxmann, 269-290.

Hövelbrinks, Britta (2011). Sprachförderung im Kontext frühen naturwissenschaftlichen Lernens – Eine empirische Untersuchung zur Wirksamkeit von Förderstrategien. Zeitschrift für Grundschulforschung 2, 20-32.

Rösch, Heidi & Stanat, Petra (2011). Bedeutung und Form (BeFo): Formfokussierte und bedeutungsfokussierte Förderung in Deutsch als Zweitsprache. In Hahn, Natalia & Roelcke, Thorsten (Hrsg.): Grenzen überwinden mit Deutsch. Bd. 85. Göttingen: Universitätsverlag, 149-161.

SUPRA – Sachunterricht praktisch und konkret (o.J.): Lernfeld Natur & Technik. Warm – Kalt. http://www.supra-lernplattform.de/index.php/lernfeld-natur-und-technik/warm-kalt (10.03.2015)

Tajmel, Tanja (2010). Physikunterricht als Lernumgebung für Sprachlernen. In Knapp, Werner & Rösch, Heidi (Hrsg.): Sprachliche Lernumgebungen gestalten. Freiburg i. Breisgau: Fillibach, 139-154

Angaben zu den Autorinnen und Autoren

Mario Merz, Lehramtsanwärter Studienseminar Rohrbach, merz1619@uni-landau.de

Prof. Dr. Astrid Rank, Universität Regensburg, Lehrstuhl für Grundschulpädagogik und -didaktik, astrid.rank@ur.de

Carla Carnevale, Evelin Fuchs und Ulrike Haslinger

Sprachliche Schwierigkeiten und Methoden zum Aufbau bildungssprachlicher Kompetenzen im Fachunterricht

Language difficulties and methods to build language skills in subject-specific lessons

Zusammenfassung

Schülerinnen und Schüler müssen während ihrer Schullaufbahn die Chance erhalten, bildungs- und fachsprachliche Kompetenzen kontinuierlich aufbauen und weiterentwickeln zu können, wenn ihr Lernprozess erfolgreich sein soll. Welche sprachlichen Schwierigkeiten das Fachlernen behindern und mit welchen sprachsensiblen Lernhilfen und Methoden Lehrpersonen darauf reagieren können, wird im Folgenden anhand von Praxisbeispielen für die Grundschule und Sekundarstufe näher erläutert.

Die Ausführungen stützen sich auf bisherige Erkenntnisse und Materialien, die im Projekt „Sprachsensibler Unterricht" des Österreichischen Sprachen-Kompetenz-Zentrums (ÖSZ) im Auftrag des BMBF entstanden und auf der Plattform www.sprachsensiblerunterricht.at verfügbar sind. Vieles, was im folgenden Abschnitt zur Grundschule thematisiert wird, gilt auch für den Sekundarbereich.

Abstract

It is crucial for schools to provide opportunities for pupils to continuously develop their competences in both academic language (Bildungssprache) and language for specific purposes (Fachsprache) for a successful school career. This article explores with the help of examples of good practice from Grundschule (ISCED 1) and Sekundarstufe I (ISCED 2) the linguistic obstacles which hinder subject learning and language-sensitive learning methods which allow for teachers to minimize these obstacles.

Sprachliche Schwierigkeiten und sprachsensibles Agieren in der Grundschule am Beispiel des Mathematikunterrichts

Bildungssprache wird schrittweise aufgebaut und von der Grundschule bis zum Schulabschluss kontinuierlich abstrakter und komplexer, weil auch die Inhalte komplexer werden. Es ist daher sinnvoll, bereits in der Grundschule die Basis für einen sprachsensiblen Unterricht zu legen (vgl. im Folgenden ÖSZ-Praxisheft 22, 2014).

Die Schülerinnen und Schüler sind im Fach Mathematik sprachlich besonders gefordert, geht es doch darum, fachspezifisches Vokabular zu verstehen und sich anzueignen, Textaufgaben zu lösen und richtige Antworten zu formulieren, mathematische Aufgabenstellungen und Lösungswege zu diskutieren und zu beschreiben.

Sprachliche Herausforderungen in Mathematik zeigen sich im Bereich der Bildungssprache, wenn es darum geht, Begriffe wie *vermehren, vermindern, Ratenzahlung, durchschnittlich, unterschiedlich* etc. zu verstehen.

Die Fachsprache stellt eine weitere Schwierigkeit dar, wenn Schülerinnen und Schüler Begriffe wie *Quadrat, Parallelen, Seitenumfang, Fläche* etc. verstehen sollen, die in der Alltagssprache kaum bis gar nicht oder in einem anderen Zusammenhang verwendet werden. Aus diesem Grund müssen diese Vokabeln zum Lerngegenstand werden (vgl. Weis, 2013, 9ff.).

Lehrpersonen sollte ebenso bewusst sein, dass Alltagssprache in mathematischen Aufgabenstellungen auch einen Einfluss auf Verständnisschwierigkeiten im Fach haben kann. So könnten Wörter wie „groß" oder „klein" ein Problem werden, wenn die Frage lautet: „Welche Zahl ist größer bzw. kleiner?" Da kann es schon passieren, dass eine Schulanfängerin oder ein Schulanfänger ein Lineal in die Hand nimmt, um die Zahlen abzumessen. Dieses Kind versteht offenbar die Konzepte von „groß und klein", kann Zahlen aber noch nicht spontan mit Mengen verbinden. Es ist nicht auszuschließen, dass das Kind bisher sprachlich noch nicht gelernt hat, dass die Begriffe „groß" und „klein" sich auch auf Mengenangaben beziehen können.

Wörter, die in der Alltagssprache inhaltlich bekannt sind, bekommen in der Mathematik häufig eine andere Bedeutung und machen so Aufgabenstellungen für Kinder mit anderen Erstsprachen als Deutsch bzw. für Kinder mit sprachlichen Defiziten in Deutsch schwieriger oder unlösbar (z.B. *Winkel, Bruch*).

Als ebenso problematisch erweisen sich Wörter, die es zwar in der Alltagssprache gibt, die aber nicht so häufig vorkommen und doch in verschiedenen Mathematikbüchern der Grundschule zu finden sind, z.B. *Wechselgeld, Obststeige, Kleingartenanlage, Straßenmusikant, Flächeninhalt, Besitzerfamilie* etc.

Aus diesem Grund ist es wichtig, alle Sprachebenen (Alltagssprache, Bildungssprache, Fachsprache) ausreichend zu fördern und alle notwendigen sprachlichen Mittel zusammen mit den mathematischen Fachinhalten zu thematisieren. Der Leitsatz „Jeder Unterricht ist auch Sprachunterricht" sollte auch im Mathematikunterricht, der bisher in geringem Ausmaß unter dem Aspekt der Sprachförderung wahrgenommen wurde, berücksichtigt werden.

Im Folgenden einige Praxisbeispiele von sprachlichen Schwierigkeiten mit Wörtern aus der Alltagssprache aus dem Unterricht für Grundschülerinnen und Grundschüler mit anderen Erstsprachen als Deutsch:

Sprachliche Schwierigkeiten und Methoden zum Aufbau

Praxisbeispiel 1
Textaufgabe in einer Lernzielkontrolle, 3. Schulstufe:

> Bauer Müller hat 60 Birnen geerntet. In jede Steige packt er 7 Birnen.
> a) Wie viele Steigen kann er füllen?
> b) Bleiben Birnen übrig?

Der Text wurde anschließend mit den Kindern besprochen. Folgende Probleme tauchten auf:
- Wörter, die den meisten Kindern nicht klar waren: geerntet, Steige, Steige füllen.
- Das Wort „Steige" hatten die Schülerinnen und Schüler noch nie gehört, es war ihnen völlig unbekannt.

Die Lehrerperson bringt eine Schachtel, eine Kiste und eine Dose mit in den Unterricht, um die Unterschiede dieser Behälter sichtbar zu machen. Sie füllt die Kiste (Steige) mit Äpfeln und erklärt so die Aufgabenstellung. Die mitgebrachte Dose und die Schachtel wurden mit Glassteinen gefüllt – somit konnte das Verb „füllen" anschaulich erklärt und verständlich gemacht werden.
Es würde den Schülerinnen und Schülern oft schon helfen, wenn für wenig(er) bekannte Wörter gängigere Vokabel verwendet werden, ohne dass dabei die Aufgabenstellung inhaltlich geändert werden muss. Eine Hilfestellung stellen auch Bilder oder Grafiken dar, die z.B. eine „Steige" visualisieren.

Praxisbeispiel 2
Aussage im Unterricht: „Ein Kind hebt etwas vom Sparbuch ab."

Probleme:
Das Wort „abheben" war für viele Schülerinnen und Schüler nicht verständlich. Erklärungen für dieses Wort gab es viele, so z.B. „wegnehmen" im Sinne von subtrahieren bis „etwas stehlen". Ebenso interessant war eine Erklärung für das Wort „verteilen" in der Aussage „Opa verteilt 12 Äpfel". Ein Schüler meinte: „In der Stadt Zettel am Baum aufhängen" (Begriff aus der Alltagssprache „Zettel verteilen").
Auch hier konnte die Lehrerperson den Begriff „teilen" mit den Schülerinnen und Schülern durch anschauliches Tun klären. Sie nahm eine Tafel Schokolade, die geteilt und anschließend verteilt wurde. Schülerinnen und Schüler könnten selbst Dinge (z.B. Äpfel, Bananen etc.) teilen und anschließend verteilen.
Diese Beispiele zeigen, dass Wörter oder Begriffe, die für Lehrpersonen völlig „normal" sind, Schülerinnen und Schülern Probleme bereiten können. Umso wichtiger erscheint es, dass sich Lehrpersonen darüber bewusst sind, dass Kinder mit Wortschatz, Deklinationen, zusammengesetzten Hauptwörtern (Startnummer, Zahlenstrahl etc.), Verben – vor allem trennbaren Verben (z.B. abzählen – ich zähle ab, aufkleben – ich klebe auf) Passivkonstruktionen (z.B. „es wird dividiert") und Präpositionen (z.B. „der Bauer gibt je 7 Birnen in die Steige; nach Bosnien; in die Türkei; auf die Malediven") und Satzbau (z.B. Nebensätze) Probleme haben können. Oft können aus diesem Grund Aufgaben nicht gelöst werden und nicht deshalb, weil die Schülerinnen und Schüler einen Rechengang nicht verstehen würden (vgl. Weis, 2013, 9ff.).

Wie können Sie diesen sprachlichen Schwierigkeiten in Ihrem Unterricht begegnen bzw. was können Sie ohne großen Aufwand tun, um Ihre Schülerinnen und Schüler – unabhängig vom Fach – sprachlich zu unterstützen? Die folgenden Empfehlungen sollen Ihnen dabei eine Orientierung bieten (vgl. im folgenden Folder „Sprachsensibler Unterricht in der Grundschule" o.J. des ÖSZ)

TIPPS für einen sprachsensiblen Unterricht

Selbst Sprachvorbild sein und sprachsensibel agieren
- Reduzieren Sie Ihr Sprechtempo.
- Achten Sie auf eine deutliche Aussprache, Hochsprache — reduzieren Sie Idiome (Redearten, Mundart, Dialekt).
- Setzen Sie gehobene Standardsprache und fachsprachliche Strukturen gezielt ein.
- Verlangen Sie in der Alltagskommunikation nicht immer ganze Sätze, z.B. Lehrperson: „Wohin gehst du?" Kind: „Aufs Klo." Lehrperson: „Sag das in einem ganzen Satz".
- Unterstützen Sie Ihr sprachliches Handeln durch Körpersprache, Gestik und Mimik.

Zur Sprachproduktion ermutigen
- Sehen Sie die mitgebrachten sprachlichen Fähigkeiten der Schülerinnen und Schüler positiv und beziehen Sie auch die Erstsprachen der Kinder mit ein, z.B. beim Erklären von Fremdwörtern oder Fachbegriffen.
- Korrigieren Sie Schülerinnen und Schüler behutsam, indem Sie sprachlich fehlerhafte Aussagen korrekt wiederholen.
- Lassen Sie die Schülerinnen und Schüler aussprechen und unterbrechen Sie ihre Denkprozesse nicht, da sonst der Fokus des jeweiligen Kindes sofort von der Sachebene auf die Sprachebene wechselt. Schülerinnen und Schüler können ihre Gedanken nicht zu Ende denken oder nicht verbalisieren, weil sie Angst haben, sprachliche Fehler zu machen.

Den Unterricht kompetenzorientiert planen
- Formulieren Sie inhaltliche Ziele einer Stunde, um eine Kompetenz aufzubauen.
- Legen Sie Methoden und Organisationsformen fest, mit denen Sie diese Ziele erreichen möchten.
- Berücksichtigen Sie die sprachlichen Anforderungen, die sich für die Schülerinnen und Schüler ergeben, um erfolgreich am (Fach-) Unterricht teilnehmen zu können: Fachvokabular, Satzstrukturen/Phrasen.
- Stellen Sie Lernhilfen (Scaffolds, wie z.B. Bilder, Plakate, Kärtchen, Tabellen, grafische Darstellungen und Redemittel zur Verfügung.
- Stellen Sie Materialien her, die die Kinder kognitiv und sprachlich fordern.
- Wählen Sie geeignete Sozialformen, die den Kindern ausreichend Sprechzeit ermöglichen, um neue sprachliche Elemente zu üben bzw. schon Bekanntes einzubeziehen und zu wiederholen: Partnerarbeit, Gruppenarbeit, Spiele, Stationenbetrieb mit differenziertem Lernmaterial.
- Lassen Sie die Erstsprache in bestimmten Phasen des Unterrichts, z.B. Gruppenarbeit, Partnerarbeit, zu.

Sprachliche Schwierigkeiten und Methoden zum Aufbau

- Machen Sie Kinder mit ihnen unbekannten Gegenständen, Tieren, Pflanzen und Lebensmitteln etc. vertraut, bevor Sie Aufgabenstellungen dazu bearbeiten.

Lernunterstützende Zusatzmaterialien einsetzen und alle Sinne der Kinder ansprechen

- Praktisches, taktiles Material (Spielsteine, Mikroskop etc.); ladet zum Hantieren ein, reduziert komplexe sprachliche Anforderungen. Realien (Blätter, Gemüse, Obst, Behälter und Geräte für Experimente etc.) ermöglichen es den Schülerinnen und Schülern, einen Bezug zu ihrer eigenen Umwelt herzustellen.
- Grafische Darstellungen (Tabellen, Diagramme etc.) unterstützen Schülerinnen und Schüler dabei, Begrifflichkeiten zu verstehen und Inhalte zu strukturieren.
- Interaktive Lernprogramme unterstützen eigenständiges Lernen, z.B. Rechercheaufträge zu einem Thema.
- Neue Medien (Notebook, Handy, Tablets) können mit ihren Apps gezielt für sprachliche Kommunikation genützt werden.
- Bücher (Sachbücher, Bilderbücher) auf Tonträger gesprochen, unterstützen Schülerinnen und Schüler sowohl inhaltlich als auch sprachlich.

Sprachsensible Aufgabenstellungen formulieren

- Formulieren Sie Arbeitsaufträge und Erklärungen kurz und prägnant. Setzen Sie Verben an den Anfang – v. a. bei schriftlichen Arbeitsaufträgen.
- Vermeiden Sie Schachtelsätze.
- Geben Sie pro Satz nur einen Arbeitsauftrag.
- Legen Sie eine kurze Pause zwischen den Sätzen ein, damit deren Inhalte verarbeitet werden können.

Sprachhilfen (Scaffolds) einsetzen

- Redemittel wie Satzanfänge, Wortboxen, Satzhälften, Nomen mit Artikel etc.)
- Lernplakate, z.B. zu den Grundrechnungsarten
- Unterschiedliche Darstellungsformen (Bild, Grafik, Symbol etc.) zur Unterstützung des sprachlichen und fachlichen Lernens
- Wortsammlungen zu verschiedenen Themenbereichen
- Mitsprechen beim Vorzeigen bzw. Sprechen (Körpersprache)
- Schülerinnen und Schüler bei Handlungen sprechend begleiten.
- Adaptieren Sie ggf. Texte
- Nicht alles sprachlich vereinfachen, sondern sprachliche Hilfen zur Verfügung stellen, damit Sach- und Textkompetenz gefördert werden.

Sprachliche Schwierigkeiten und sprachsensible Methoden in der Sekundarstufe

In der Sekundarstufe wächst die Komplexität der sprachlichen Strukturen und Inhalte. Beispiele dafür sind: (Carnevale/Wojnesitz 2014, 8f.)
- Adjektive: *leitfähig, farblos, brennbar, elektronenreich, kreisförmig*
- Mehrwortkomplexe: Massentierhaltung, *Zylinderkopfmutter, Blutsenkgeschwindigkeit*

- Viele trennbare Verben: *absenken (sinkt ab), überleiten (leitet über), umwandeln (wandelt um)*
- Komplexe Attribute (Beifügungen):
  – *Der vorfristig beendete genehmigungspflichtige Vorgang*
  – *Der in den Nebenzellen abgesonderte zähe Schleim*
  – *Viele der reich verzierten präviktorianischen und heute noch gut erhaltenen Gebäude*
- Fachsprachliche Wendungen: *Magnesium reagiert mit … zu* (Chemikersprache)
- Nominalisierungen (Hauptwörter anstelle von Verben): *Mit dem Zusatz von*

Schülerinnen und Schüler mit sprachlichen Problemen vermischen Alltags-, Fach- und Bildungssprache, suchen nach (Fach-)Begriffen, haben einen begrenzten (Fach-)Wortschatz, geben einsilbige Antworten, vermeiden ganze Sätze und haben Schwierigkeiten beim Lesen von Fachtexten (Leisen, 2013, 27).

TIPPS für den Umgang mit sprachlichen Schwierigkeiten

Im Folgenden finden Sie Hinweise für mögliche Gegenstrategien bei spezifischen sprachlichen Problemen im Fach: (Carnevale/Wojnesitz 2014, 12f.):

Vermischen von Alltags- und Bildungssprache
- Von Beginn an selbst konsequent und gezielt Bildungssprache verwenden und den Schülerinnen und Schülern klar kommunizieren, dass Bildungssprache bei Referaten, Wiederholungen und Prüfungen zu verwenden ist.
- Alltagssprache und ggf. Dialekt bewusst einsetzen, z.B. bei Klärung von Fachwörtern – dabei auch Unterschiede zwischen Fachsprache und Umgangssprache thematisieren. Beispiel: In der Biologie steht das alltagssprachliche Wort ›Verkühlung‹ für unterschiedliche Formen eines Infekts.
- Beim Besprechen von Begriffen aus Alltags- und Umgangssprache bietet sich Gelegenheit, die Erstsprachen der Schülerinnen und Schülr miteinzubeziehen. Beispiel: Für ›Kartoffel‹ wird in manchen Teilen Österreichs noch der Begriff *krumbirn* verwendet. Im Kroatischen heißt es ebenfalls *krumpir*. Im Türkischen *patates*, was wiederum u.a. zur englischen Form führt. Dazu müssen Fachlehrerinnen und Fachlehrer keine Expertinnen und Experten für Mehrsprachigkeit sein, sondern nur googeln oder ihre Schülerinnen und Schüler fragen.

Einen begrenzten Fachwortschatz haben
- Fachwörter und fachspezifische Strukturen im Unterricht zur Verfügung stellen und üben (z.B. durch Lernplakate, Wortlisten, Formulierungshilfen, Satzmuster).
- Das Umschreiben von Sachinhalten üben, z.B. mit Wortgeländern, Zuordnungsaufgaben
- Vokabelheft führen lassen, darin nicht nur Einzelwörter, sondern auch einen Beispielsatz formulieren, damit ein Kontextbezug entsteht.
- Glossare in Schulbüchern nützen. Sie könnten auch über Moodle von den Schülerinnen und Schülern gemeinsam erstellt werden und sich kontinuierlich erweitern.
- Im Internet mit konkreter Aufgabenstellung gezielt recherchieren lassen und vorab klären, wie man seriöse Informationen aus dem Web findet und übernimmt.

Einsilbige Antworten und Vermeiden ganzer Sätze
- Ein positives und ermutigendes Lernklima schaffen.
- Genug Zeit zum Beantworten einer Frage geben > 3-5 Sekunden im Unterrichtsgespräch.
- Redemittel zur Verfügung stellen.

- Durch schüleraktive Unterrichtsformen den Sprechanteil der Schülerinnen und Schüler erhöhen.
- Neu eingeführte Strukturen nicht nur mündlich, sondern auch mit Schreibaufträgen üben und festigen. Sobald man in seinem Fach schriftliche Lernzielkontrollen durchführt, müssen die Schülerinnen und Schüler Gelegenheit haben, sich mit dem Fachinhalt schriftlich auseinanderzusetzen, denn das Schreiben fördert die Wissensaneignung, gibt Gelegenheit zur Reflexion der Fachinhalte und festigt die bildungssprachlichen Strukturen und Fachbegriffe.

Die Methode des Scaffolding in der Sekundarstufe

Die Methode des „scaffolding" unterstützt den Aufbau von Bildungssprache und ermöglicht im Unterricht eine Differenzierung (vgl. im Folgenden ÖSZ-Praxisheft 23, 2014, 14). Das englische Wort „scaffold" bedeutet „(Bau)gerüst"; gemeint ist in unserem Kontext die Unterstützung von Lernprozessen mittels Bereitstellung sprachlicher Hilfen durch die Lehrperson, z.B. Wortlisten, Erklärungen, Bildimpulse. Gelingt ein Kompetenzzuwachs, entfernt die Lehrperson das „Gerüst" schrittweise wieder (vgl. Kniffka, 2010; H.-J. Roth, 2007). Beim „scaffolding" geht es auch darum, den Schülerinnen und Schülern einen „intellektuellen Schub" zu geben, der ihnen erlaubt, sich weiterzuentwickeln und in eine nächsthöhere Stufe ihrer sprachlichen und fachlichen Entwicklung zu kommen (Kniffka 2010, 4). Die Kunst der Lehrperson besteht darin, Schülerinnen und Schüler weder zu unter- noch zu überfordern. Daher ist eine Vereinfachung von Fachtexten nicht immer zielführend. Um die unterschiedlichen Voraussetzungen der Schülerinnen und Schüler zu berücksichtigen, ist eine Differenzierung empfehlenswert. Mit sogenannten gestuften Lernhilfen ist dies gut möglich.

Aufgabenbeispiel Druckmesser

In Josef Leisens Handbuch „Sprachförderung im Fach" (2013, Grundlagenteil, 208f.) findet sich ein Aufgabenbeispiel, in dem Schülerinnen und Schüler einen Druckmesser beschreiben sollen. Damit sie die Aufgabe erfüllen können, erhalten sie je nach ihrem Sprachvermögen unterschiedliche Hilfestellungen in Form von Formulierungshilfen, Wortlisten, einem Strukturdiagramm, einer Skizze (unbeschriftet oder beschriftet). Mit diesen Hilfen kann die Lehrperson gestuft eine sehr starke (Stufe 5) bis schwache Unterstützung (Stufe 1) geben.

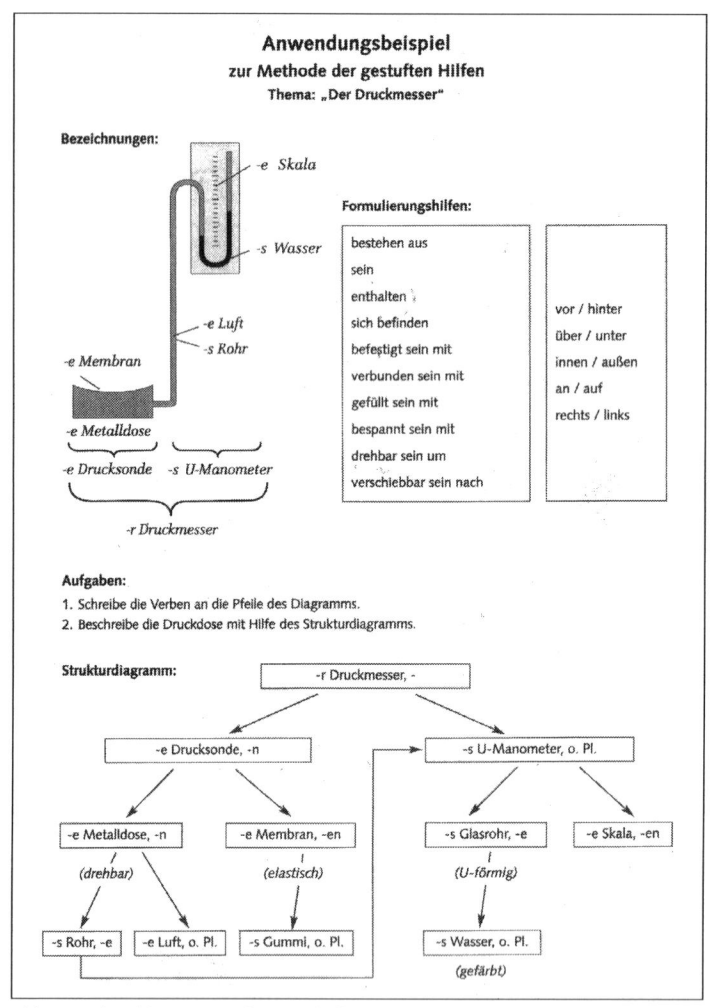

**Anwendungsbeispiel
zur Methode der gestuften Hilfen
Thema: „Der Druckmesser"**

Bezeichnungen:
- -e Skala
- -s Wasser
- -e Luft
- -s Rohr
- -e Membran
- -e Metalldose
- -e Drucksonde
- -s U-Manometer
- -r Druckmesser

Formulierungshilfen:
- bestehen aus
- sein
- enthalten
- sich befinden
- befestigt sein mit
- verbunden sein mit
- gefüllt sein mit
- bespannt sein mit
- drehbar sein um
- verschiebbar sein nach

- vor / hinter
- über / unter
- innen / außen
- an / auf
- rechts / links

Aufgaben:
1. Schreibe die Verben an die Pfeile des Diagramms.
2. Beschreibe die Druckdose mit Hilfe des Strukturdiagramms.

Strukturdiagramm:
- -r Druckmesser, -
  - -e Drucksonde, -n
    - -e Metalldose, -n (drehbar)
      - -s Rohr, -e
      - -e Luft, o. Pl.
    - -e Membran, -en (elastisch)
      - -s Gummi, o. Pl.
  - -s U-Manometer, o. Pl.
    - -s Glasrohr, -e (U-förmig)
      - -s Wasser, o. Pl. (gefärbt)
    - -e Skala, -en

Abb. 1: Arbeitsblatt zu gestuften Lernhilfen in: Leisen (2013, Grundlagenteil, 209)

- Hilfe 5 (sehr stark):
  Mit diesem Arbeitsblatt (Abb. 1) erhalten die Schülerinnen und Schüler die Fachbegriffe inkl. Artikeln und Pluralendungen. Sie erhalten auch Formulierungshilfen und ein Strukturdiagramm. In einem ersten Schritt werden die Pfeile des Diagramms mit den passenden Verben aus den Formulierungshilfen beschriftet.
- Hilfe 4:
  Die Schülerinnen und Schüler erhalten dasselbe Arbeitsblatt wie in Hilfe 5, aber mit sprachlichen Veränderungen: z.B. können weniger Formulierungshilfen angegeben werden, im Strukturdiagramm nicht alle Begriffe genannt sein.
- Hilfe 3:
  Die Schülerinnen und Schüler erhalten in einem Umschlag Kärtchen mit den einzelnen Begriffen und müssen das Strukturdiagramm selbst legen. Dadurch erhöht sich der fach-

liche Anspruch und die Schülerinnen und Schüler können in Gruppen oder zu zweit arbeiten.
- Hilfe 2: Die Schülerinnen und Schüler erhalten die Geräteskizze mit Bezeichnungen. Dabei Fachbegriffe immer mit Artikel angeben – für DaZ-Lernerinnen und Lerner wichtig.
- Hilfe 1: Die Schülerinnen und Schüler erhalten die Geräteskizze ohne Beschreibungen.

Gestufte Lernhilfen können den Schülerinnen und Schülern als Angebot zur Verfügung gestellt werden und sie entscheiden selbst, welche Hilfen sie brauchen oder die Lehrperson teilt die Hilfen individuell aus, was voraussetzt, über die sprachlichen Bedarfe der Schülerinnen und Schüler Bescheid zu wissen.

Gestufte Lernhilfen vermeiden, dass Schülerinnen und Schüler in Sprachnot geraten, helfen, den Wortschatz zu üben, fördern die mündliche wie schriftliche Kompetenz und eignen sich besonders in heterogenen Lerngruppen.

Wenn wir davon ausgehen, dass der Erwerb bildungssprachlicher Kompetenzen in allen Lernbereichen und Fächern Eingang finden muss, sind alle Lehrerinnen und Lehrer dazu aufgerufen, ihren Unterricht sprachsensibel zu gestalten und die vorhandenen sprachlichen Ressourcen der Schülerinnen und Schüler optimal zu nützen. Dafür sind sie jedoch meist (noch) nicht ausgebildet. Pädagogische Hochschulen und das ÖSZ bieten für Fachlehrerinnen und Fachlehrer, die keine Sprachlehrerinnen und Sprachlehrer sind, Fort- und Weiterbildungsangebote in Form von Seminaren, SCHILFs und Lehrgängen. Nähere Infos und weitere Praxismaterialien unter www.sprachsensiblerunterricht.at.

Quellennachweis

Alle Links abgerufen am 7.4.2015

Grundschule

- Österreichisches Sprachen-Kompetenz-Zentrum (2014). Sprachsensibler Unterricht in der Grundschule – Fokus Mathematik. (ÖSZ Praxisreihe Heft 22). Graz. http://oesz.at/sprachsensiblerunterricht/UPLOAD/Praxisreihe_22_FINAL_WEB.pdf.
- Österreichisches Sprachen-Kompetenz-Zentrum (2014). Folder Sprachsensibler Unterricht in der Grundschule. Kann in Print gratis in Schulteamstärke beim ÖSZ angefordert werden. http://oesz.at/sprachsensiblerunterricht/FOLDER/Folder_SprachsensiblerUnterricht_Grundschule_2014_druck_fa.pdf.
- Weis, I. (2013). Sprachförderung PLUS Mathematik: Förderbausteine für den Soforteinsatz im Mathematikunterricht. Stuttgart: Klett.

Sekundarstufe

- Beese, Melanie et al. (2014). Sprachbildung in allen Fächern. München: Klett. (deutsch lehren lernen.16. Fort- und Weiterbildungsreihe des Goethe-Instituts) Carnevale, Carla, Wojnesitz, Alexandra (2014). Sprachsensibler Fachunterricht in der Sekundarstufe. Grundlagen – Methoden – Praxisbeispiele. (ÖSZ Praxisreihe Heft 23). Graz. http://www.oesz.at/sprachsensiblerunterricht/UPLOAD/Praxisreihe_23web.pdf.
- Leisen, Josef (2013). Handbuch Sprachförderung im Fach. Sprachsensibler Fachunterricht in der Praxis. Stuttgart: Klett.

- Kniffka, G. (2010). Scaffolding. Univ. Duisburg Essen: ProDaZ. https://www.uni-due.de/imperia/md/content/prodaz/scaffolding.pdf
- Österreichisches Sprachen-Kompetenz-Zentrum (o.J.). Folder Sprachsensibler Unterricht in der Grundschule. Kann in Print gratis in Schulteamstärke beim ÖSZ angefordert werden. http://www.oesz.at/sprachsensiblerunterricht/FOLDER/Folder_Sprachsensibler Unterricht_Grundschule_2014_druck_fa.pdf
- PLATTFORM des ÖSZ: www.sprachsensiblerunterricht.at

Angaben zu den Autorinnen

Dr. Carla Carnevale, Österreichisches Sprachen-Kompetenz-Zentrum (ÖSZ)
carnevale@oesz.at

Dr. Ulrike Haslinger, Österreichisches Sprachen-Kompetenz-Zentrum (ÖSZ)
haslinger@oesz.at

Evelin Fuchs, Kirchliche Pädagogische Hochschule Graz
evelin.fuchs@kphgraz.at

Madeleine Strauss
Über die ganz kleinen Schritte

Baby steps

Zusammenfassung

Denken erfolgt über die Sprache, Verstehen ebenso. Für die Qualität des Fachunterrichts ist es notwendig, dass Schülerinnen und Schüler Strategien und Methoden kennen, die es ihnen ermöglichen, auch schwierige Sachverhalte zu verstehen, zu vernetzen und zu reflektieren. Der Weg dazu kann nur über Sprachkompetenz führen. Das heißt, dass auch im naturwissenschaftlichen Unterricht wie auch im Mathematikunterricht mit und an der Sprache gearbeitet werden muss. Schülerinnen und Schüler müssen in allen Gegenständen lernen, wie man schwierige Texte erschließen kann (Lesestrategien) und wie unterschiedliche Texte verfasst werden (Schreibkompetenz). Die Erfahrung der Autorin mit einem IMST-Projekt und die jahrelange Arbeit im Team mit einer Mathematik-Kollegin hat gezeigt, dass dies vor allem anhand praxisorientierter Unterrichtsbeispiele, wie sie im folgenden Artikel vorgestellt werden, erfolgreich geschehen kann.

Abstract

In this field report, I describe IMST (Innovation macht Schulen top [Innovation builds excellence in schools]) project at an Austrian school, called "Eine gemeinsame Sprache finden" (Finding a common language). Together with the project team, we aimed to inform all colleagues about different strategies for engaging with factual texts, and to find common criteria for assessment. The team soon realized that encouraging teachers to look beyond their own subject matter and focus on language is not an easy task. It became clear that it is important to take "baby steps" instead of launching too ambitious projects.

Einleitung

Spätestens seit der Einführung der Bildungsstandards und der Neuen Reifeprüfung ist der sprachsensible Fachunterricht politischer Wille und wichtiges Element der Bildungspolitik. Von der theoretischen Festlegung von Richtlinien – selbst wenn sie in Form von Verordnungen und Gesetzen erfolgt – hin zur Praxis an den Schulen führt jedoch ein mühsamer, steiler Weg.

Hier geht es in erster Linie um die Schaffung eines neuen Bewusstseins bei Lehrerinnen und Lehrern und dies ist, wie die Erfahrung gezeigt hat, die schwierigste Aufgabe, die man im Bildungssystem in Angriff nehmen kann. So gibt es beim österreichischen Sprachkompetenzzentrum zwar eine Broschüre zu dem Thema (Carnevale, Wojnesitz. Sprachsensibler Fachunterricht 2014) und auf der Homepage des Ministeriums findet sich ein Hinweis auf einen entsprechenden Folder (OESZ. Sprachsensibler Unterricht. 2013). Diese Angebote sind allerdings nur wenigen Unterrichtenden bekannt und werden daher kaum genutzt.
Dennoch ist es notwendig, dass Kolleginnen und Kollegen aller Fächer Verantwortung für die Entwicklung von schriftlicher und mündlicher Sprachkompetenz übernehmen.

> „Im sprachsensiblen Fachunterricht liegt der Fokus darauf, gezielt und geplant die sprachliche Handlungsfähigkeit der Lerner im jeweiligen Fach zu fördern. Das bedeutet, dass sich die Lehrkraft auch um Spracharbeit und Sprachentwicklung kümmern muss." (Leisen 2013. S. 29)

Schülerinnen und Schüler sollen ihr Leben lang über Sprache als Kommunikationsmittel verfügen, mit dem sie kompetent, das heißt bewusst und an verschiedene Situationen, Intentionen und Adressaten angepasst umgehen können. Das muss Ziel **jedes** Unterrichts sein!

Eine gemeinsame Sprache finden

Die Entwicklung eines sprachsensiblen Fachunterrichts ist langwierig und mühevoll. Das hat sich auch bei einem IMST-Projekt unter dem Titel „Eine gemeinsame Sprache finden" am BG. u. BRG. St. Martinerstraße in Villach gezeigt. Hier wurden die zahlreichen Hindernisse und Schwierigkeiten sichtbar, mit denen derartige Initiativen konfrontiert sein können. Abgesehen von organisatorischen Problemen haben sich Bedenken und Ängste von Kolleginnen und Kollegen als beinahe unüberwindlich erwiesen.
Ziel des Projektes war es, den Kolleginnen und Kollegen ein Instrumentarium zur Hand zu geben, das es ihnen ermöglicht, die in ihrem Fach praktizierten Schreibhandlungen entsprechend einheitlichen Kriterien anzuleiten und zu beurteilen. Dazu hat das Projektteam (zwei Deutschlehrerinnen, ein Lehrer für Biologie und Physik und ein Lehrer für Mathematik, Geografie und Informatik) einen sehr reduzierten Kriterienkatalog für die Textsorten Handout, Protokoll, Abstract, Analyse mit Beschreibung, Erklärung, Begründung, Interpretation und Klassifizieren/Modellieren/Definieren erarbeitet. (IMST projekt964.2012.Textsorten) Zusätzlich wurde dem Kollegium eine Mappe mit Anleitungen zum vielfältigen Umgang mit Sachtexten – Übungen zum Leseverständnis und mögliche Aufgabenstellung für das Abfassen von Texten – übergeben. Das Projekt und alle Materialien wurden im Rahmen einer Konferenz vorgestellt. Ursprünglich war geplant, in allen Klassen unterschiedliche Formen von Sachtexten zu behandeln und diese Auseinandersetzung mit Sprache auch zu dokumentieren. Da das Projektteam leider nicht gemeinsam in einzelnen Klassen unterrichtete, blieb es jedoch bei sehr vereinzelten Versuchen, diese Idee auch in der Praxis umzusetzen, eine gezielte Dokumentation ist gänzlich ausgeblieben.
Für das Team war schließlich klar, dass es bei allen Versuchen, über den Tellerrand des eigenen Fachs hinauszusehen, notwendig ist, kleine Schritte zu machen und nicht gleich in aufwendigen Projekten (zu) ehrgeizige Ziele in Angriff zu nehmen. Was geblieben ist, sind vereinzelte Unterrichtseinheiten, in denen Lehrerinnen und Lehrer unterschiedlichster Fächer die eine oder andere im Projekt vorgeschlagene Idee umsetzen, und wahrscheinlich sollte man das als Beginn einer möglichen Entwicklung positiv sehen.

Das Schneeballprinzip – ein optimistischer Ansatz

Neben einem bewussteren Umgang mit Sprache in den einzelnen Fächern ist auch fächerübergreifende Zusammenarbeit sinnvoll, notwendig und in der Praxis gar nicht so schwer umzusetzen, wenn man auch hier im kleinen Rahmen beginnt. So kann es gelingen, die Idee des sprachsensiblen Fachunterrichts immer weiter zu verbreiten, immer mehr Kolleginnen und Kollegen zu überzeugen und zur Mitarbeit zu motivieren.

Ein Beispiel dafür ist eine intensive Zusammenarbeit eines deutsch-mathematischen Teams von Kolleginnen und Kollegen am BG. u. BRG.St. Martin in Villach. Mag. Beate Kröpfl (Mathematik) und Mag. Madeleine Strauss (Deutsch) haben über mehrere Jahre hinweg eine Klasse einmal wöchentlich im Team unterrichtet und diese gemeinsamen Stunden dazu benutzt, in unterschiedlichen Bereichen Mathematik und Sprache zu verknüpfen. Diese Verbindung ist von besonderer Bedeutung, da sie für beide Fächer und deren Verständnis sehr viel leisten kann. Es gibt zahlreiche Parallelen und Berührungspunkte, sodass die beiden Fächer einander unterstützen und ergänzen können.

Das Kompetenzmodell Mathematik umfasst die Handlungsbereiche „Modellbilden", „Argumentieren und Begründen" und „Interpretieren", die sich in sehr ähnlicher Form auch in den für Deutsch definierten Kompetenzen wieder finden. (Kompetenzbereiche Mathematik. 2013. BIFIE) Andererseits ist das Lesen und Interpretieren nicht linearer Texte (Grafiken) Bestandteil der Lesekompetenz im Deutschunterricht. (Kompetenzbereiche Deutsch. 2011. BIFIE)

Wenn Schülerinnen und Schüler mathematisches Handeln reflektieren, Rechenschritte und Lösungsansätze erklären, werden ihre Gedanken klarer und sie entwickeln mathematisches Verständnis und zwar sowohl für sich selbst als auch für andere (Peer-Teaching, Präsentation, etc.). Durch Reden über Mathematik entwickelt sich ein selbstverständlicher Umgang mit dem Fachvokabular.

> Beim Schreiben verlangsamen und klären sich die Gefühle und Gedanken, nehmen Gestalt an und fordern zur Stellungnahme heraus. Wer schreibt, übernimmt in besonderer Weise Verantwortung für seine Position, öffnet sich der Kritik. (Ruf, Gallin. 1998.1. S.55)

Im Gegenzug können das Kommentieren, die Reflexion und Argumentation mathematischen Handelns die Qualität der Textarbeit im Deutschunterricht positiv beeinflussen.

Ein weiterer wichtiger Bereich ist der Umgang mit Textaufgaben. Schülerinnen und Schüler sollen für die Lösung mathematische Aufgabenstellungen bewusst auf die im Deutschunterricht geforderten Kompetenzen im Umgang mit Texten (Anwendung verschiedener Lesestrategien, Entnahme und Bewertung von Informationen ...) zurückgreifen können.

Diese Zusammenarbeit hat auch in das Projekt „Mathematische Bildung" des BMBF Eingang gefunden, einzelne Unterrichtsideen finden sich auf der entsprechenden Website (Projekt mathematische Bildung. 2011).

Ein weiteres Produkt ist der „Mathekrimi", ein Text, der Lust auf beide Fächer machen soll. (Kröpfl, Strauss. Mathekrimi 2011)

Abgesehen von diesen hoffentlich auch von außen sichtbaren Spuren, ist diese Teamarbeit auch innerhalb der Schule nicht unbemerkt geblieben. Egal, ob nun Schülerinnen und Schüler in der Aula „Was bin ich" spielten, um mathematische Begriffe zu definieren, oder ob noch die Plakate des „Museumsrundgangs" zum Thema „Pythagoras" in der Klasse zu sehen waren, das Interesse der Kolleginnen und Kollegen war geweckt, sie haben nachgefragt, Materialien kopiert, Unterrichtseinheiten übernommen.

Ich sehe darin einen weiteren Beweis dafür, dass die Sensibilisierung aller Unterrichtenden für den Umgang mit Sprache nur in kleinen Schritten, langsam, durch Vorleben funktionieren kann. Jedes Mal, wenn eine Kollegin oder ein Kollege zu mir kommen, um mich zu fragen, wie sie diese oder jene Methode im Unterricht anwenden könnten oder wenn sie mir von einer Stunde erzählen, in der sie eine der Strategien zum Textverständnis angewendet haben, fühle ich mich bestätigt.

Natürlich besteht oft die Gefahr, dass derartige Ansätze im Fachunterricht zunächst nicht erfolgreich sind, weil die Schülerinnen und Schüler einfach nicht daran gewöhnt sind, Strategien zum Textverständnis, die sie aus dem Deutschunterricht kennen, in den naturwissenschaftlichen Fächern anzuwenden. Hier ist es wichtig, die Kolleginnen und Kollegen zu beruhigen, zu bestärken, zu motivieren. Auch das ist, wie gesagt, nur im kleinen Rahmen möglich, im direkten Gespräch.

Der Weg führt über die Praxis

Es muss gelingen, Ängste und Bedenken abzubauen und dem Argument entgegenzutreten, dass man zum Beispiel im naturwissenschaftlichen Unterricht einfach keine Zeit habe, sich auch noch mit Sprache auseinanderzusetzen. Dazu ist es notwendig, dass Lehrerinnen und Lehrer erkennen, wie hilfreich die Beschäftigung mit der Sprache für den Fachunterricht sein kann. Verstehen, Vernetzen, Reflektieren benötigt Sprachkompetenz!

Der kompetente Umgang mit Fachsprache basiert auf der sicheren und bewussten Verwendung der Umgangssprache. Wenn Lehrerinnen und Lehrer dies akzeptieren sollen, wird es mehr als Ideologie und Fachartikel brauchen. Was Unterrichtende wirklich überzeugt, ist die Praxis, sind Beispiele für gelungenen Unterricht. Der Weg zum sprachsensiblen Fachunterricht ist mit Best Practice Beispielen gepflastert!

Niemand kann erwarten, dass in allen Fächern nur mehr Lese- und Schreibstrategien vermittelt werden, doch es muss klar werden, dass es immer möglich ist, diese in den naturwissenschaftlichen Fächern und in der Mathematik in den Fachunterricht einzubauen und dass sie das Verständnis im Fach verbessern.

Andererseits gibt es auch im Deutschunterricht zahlreiche Möglichkeiten, mit Sachtexten aus anderen Fachgebieten zu arbeiten.

Wie es gehen könnte

Die folgenden beiden Unterrichtsbeispiele, in denen die Schreibhaltung „Beschreiben" aus dem Deutschunterricht mit Mathematik und Physik verknüpft wird, sollen zeigen, wie es gelingen kann, ohne großen Aufwand und ohne sich von den Unterrichtszielen des eigenen Fachs zu entfernen, an und mit Sprache zu arbeiten. Schülerinnen und Schüler können so erfahren, dass Umgang mit Sprache in allen Fächern gleichermaßen bewusst und zielgerichtet zu erfolgen hat und auch überall denselben Anforderungen genügen muss, bzw. nach denselben Kriterien beurteilt wird.

Tab. 1: Mathematik

Lernziele	Lerninhalte	Unterrichtsphasen	Lerner/Lehreraktivitäten	Sozialformen	Methodische Hinweise
Das im Deutschunterricht erworbene Wissen über das Abfassen von Beschreibungen in **Physik** anwenden	Eine Versuchsprotokoll verfassen, Fachsprache verwenden	Einstieg - Interesse wecken	Eine Hälfte der Klasse sieht einen Film **ohne Ton** und die SuS notieren, was sehen. Danach werden die Rollen getauscht, die andere Hälfte sieht einen anderen Kurzfilm und macht Notizen. http://www.schulportal-thueringen.de/web/guest/media/detail?tspi=1046	Einzelarbeit	Eine Hälfte der Klasse dreht sich einfach um. Der fehlende Ton zwingt zu genauer Beobachtung
		Anwendung Mündliche Beschreibung	Die Sus beschreiben einem Partner/einer Partnerin, die einen anderen Film gesehen hat, was sie beobachtet haben. Diese können Fragen stellen. Es wird klar, wo die Probleme bei Beschreibungen liegen könnten.	Partnerarbeit	
		Einen Kriterienraster erstellen - reflektieren	Gemeinsam werden Kriterien für gelungene Beschreibungen notiert. Die erarbeiteten Kriterien werden mit der Klasse besprochen, verglichen - ein einheitlicher, provisorischer Kriterienraster entsteht	Plenum	
		Texte vergleichen und beurteilen	Die Sus erhalten eine allgemeine Information über den Aufbau eines Versuchsprotokolls Nach: http://herr-kalt.de/nwt/versuchsprotokoll Sie lesen den Text und vergleichen ihn mit ihrem Kriterienraster. Wenn nötig, wird der Raster ergänzt. Die SuS erhalten ein Beispiel für ein Schülerprotokoll und vergleichen es mit ihrem Raster. Sie diskutieren es und geben im Plenum mündlich Feedback.	Partnerarbeit	

Diese Sequenz kann jederzeit auf andere Inhalte angewendet werden, verlangt keine Vorbereitung, eignet sich sehr gut zum Wiederholen von Lerninhalten und trainiert unterschiedlichste (auch sprachliche!) Kompetenzen. Der Unterschied zwischen mündlicher, schriftlicher und Fachsprache wird deutlich.

Tab. 2: Physik

Lernziele	Lerninhalte	Unterrichtsphasen	Lerner/Lehreraktivitäten	Sozialformen	Methodische Hinweise
Das im Deutschunterricht erworbene Wissen über das Abfassen von Beschreibungen in **Physik** anwenden	Eine Versuchsprotokoll verfassen, Fachsprache verwenden	Einstieg - Interesse wecken	Eine Hälfte der Klasse sieht einen Film **ohne Ton** und die SuS notieren, was sehen Danach werden die Rollen getauscht, die andere Hälfte sieht einen anderen Kurzfilm und macht Notizen. http://www.schulportal-thueringen.de/web/guest/media/detail/?tspi=1046	Einzelarbeit	Eine Hälfte der Klasse dreht sich einfach um. Der fehlende Ton zwingt zu genauer Beobachtung
		Anwendung Mündliche Beschreibung	Die Sus beschreiben einem Partner/einer Partnerin, die einen anderen Film gesehen hat, was sie beobachtet haben Diese können Fragen stellen. Es wird klar, wo die Probleme bei Beschreibungen liegen könnten.	Partnerarbeit	
		Einen Kriterienraster erstellen - reflektieren	Gemeinsam werden Kriterien für gelungene Beschreibungen notiert. Die erarbeiteten Kriterien werden mit der Klasse besprochen, verglichen - ein einheitlicher, provisorischer Kriterienraster entsteht	Plenum	
		Texte vergleichen und beurteilen	Die Sus erhalten eine allgemeine Information über den Aufbau eines Versuchsprotokolls Nach: http://herr-kalt.de/nwt/versuchsprotokoll Sie lesen den Text und vergleichen ihn mit ihrem Kriterienraster. Wenn nötig, wird der Raster ergänzt. Die SuS erhalten ein Beispiel für ein Schülerprotokoll und vergleichen es mit ihrem Raster. Sie diskutieren es und geben im Plenum mündlich Feedback.	Partnerarbeit	

Über die ganz kleinen Schritte

Einen Versuch im Physikunterricht protokollieren		Im Physik wird ein Versuch mit Gummibärchen durchgeführt. Die SuS machen sich Notizen.	Plenum	Verwendung der UmgangsspracheUnterstützung durch Gestik, keine Vorgaben, "kindlicher" Wortschatz
Über einen Text reden		In der nächsten Deutschstunde erzählen sie, wie der Versuch abgelaufen ist		
Einen gemeinsamen Text verfassen	Protokoll verfassen	Dann verfasst jede/r ein Versuchsprotokoll	Einzelarbeit	
Feedback geben	Feedback geben	Die SuS geben einander mit Hilfe des Kriterienrasters Peerfeedback zu ihren Texten	Partnerarbeit	Die SuS gehen zu einem andern Platz (Freundschafts-Feedback vermeiden) geben schriftlich Rückmeldung, unterschreiben
	Texte überarbeiten	Die Texte werden nach dem Feedback überarbeitet		
	Arbeit an der Sprache	Die SuS versuchen ihre Protokolle ins Englische zu übersetzen, sie notieren Begriffe, die sie nicht kennen.	Einzelarbeit	
	Fachsprache	Diskussion im Plenum: viele der nicht übersetzten Begriffe sind Fachausdrücke	Plenum	
	Sachliche Sprache/Erzählung	Die SuS verfassen als Hausübung eine Erlebniserzählung: Das(gescheiterte) Experiment - Rückmeldung durch die Lehrkraft	Hausübung	
		Im D-Unterricht fassen die SuS in Partnerarbeit die Kennzeichen von sachlicher/erzählender Sprache in eine Tabelle zusammen	Partnerarbeit	
		Vorstellen und Diskussion im Plenum	Plenum	
	Übung	Die SuS erstellen mit dem Fachvokabular aus dem Versuchsprotokoll ein Kreuzworträtsel	4er Gruppe	https://crosswordlabs.com/#

Die oben geschilderten Unterrichtssequenzen können und sollen je nach Gegebenheit sowohl im zeitlichen Ablauf als auch inhaltlich variiert werden. Gerade im fächerübergreifenden Unterricht ist es unabdingbar notwendig, dass die Unterrichtenden flexibel sind. Nur so ist es möglich, in unterschiedlichen Fächern auf sprachliche Besonderheiten einzugehen, die Sprache zum Thema zu machen, ohne dabei auf Inhaltliches zu verzichten. Umgekehrt ist es gerade im Deutschunterricht naheliegend, bei der Arbeit mit und an Sachtexten mit den Kolleginnen und Kollegen der anderen Fächer zusammenzuarbeiten. Zusammenfassung, Protokoll, Beschreibung, Anleitung, Exzerpt etc. all das sind Textsorten, wie sie im Deutschunterricht geübt und vermittelt werden sollen. Was ist naheliegender, als diese mit Inhalten zu verknüpfen, die Thema anderer Unterrichtsfächer sind.

Nicht zuletzt wird sich die Förderung von sprachlichem Bewusstsein bei den Unterrichtenden aller Fächer positiv auf deren Einschätzung der sprachlichen Schwierigkeiten von Texten bzw. auf die Formulierung von Aufgabenstellungen und Arbeitsanweisungen auswirken.

Literatur

Carnevale, C. & Wojnesitz, A. (2014). Sprachsensibler Fachunterricht in der Sekundarstufe. Grundlagen – Methoden – Praxisbeispiele. ÖSZ Praxisreihe, Heft 23.
Gallin, Peter& Ruf, Urs. (1998). Dialogisches Lernen in Sprache und Mathematik (1. Band). Seelze-Velber: Kallmeyersche Verlagsbuchhandlung.
Leisen, Josef. (2013). Handbuch Sprachförderung im Fach. Sprachsensibler Fachunterricht in der Praxis.Grundteil. Stuttgart: Ernst Klett Sprachen.
Strauss, Madeleine, Kröpfl, Beate.(2008). Die wilden Vier im geheimnisvollen Zahlenhaus. bmukk. Verfügbar unter: http://mb.bmukk.gv.at/mathekrimi.html (11.03.2015)
https://www.bifie.at/system/files/dl/bist_m_sek1_kompetenzbereiche_m8_2013-03-28.pdf (11.03.2015)
https://www.bifie.at/system/files/dl/bist_d_sek1_kompetenzbereiche_d8_2011-01-02.pdf (11.03.2015)
http://mb.bmukk.gv.at/ (11.03.2015)
https://www.imst.ac.at/files/projekte/964/anhang/Textsorten.pdf (11.04.2015)
http://oesz.at/sprachsensiblerunterricht/UPLOAD/chawid_infofolder_2013_web.pdf (10.03.2015)

Angaben zur Autorin

Mag. Madeleine Strauss, BG und BRG Villach St. Martin
madeleine.strauss@it-gymnasium.at

Gabriella Perge

Die Rolle des Textverstehens bei der Förderung der sprachlichen Handlungsfähigkeit in mehreren Sprachen

The role of text comprehension in promoting multilingual linguistic competences

Zusammenfassung

Im Mittelpunkt des vorliegenden Beitrages steht die Vorstellung eines Pilotprojektes, das das Textverstehen aus zwei Perspektiven unter die Lupe nimmt. Einerseits werden Ergebnisse einer textlinguistischen Analyse exemplarischer Textbeispiele vorgestellt, die sich zum Ziel setzt, Texte transparent zu machen. Andererseits wird der Textverarbeitungsprozess des Rezipienten mit der Methode des lauten Denkens protokolliert, um seine mentalen Prozesse nachvollziehen zu können. Die Ergebnisse der Textanalyse und das ausgewertete Protokoll des lauten Denkens werden integriert behandelt.

Abstract

This paper introduces a pilot project which analyzes text comprehension from two perspectives. On the one hand, the results of linguistic analysis made on chosen text samples are presented, with the aim of making them transparent. On the other hand, the text processing of the recipient is registered with the 'Think Aloud Method' in order to make mental processes reconstructible. Both the results of the linguistic analysis and the evaluated protocols of the 'Think Aloud' are to be examined in an integrated way.

Einleitung

Die Förderung der sprachlichen Handlungsfähigkeit in mehreren Sprachen wird im Fremdsprachenunterricht als eine der wichtigsten Zielsetzungen betrachtet (*Europarat*, 2001). Ihre Umsetzung ist äußerst schwierig, denn die modernen Fremdsprachen werden bis heute nach der monolingualen Auffassung getrennt, additiv nacheinander unterrichtet, „ein simultanintegratives Lernen mehrerer Zielsprachen findet nicht statt" (Feld-Knapp, 2014a, p. 20, Feld-Knapp, 2014b). Zur Erweiterung der Handlungsfähigkeit in mehreren Sprachen wurden jedoch gute didaktische Ansätze und Konzepte erarbeitet, die in bewährten Projekten umgesetzt worden sind (u.a. Hufeisen & Marx, 2007). Unter ihnen kommt der Interkomprehension eine große Bedeutung zu (Perge, 2014). Bei der Förderung der rezeptiven Mehrsprachigkeit ist das Textverstehen von zentraler Relevanz. Für die Beschreibung des Textverstehens wurden verschiedene Modelle entwickelt (Heinemann & Viehweger, 1991; Börner & Vogel, 1996; Kintsch & van Dijk, 1983). Aufgrund der neuesten linguistischen, sprachdidaktischen und psychologischen Forschungsergebnisse richtet sich die Beschäftigung mit dem Textverstehen einerseits auf den Text als Gegenstand mit seinen den Textzusammenhang leistenden textinternen Merkmalen, andererseits auf den Leser als Sinnproduzent mit seiner Rezeptionsleistung, der beim Lesen eine kognitive Leistung durchführt (Feld-Knapp, 2005; Neuland & Peschel, 2013; Scherner, 2006). In Anlehnung an diese Annäherung wird im vorliegenden Beitrag ein Pilotprojekt vorgestellt, welches das Textverstehen aus zwei Perspektiven unter die Lupe nimmt. Dabei wird einerseits der fassbare Text als Objekt, andererseits der kognitive Prozess des Textverstehens integriert untersucht. „Texte als statische Gebilde werden nämlich erst durch die Verarbeitung sinnvoll" (Feld-Knapp, 2014c, p. 134). Die Förderung der Handlungsfähigkeit in mehreren Sprachen setzt die integrierte Betrachtung des Objektes und des Prozesses voraus. Im Rahmen des Pilotprojektes werden erstens exemplarische Textbeispiele in drei Sprachen (Ungarisch, Deutsch und Englisch) durch eine textlinguistische Analyse transparent gemacht, um die textuelle Funktion der sprachlichen Mittel, die beim Textverstehen wahrgenommen werden, zu erfassen. Zweitens wird die Textverarbeitung mittels lauten Denkens protokolliert, um die mentalen Prozesse der Textverarbeitung aus der Sicht des Rezipienten zu modellieren. Das Ziel des Beitrags ist es, die Ergebnisse der durchgeführten Textanalyse und der subjektiven Wahrnehmung des Textverstehensprozesses des Rezipienten aufeinander bezogen zu behandeln, um den Zusammenhang zwischen den an der Textoberfläche explizierten, sichtbaren sprachlichen Mitteln und den mentalen Prozessen der Textverarbeitung ermitteln zu können, um Wege für die Förderung der Handlungsfähigkeit in mehreren Sprachen aufzuzeigen (Feld-Knapp, 2014c, p. 134).

Textanalysen

Im vorliegenden Kapitel werden Ergebnisse einer Textanalyse vorgestellt, die sich zum Ziel setzt, die satzübergreifenden, kohäsionsstiftenden sprachabhängigen Indikatoren der Textverarbeitung in drei Sprachen (L1 Ungarisch, Deutsch und Englisch als weitere Fremdsprachen) zu ermitteln. Dadurch soll die textuelle Funktion der sprachlichen Mittel, die beim Textverstehen wahrgenommenen werden, erfasst werden. Die textlinguistischen Kenntnisse helfen nachzuvollziehen, wie Texte aus der Sicht des Textverstehens transparent gemacht werden können. Die grammatisch orientierte Textanalyse erstreckt sich zum einen auf die Untersuchung der Verweisungsformen der die einzelnen Topikketten bildenden Themawörter zum anderen auf die Konnexion (Gross, 1990, p. 108). Dabei werden die drei Texte aufeinander bezogen behandelt.

- Textbeispiel für Ungarisch: „**Az irodalmi mű mint komplex modell. A könyv célja, módszere, fölépítése**"

Der vorliegende ungarische Text ist ein Auszug des einleitenden Teils des Werkes *Az irodalmi mű mint komplex modell* von Elemér Hankiss (1985), einem berühmten ungarischen Soziologen, Philosophen und Literaturhistoriker. Der Text gewährt einen Einblick in die Ziele, Methoden und in den Aufbau des Buches.

[1-3] [1a] **Az irodalmi mű** [1b] a társadalomban, és [1c] a társadalomban [1d] **fejti ki** [1e] **hatását**. Következésképpen [2a] *az irodalomtudománynak* is e kettős függőségrendszerben [2b] **kell vizsgálnia** [2c] *tárgyát*. [3a] *Elemeznie kell*, egyfelől, [3b] **a művek** keletkezésének körülményeit s folyamatát, és [3c] *elemeznie kell*, másfelől, azt a hatást, amit [3d] **a művek** [3e] **kiváltanak**, azt a funkciót, amit [3f] a társadalomban [3g] **betöltenek**.
[4-5] E két szempont azonban nem mindig esett egyforma súllyal a latba az [4a] *irodalomtudományi kutatások* története során. A reneszánsz korban, hogy csak eddig nyúljunk vissza, szerencsés egyensúly alakult ki köztük: a klasszikus auktorok humanista [5a] kiadója [5b] igyekezett minél többet megtudni [5c] **az adott művek** keletkezésének körülményeiről, [5d] igyekezett minden lehető módszerrel, s ez akkoriban csaknem kizárólag filológiai módszereket jelentett, a hiteles, eredeti [5e] **szöveget** rekonstruálni — de egyben [5f] interpretátora, [5g] értelmezője is volt [5h] az általa kiadott [5i] **műnek**, s [5j] propagátora a [5k] **belőle** kiolvasott szemléletnek, a [5l] **belőle** sugárzó hatásnak.

• Textbeispiel für Deutsch: „**Der Tag der Prüfung**"
Im deutschen Text geht es um eine Schülerin, die vor ihrer Abschlussprüfung steht. Für sie bedeutet diese Prüfung eine Herausforderung, weil sie mit dem sie zu prüfenden Professor eine schlechte Beziehung hat. Die beiden mögen sich nämlich seit Jahren nicht und Sabine, die Schülerin, braucht Glück in der Prüfungssituation.
[1-5] [1a] **Sabine** ist heute schon sehr früh aufgestanden. Heute ist ein wichtiger Tag in [2a] **ihrem** Leben. [3a] **Sie** steht kurz vor [3b] **ihrer** [3c] *Abschlussprüfung* und [3d] **sie** möchte [3e] *diese Prüfung* natürlich unbedingt bestehen. [4a] Der Professor, [4b] der [4c] **sie** prüfen wird, kann [4d] **Sabine** leider nicht ausstehen. [5a] **Er** bestand nicht nur auf diesem frühen Termin [5b] *für die Prüfung*, sondern auch auf einem riesigen Stoffgebiet, das [5c] **Sabine** zu lernen hatte.
[6-11] [6a] *Die Prüfung* besteht [6b] *aus zwei Teilen*. [7a] *Der erste Teil* ist schriftlich zu absolvieren, [7b] *der zweite Teil* ist ein Gespräch [7c] mit dem unsympathischen Professor. [8a] **Sabine** versteht heute eigentlich gar nicht mehr, wie diese Feindschaft zwischen [8b] **ihr** und [8c] dem Professor entstanden ist. Schon seit einigen Jahren stand jedenfalls fest, dass [9a] sie einander nicht mögen. [10a] *Vor der Prüfung* erstand [10b] **Sabine** in einem Geschäft noch ein kleines rosarotes Plastikschwein. Vielleicht bringt es [11a] **ihr** ja tatsächlich Glück.

• Textbeispiel für Englisch: „**Winning Lotto ticket survives washing machine**"
Der englischsprachige Text behandelt die Geschichte eines Mannes aus Neuseeland, der ein Lottoticket in der Waschmaschine gewaschen hat. Erst später hat sich herausgestellt, dass das Ticket einen hohen Wert hatte und damit sein Besitzer viel Geld gewonnen hatte.
[1-3] [1a] **A four-week-old Lotto ticket** survived a trip through [1b] the washing machine to net $250,000 for [1c] **its** Christchurch, New Zealand, [1d] *owner*. [2a] **The ticket**, [2b] **bought at** a supermarket in the city for the July 9 Lotto draw, shared the jackpot with three other tickets bought in Auckland, Waitakere and Hastings. [3a] *The winner*, [3b] *who* wants to stay anonymous, said [3c] *he* found [3d] **the ticket** last weekend after [3e] *he* [3f] washed [3g] *his* clothes.
[4-8] "[4a] *I* went through the wet clothes and realised [4b] *I* [4c] had washed [4d] **a Lotto ticket** in the pocket of [4e] *my* old jeans. "[5a] *I* figured [5b] **it** wouldn't be worth anything but [5c] *I* was heading to the city center to buy [5d] *my* groceries and thought [5e] I'd check [5f] **it** anyway. " [6a] *I* took [6b] **it** to the counter and the Lotto lady told [6c] *me* [6d] *I* had

won $250,000." [7a] *The winner* says [7b] *he*'s just been 'getting by' in the earthquake devastated city since February. "[8a] *I* couldn't even remember where or when [8b] *I* had bought [8c] **the ticket** and [8d] *I*'m so glad [8e] *it* survived [8f] <u>the washing machine</u>."

Analyse der Verweisungsformen

Bei den Verweisungsformen wird untersucht, wie sich jene die Topikketten bildenden Themen sprachlich realisieren lassen und mit welchen Verweismitteln auf sie Bezug genommen wird.

Im ungarischen Text wurden vier Topikketten festgestellt (TK1: irodalmi m ‚literarisches Werk', TK2: társadalom ‚Gesellschaft', TK3: irodalomtudomány ‚Literaturwissenschaft', TK4: kiadó ‚Verlag'), auf deren Elemente auf unterschiedliche Weise verwiesen wird. Die Verweisung erfolgt in erster Linie durch die reine Wiederholung [*1a, 3b, 3d, 5c, 5i für TK1*], [*1b, 1c, 3f für TK2*], [*2a, 4a für TK3*], [*5a für TK4*] und durch die Verbalsuffixe der bestimmten Verbkonjugation [*1d, 3e, 3g für TK1*]. [*2b, 3a, 3c für TK3*] und [*5b, 5d für TK4*] sind Beispiele für die verschiedenen Funktionen des Infinitivs im Ungarischen. Durch die Wahrnehmung der Infinitivkonstruktionen kann in diesen Fällen das jeweilige Themawort identifiziert werden. In diesem Textbeispiel kommen bei der Verweisung auch Possessivsuffixe wie [*1e für TK1*] und [*2c für TK3*] vor, die sich einerseits auf das jeweilige Themawort beziehen, andererseits satzübergreifend zur Textkohäsion beitragen können (Szikszainé Nagy, 2004, p. 158). Die Vielfalt der Verweisungsformen zeigen auch die Proformen in Form von anaphorischen Pro-Adverbien [*5h für TK4*] bzw. [*5k, 5l für TK1*] und die sinngleichen Ausdrücke [*5f, 5g, 5j für TK4*], die mit dem Themawort ‚Verlag' referenzidentisch sind. Darüber hinaus liefert [*5e für TK1*] ein Beispiel dafür, dass die Hyperonymie-Hyponymie-Beziehung auch eine Form der Verweisung darstellen kann, wozu Weltwissen notwendig ist. Der Lesende kann aufgrund seines Weltwissens und seines themabezogenen Wissens die thematische Beziehung zwischen dem ‚Text' und dem ‚literarischen Werk' herstellen. Die sprachliche Realisation vollzieht sich durch ein ganz anderes Wort.

Im Vergleich zum ungarischen Text sind im deutschen drei Topikketten (TK1: Sabine, TK2: die Prüfung, TK3: der Professor] zu ermitteln. Ähnlich zum Ungarischen ist die Repetition des jeweiligen Lexems ein häufiges Mittel der Verweisung [*1a, 4d, 5c, 8a, 10b für TK1*], [*3c, 3e, 5b, 6a, 10a für TK2*], [*4a, 7c, 8c für TK3*]. Im deutschen Text lässt sich die für die germanischen Sprachen charakteristische Pronominalisierung als Verweismittel beobachten. In dieser Hinsicht ist ein Unterschied zwischen den Possessivpronomina [*2a, 3b für TK1*] und den Personalpronomina und deren deklinierten Formen [*3a, 3d, 4c, 8b, 11a für TK1*] bzw. [*5a für TK3*] zu machen. Das Relativpronomen, das auf ein Bezugswort verweist, wird in diesem Text als Verweismittel auf ein Themawort [*4b für TK3*] realisiert. Als eine Gemeinsamkeit zwischen dem ungarischen und dem deutschen Text erweist sich die Verwirklichung des Verweises durch die Hyperonymie-Hyponymie-Beziehung [*6b, 7a, 7b für TK2*], wozu Weltwissen auch notwendig ist.

[*9a für TK1 und TK3*] ist ein Beispiel dafür, dass die Identifizierung der einzelnen Themawörter einer gründlichen Analyse des Kontextes bedarf. Man muss identifizieren können, auf wen sich das Personal- und das Reziprokpronomen beziehen. Wie im deutschen Text wurden im englischen auch drei Topikketten [TK1: ticket, ‚Ticket', TK2: winner ‚Gewinner', TK3: washing machine ‚Waschmaschine'] ermittelt, deren Themawörter einerseits durch die reine Wiederholung der Lexeme [*1a, 2a, 3d, 4d, 8c für TK1*], [*3a, 7a für TK2*] und [*1b, 8f für TK3*], andererseits durch die Pronominalisierung [*1c, 5b, 5f, 6b, 8e für TK1*], [*3c, 3e, 3g, 7b für TK2*] wiederaufgenommen werden. In den Fällen [*3c, 3e, 3g, 7b für TK2*] wird über den Gewinner berichtet und dementsprechend werden die Pronomina auch in der dritten Person Singular verwendet. Wenn aber der Handelnde (der Gewinner) selbst zu Wort kommt, wird der Perspektivenwechsel durch die direkte Rede, d.h. durch die Verbkonjugation in erster Person Singular und die Anführungszeichen signalisiert [*4a, 4b, 5a, 5c, 5d, 5e, 6a, 6c, 6d, 8a 8b, 8d für TK2*]. Beim Lesen ist es wichtig, diesen Perspektivenwechsel wahrzunehmen und dadurch den Handelnden zu identifizieren. Das Personalpronomen ‚I' fungiert in diesen Fällen als Personendeixis. In einem einzigen Fall [*1d für TK2*] wird ein Synonymwort für den ‚Gewinner' als Verweismittel verwendet. Ähnlich zum deutschen Text sind im englischen Relativpronomen [*2b für TK1*] bzw. [*3b für TK2*] zu finden, die in anaphorischer Funktion auf ein Themawort rückverweisen. Die zwei Fälle unterscheiden sich voneinander darin, dass in [*2b für TK1*] das Relativpronomen nicht realisiert wird und in Form einer Ellipse erscheint. Im Englischen sind aber Konstruktionen dieser Art nicht selten. Der erfahrene Lesende kann das aufgrund seiner Leseerfahrungen und seines Sprachwissens erkennen und identifizieren. Im englischen Text sind Formen der Verweisung [*3f, 4c für TK3*] zu finden, die untermauern, dass die Wahrnehmung von lexikalisch-semantischen Netzen zur Identifizierung des Verweises auch beitragen kann. Lesende können die in ihrem mentalen Lexikon vorhandenen Scripts, d.h. „lexikalische Mittel zur Versprachlichung von stereotypen Handlungs- und Ereignisabläufen" (Heusinger, 2004, p. 144) aktivieren. Sie assoziieren zum ‚Waschen' die ‚Waschmaschine' als ein Gerät, das zum Ablauf der Handlung notwendig ist.

Analyse der Konnexion

Der ungarische Text weist mit 18 eine hohe Anzahl an Konnektoren auf. Davon sind drei adversative [egyfelől ‚einerseits', másfelől ‚andererseits', de ‚aber'], zwei temporale [eddig ‚bisher', akkoriban ‚damals'], vier nebenordnend additive [és, és, s, s kürzere und längere Formen für ‚und'], einer ist objektiv [hogy ‚dass'] und einer ist konsekutiv [következésképpen ‚folglich']. Im ungarischen Text verweist das Demonstrativpronomen [e, ez ‚beide Formen stehen für das, dies'] dreimal anaphorisch. Das Relativpronomen [azt a… amit a ‚das …. was'] erfüllt auch eine verbindende und verweisende Funktion. Sowohl das Demonstrativ-, als auch das Personalpronomen wirken satzübergreifend.

Der deutsche Text enthält 8 und der englische 7 Konnektoren. Im Deutschen sind ein nebenordnend additiver [und], ein konditionaler [jedenfalls] und ein objektiver [dass] Konnektor zu finden. Darüber hinaus stehen ein Partikel [ja] und zwei anaphorische Relativpronomen [der, das] im deutschen Text. Das Fragewort [wie] fungiert in diesem Text als ein Konnektor, der über die Satzgrenze hinaus wirkt. Eine koordinierende additive Konjunktion steht im deutschen Text [nicht nur … sondern auch].

Der englische Text weist einen temporalen [after ‚nachdem'], einen adversativen [but ‚aber'] und vier nebenordnend additive [and ‚und'] Konnektoren auf. Außerdem ist ein verweisendes anaphorisches Relativpronomen [who ‚der'] zu lesen.

Protokoll lauten Denkens. Ein Experiment

Im zweiten Teil der Untersuchung wird die Textverarbeitung mittels des Verfahrens des lauten Denkens protokolliert, um die mentalen Prozesse der Textverarbeitung aus der Sicht des Rezipienten zu modellieren. Das laute Denken ermöglicht einen Zugang zu der „während des Textverstehensprozesses konstruierten, mentalen Repräsentation" der Probanden (Farkas, 2003, p. 30; Schramm, 2001). Im Mittelpunkt der vorliegenden Untersuchung steht die Frage, auf welche Wissensbestände und strategische Ressourcen der Rezipient während der Textverarbeitung zurückgreift. Mit Hilfe des Protokolls wird sichtbar, wie der Rezipient den gelesenen Text verarbeitet, wie er Bedeutung konstituiert und welche sprachlichen Mittel als Indikatoren zur Sinnbildung beitragen (Bimmel, 2002; Farkas, 2003). Ziel des lauten Denkens ist es, zu überprüfen, ob die Ergebnisse der linguistischen Textanalyse auch vom Rezipienten wahrgenommen werden. Es wird der Frage nachgegangen, ob die in der Textanalyse ermittelten Topikketten und die sie bildenden Themawörter in den drei Sprachen vom Rezipienten identifiziert werden können. Darüber hinaus wird überprüft, ob die textuelle Funktion bestimmter Konnektoren in den Texten vom Rezipienten erfasst werden kann.

Probandin und Untersuchungsverlauf

Die Untersuchung wurde mit einer 17-jährigen Probandin der elften Klasse an einem Gymnasium in Budapest durchgeführt, deren Muttersprache Ungarisch ist. Als Fremdsprachen spricht sie Deutsch (B2-Niveau), Englisch (B1/B2-Niveau) und Chinesisch. Anfangs sollte die Probandin die aus der Forscherperspektive analysierten Texte (s. Kapitel 2.) still lesen und dann dazu ihre Gedanken formulieren bzw. diese laut verbalisieren. Neben den Texten stand ihr ein Leitfaden mit zur Untersuchung notwendigen Instruktionen und Erläuterungen zur Verfügung, der vor allem dazu diente, die als Erläuterungen fungierenden überwiegend sprachwissenschaftlichen Kenntnisse einzuführen und schriftlich festzuhalten (für die Umsetzung s. das Stundenbild).
Das Sprachniveau aller Texte befindet sich auf einem B2-Niveau, wobei der ungarische im Vergleich zu den anderen einen komplexeren Wortschatz bzw. ein komplexeres Thema aufweist. Ein wichtiger Aspekt der Textauswahl war die Länge der Texte. Sie sollten nicht zu lange sein, weil es auch für die Rezipienten einfacher ist, mit kürzeren Texten parallel zu arbeiten.
Die Sprache der Verbalisierung war Ungarisch. Es war für die Probandin eine Erleichterung, über teilweise linguistische Inhalte in ihrer Muttersprache sprechen und mit komplexen Begriffen arbeiten zu können. Bei dem deutschen und englischen Text wurden die Textelemente in der jeweiligen Sprache zitiert bzw. hervorgehoben.
In Anlehnung an die Reihenfolge der gelernten Sprachen der Probandin war die Reihenfolge beim Lesen und bei der Behandlung der Texte Ungarisch (L1) – Deutsch (L2) – Englisch (L3). Bei jedem Teil der Untersuchung wurden zunächst die einzelnen Sprachen nacheinander, isoliert betrachtet, dann wurden sie aufeinander bezogen und im Verhältnis zueinander behandelt (Feld-Knapp, 2014a).
Der ganze Prozess der Untersuchung wurde auf Tonband aufgenommen, gespeichert, dokumentiert und letztendlich protokolliert. Das Protokoll wurde analysiert und ausgewertet.

Auswertung des Protokolls lauten Denkens und der Analyseergebnisse

Im vorliegenden Kapitel werden die wichtigsten Ergebnisse der Auswertung des Protokolls lauten Denkens zusammengefasst und mit den Ergebnissen der von der Autorin durchgeführten Textanalyse verglichen.

Wie in der Textanalyse lag der Schwerpunkt auch beim lauten Denken
- erstens auf der Erfassung der für das Textverstehen wichtigen Wörter und deren textuellen Funktionen,
- zweitens auf der Identifizierung der die Topikketten bildenden Themawörter, auf deren sprachlichen Realisation bzw. den Verweisungsformen, mit denen auf die einzelnen Themawörter Bezug genommen wird und
- drittens auf der Ermittlung der textuellen Funktion von satzübergreifenden sprachlichen Mitteln.

In der *ersten Annäherung* sollte die Probandin die für das Textverstehen relevanten Wörter in den drei Texten benennen und ihre Wahl begründen. In allen drei Texten hat sie eine relativ hohe Anzahl an Wörtern (19 bis 21) für wichtig gehalten, bei deren Auswahl die Wortart ein wichtiges Kriterium war. Sie hat aus ihrer Perspektive zentrale Begriffe ausgewählt, die wesentliche Informationen über den Text liefern und die Grundlage zum Verstehen bilden. Dieses Motiv war ausschlaggebend für sie bei der Auswahl der wichtigen Wörter in allen drei Sprachen. Die von ihr genannten Wörter wurden erst in der Reflexionsphase, nach dem zweiten Lesen der Texte ermittelt. Bei der Auswahl der verstehenssteuernden, zentralen Wörter des Textes gab es keine Unterschiede hinsichtlich der Strategie zwischen den Sprachen. Diese Strategie wurde bereits in der Muttersprache entwickelt und kann auf die Fremdsprachen übertragen werden.

In der *zweiten Annäherung* lag der Fokus auf der Identifizierung der den Text bildenden Themen, die dabei helfen, die wichtigen Informationen von den weniger relevanten zu trennen. Darüber hinaus wurde unter die Lupe genommen, mit welcher Form der Verweisung auf die Themawörter in den einzelnen Sprachen Bezug genommen wird und wie sie wiederaufgenommen werden bzw. wie sich die einzelnen Themen sprachlich realisieren lassen. Die wichtigsten Behauptungen der Probandin waren in Bezug auf den ungarischen Text die folgenden.
- Sie hat im ungarischen Text fünf Topikketten festgestellt (TK1: irodalom ‚Literatur', TK2: társadalom ‚Gesellschaft', TK3: keletkezés ‚Entstehung', TK4: hatás ‚Wirkung', TK5: irodalomtudomány ‚Literaturwissenschaft'), wobei sie nur teilweise die Themen benannt hat, die von der Autorin in der Textanalyse festgestellt worden sind. Es kann an der Komplexität des Textthemas liegen, dass es ihr nicht ganz gelungen ist, die wichtigsten Themen zu abstrahieren. Das bedeutet aber nicht, dass die von ihr ausgewählten Themen nicht zum Textverstehen beitragen. Diese sind Themen, die sich nicht durch den ganzen Text durchziehen, sie werden eher als hierarchieniedrige Themen betrachtet.
- Ihres Erachtens ist der aufgrund des Weltwissens hergestellte Zusammenhang zwischen dem Bezugswort und dem wiederaufnehmenden Ausdruck ein Mittel der Verweisung. Dadurch wird untermauert, dass das Sprach-und Weltwissen beim Verstehen eng zusammenhängen.

- Darüber hinaus hat sie die Rolle der Verbalsuffixe bei der Identifizierung der Themen hervorgehoben. Ähnlich wie in der Textanalyse ermittelt wurde, hat die Probandin die verweisende Rolle der Suffixe erkannt. Das hat bei der bewussten Steuerung der Aufmerksamkeit beim Lesen von ungarischen Texten eine hohe Relevanz.
- Der ungarische Text erwies sich für die Probandin im Vergleich zu den anderen als anders, da es darin keinen Hauptprotagonisten bzw. keine Hauptprotagonistin gab, auf die eindeutig verwiesen würde. Das erschwerte ihres Erachtens, Unterschiede in der sprachlichen Realisation der einzelnen Themen zu finden. Diese Aussage ist zu bezweifeln, weil der ungarische Text ebenso Themen enthält, die im Text wiederaufgenommen werden.

Die Ergebnisse der Analyse des deutschen und des englischen Textes seitens der Probandin werden unter einem Punkt behandelt, da sie viele Gemeinsamkeiten aufweisen. Sie lassen sich folgenderweise zusammenfassen.

- Im Gegensatz zum ungarischen wurden sowohl im deutschen Text (TK1: Sabine, TK2: ‚Prüfung', TK3: Professor, TK4: Beziehung von Sabine und dem Professor), als auch im englischen (TK1: Lotto ticket ‚Lotto Ticket', TK2: the way oft he ticket in the washing machine ‚Weg des Tickets in der Waschmaschine', TK3: Australia ‚Australien', TK4: owner ‚Besitzer') je vier Topikketten ermittelt. Diese genannten Themen stimmen fast vollständig mit denen der von der Autorin durchgeführten Textanalyse überein.
- Im Falle von beiden Texten hat die Probandin festgestellt, dass die Verweisung in erster Linie durch die für die germanischen Sprachen charakteristische Pronominalisierung bzw. durch die Wiederholung des jeweiligen Lexems realisiert wird. Diese Erkenntnisse konnten auch in der Textanalyse (s. Kapitel 2.) ermittelt werden.
- Im englischen Text gibt es bei der Verweisung auf ein Thema (Besitzer) einen Perspektivenwechsel (ob er spricht oder über ihn gesprochen wird), den die Probandin wahrgenommen hat und damit bewusst umgehen konnte.
- In Bezug auf den deutschen Text hat sie ein zusätzliches Thema erwähnt (die Beziehung von Sabine und dem Professor), das in der Textanalyse außer Acht gelassen wurde, obwohl es aus der Sicht des Textverstehens von großer Relevanz ist.
- In Bezug auf die Identifizierung der die Topikketten bildenden Themawörter in allen Sprachen hat die Probandin festgestellt, dass eine Gemeinsamkeit zwischen den drei Texten ist, dass sich die am Textanfang gesetzten Themen durch den ganzen Text ziehen und inzwischen keine neuen eingebracht werden.

In der *dritten Annäherung* sollte die Probandin aufgrund ausgewählter Konnektoren erfassen, welche inhaltlichen Zusammenhänge diese satzübergreifenden sprachlichen Mittel signalisieren. Sie hatte folgende Behauptungen.

- Im ungarischen Text erfüllen sie ihrer Meinung nach vor allem eine verweisende (sowohl anaphorisch, als auch kataphorisch) und eine verbindende Funktion.
- Im deutschen Text sind sie Mittel der Betonung (durch das Relativpronomen) und bereiten einen nächsten Textabschnitt vor. Darüber hinaus helfen sie auch dabei, Wiederholungen zu vermeiden.
- Im englischen Text liefern sie durch die Bezugnahme auf die Personen zusätzliche Informationen über sie, bezeichnen temporale Umstände und signalisieren Wendepunkte.
- Im Vergleich der drei Sprachen hat die Probandin eine wichtige Gemeinsamkeit zwischen der deutschen und der ungarischen Sprache festgestellt. Es sind nämlich bestimmte mehrgliedrige, zusammenhängende Konnektoren in beiden vorhanden.

- Relativpronomen, die Satzteile verbinden und eine wichtige verbindende Funktion erfüllen, wurden in allen Sprachen gefunden.
- In jedem Fall hat sie dieselben inhaltlichen Bezüge durch die Konnektoren herstellen können, die in der Textanalyse auch ermittelt worden sind. Es ist ein entscheidender Punkt sowohl im Fremdsprachen-, als auch im Muttersprachenunterricht, den Schülerinnen und Schülern die Lesestrategie *satzübergreifend lesen können* beizubringen. Dabei ist empfehlenswert, der Bewusstmachung der Konnektoren mehr Aufmerksamkeit zu widmen und ggf. dies auch terminologisch zu behandeln.

Fazit

Zum Schluss lässt sich feststellen, dass die Förderung der Handlungsfähigkeit in mehreren Sprachen eine komplexe Aufgabe darstellt. Die Berücksichtigung neuer Forschungsergebnisse ist dabei von hoher Relevanz. Aus der durchgeführten Untersuchung ergeben sich folgende Schlussfolgerungen.

- Anhand der textlinguistischen Analyse kann die Oberfläche des Textes erfasst und festgestellt werden, welche explizierten sprachlichen Mittel als Indikatoren den Textverarbeitungsprozess in Gang setzen und wie sie bei der Herstellung der inhaltlichen Bezüge im Text genutzt werden können.
- Anhand des Protokolls des lauten Denkens können die unsichtbaren mentalen Textverarbeitungsprozesse nachvollzogen werden. Das ermöglicht einerseits die beim Verstehen zu bewältigenden Schwierigkeiten seitens der Rezipienten zu ermitteln, andererseits einen Einblick, wie sich der Rezipient bedient und welche Strategien er benutzt.
- Die Wirkung des Muttersprachenunterrichts auf den Fremdsprachenunterricht hat eine außerordentlich hohe Relevanz. Die Vermittlung und die Bewusstmachung von Lesestrategien müssen auch bereits in der Muttersprache erfolgen. Sie bieten eine Basis für das Lesen in der Fremdsprache. Hochgradige muttersprachige Kompetenzen und eine Sensibilisierung in der Muttersprache sind Voraussetzungen für das Lesen in der Fremdsprache.
- Das Weltwissen spielt beim Textverstehen auch eine sehr wichtige Rolle.

Das durchgeführte Experiment lässt darauf schließen, dass die rezeptive Sprachhandlungsfähigkeit mehrere Teilkompetenzen umfasst und ihre Förderung bei der rezeptiven Mehrsprachigkeit von großem Belang ist und gleichzeitig als eine große Chance bietet.

Literatur

Bimmel, P.(2002). Strategisch lesen lernen in der Fremdsprache. *Zeitschrift für Fremdsprachenforschung, 13*(1), 113–141.
Börner, W. & Vogel, K. (1996) (Eds.), *Der Text im Fremdsprachenunterricht*. Bochum: AKS-Verlag.
Europarat (2001). *Gemeinsamer europäischer Referenzrahmen für Sprachen: lernen, lehren, beurteilen*. Berlin et. al.: Langenscheidt.
Farkas, O. (2003). Lesen in der Fremdsprache: Ein Zusammenspiel unterschiedlicher Performanzfaktoren. Eine empirische Untersuchung anhand von Protokollen Lauten Denkens. *Zeitschrift für Angewandte Linguistik, 39*, 29-51.
Feld-Knapp, I. (2005). *Textsorten und Spracherwerb. Eine Untersuchung der Relevanz textsortenspezifischer Merkmale für den „Deutsch als Fremdsprache"-Unterricht*. Hamburg: Dr. Kovac Verlag.

Feld-Knapp, I. (2014a). Mehrsprachigkeit und Fremdsprachenunterricht. In I. Feld-Knapp (Eds.), *Mehrsprachigkeit* (=CM-Beiträge zur Lehrerforschung 2)(pp.15-33). Budapest: Typotex Kiadó/Eötvös Collegium.

Feld-Knapp, I. (2014b). A többnyelvűség didaktikája. Gondolatok az idegennyelvtanár-képzés megújításához. In M. Ladányi & Zs. Vladár & É. Hrenek (Eds.), *MANYE XXIII. Nyelv – társadalom – kultúra. Interkulturális és multikulturális perspektívák* (pp. 91-95). Budapest: MANYE/Tinta.

Feld-Knapp, I. (2014c). Textkompetenzen beim Lehren und Lernen von modernen Fremdsprachen. In P. Bassola & E. Drewnowska-Vargáné et.al.(Eds.), *Zugänge zum Text*. (pp. 127-150). Frankfurt a. M.: Lang.

Gross, H. (1990). Textlinguistik im Hochschulunterricht DaF. In H. Gross & K. Fischer (Eds.), *Grammatikarbeit im DaF-Unterricht*. (pp. 105-121). München: iudicum.

Heinemann, W. & Viehweger, D. (1991). *Textlinguistik. Eine Einführung*. Tübingen: Max Niemeyer Verlag.

Heusinger, S. (2004). *Die Lexik der deutschen Gegenwartssprache: Eine Einführung*. (p. 144). München: UTB.

Hufeisen, B. & Marx, N. (2007) (Eds.). *EuroComGerm – Die sieben Siebe: Germanische Sprachen lesen lernen*. Aachen: Shaker Verlag.

Kintsch, W. & van Dijk, T. A. (1983). *Strategies of dicscourse comprehension*. New York: Academic Press.

Neuland, E. & Peschel, C. (2013). *Einführung in die Sprachdidaktik*. (pp. 159-193). Stuttgart: Metzler.

Perge, G. (2014). Interkomprehension. Gemeinsamkeiten verwandter Sprachen beim Erwerb der fremdsprachlichen Lesefähigkeit nutzen lernen. In I. Feld-Knapp (Eds.), *Mehrsprachigkeit* (=CM-Beiträge zur Lehrerforschung 2) (pp. 267-307). Budapest: Typotex Kiadó/Eötvös Collegium.

Scherner, M. (2006). „Lesekompetenz" und „Interpretation". Oder: Wie text(verarbeitungs)kompetenz im Interpretationstext aufweisbar wird. In C. Spiegel & R. Vogt (Eds.), *Vom Nutzen der Textlinguistik für den Unterricht*. (pp. 69-84). Baltmannsweiler/Hohengehren: Schneider.

Schramm, K. (2001). *L2-Leser in Aktion. Der fremdsprachliche Leseprozeß als mentales Handeln*. Münster/New York: Waxmann.

Szikszainé Nagy, I. (2004). *Leíró magyar szövegtan*. Budapest: Osiris Kiadó.

Quellenverzeichnis

Textbeispiel für Ungarisch: „Az irodalmi mű mint komplex modell. A könyv célja, módszere, fölépítése"

Hankiss, E. (1985). *Az irodalmi mű mint komplex modell*. (pp. 21). Budapest: Magvető Könyvkiadó. (Reprint from Skutta, F. (1998). Koreferencia a tudományos szövegben. In J. Petőfi S. (Eds.), *Officina Textologica 2. Koreferáló elemek – koreferenciarelációk*. (p. 76). Debrecen: Kossuth Egyetemi Kiadó.)

Textbeispiel für Deutsch: „Der Tag der Prüfung"

Feld-Knapp, I. et.al. (2002): *Entdeckungen. Német nyelvkönyv haladóknak felvételi feladatokkal*. (2nd ed.). (p.104). Budapest: Nemzeti Tankönyvkiadó.

Textbeispiel für Englisch: „Winning Lotto ticket survives washing machine"
Herald Online: ttp://www.lotterypost.com/news/235002 (letzter Zugriff am 22. 3. 2015)
Reprinted from: https://dari.oktatas.hu/kir/erettsegi/okev_doc/erettsegi_2014/oktober/k_angol_14okt_ut.pdf (letzter Zugriff am 22. 3. 2015)

Stundenbild

Die folgenden Aufgaben beziehen sich auf die im zweiten Kapitel analysierten Texte in den drei ausgewählten Sprachen. Dieses Stundenbild ist ein exemplarisches Beispiel dafür, wie sprachliche Mittel in Texten in mehreren Sprachen im Fremdsprachenunterricht bewusst behandelt werden können. Darüber hinaus wird anhand des Stundenbildes gezeigt, wie textlinguistische Kenntnisse im Fremdsprachenunterricht umgesetzt werden können.

1. Wie viele Themawörter kannst du im ungarischen, deutschen bzw. englischen Text identifizieren? Unterstreiche die Wörter in jedem Text.

2. Wie wiederholen sich die im vorigen Schritt markierten Themen in den einzelnen Texten? Visualisiere die Wiederaufnahmestruktur jedes Themas in jeder Sprache.

3. Suche Beispiele in den Texten aufgrund der folgenden Aspekte.

	Ungarischer Text	Deutscher Text	Englischer Text
Reine Wiederholung des Lexems			
Verweis durch ein Personalpronomen			
Verweis durch ein Possessivpronomen			
Verweis durch ein Synonym			
Verweis durch ein Suffix			

4. Welche Konsequenzen kannst du anhand der Analyse der Formen der Verweisung ziehen? (s. dazu die vorige Tabelle)

5. Erkläre, welche inhaltlichen Bezüge die fett gedruckten Konnektoren in den Texten darstellen?

a) Elemeznie kell, **egyfelől**, a művek keletkezésének körülményeit s folyamatát, és elemeznie kell, **másfelől**, azt a hatást, **amit** a művek kiváltanak, **azt** a funkciót, **amit** a társadalomban betöltenek.
b) Er bestand **nicht nur** auf diesem frühen Termin für die Prüfung, **sondern auch** auf einem riesigen Stoffgebiet, **das** Sabine zu lernen hatte.
c) The winner, **who** wants to stay anonymous, said he found the ticket last weekend **after** he washed his clothes.

Angaben zur Autorin

Gabriella Perge, Eötvös-Loránd-Universität
gabriellaperge87@gmail.com

Marie-Theres Hofer und Katharina Ogris

Sprachsensibler Fachunterricht – Umsetzung sprachsensibler Maßnahmen am Beispiel „Sinken und Schwimmen"[1]

Language-sensitive teaching – Implementing language-sensitive methods shown by the example of ‚sinking and swimming'

Zusammenfassung

Mit unserem Beitrag „Sinken oder Schwimmen" möchten wir neben einem kurzen theoretischen Abriss zum Thema „Sprachsensibel lehren und lernen", in dem wir den Fokus primär auf die Notwendigkeit dessen im Unterricht der Grundschule legen, ein konkretes Unterrichtsbeispiel präsentieren. Diese Unterrichtsplanung, welche im Bereich „Sachunterricht/ Erfahrungsbereich Technik bzw. Natur" (Lehrplan der Volksschule) angesiedelt ist, soll die sprachsensible Gestaltung eines fachlichen Inputs aus einem nicht typischerweise im einzelsprachlichen Bereich angesiedelten Unterrichtsgegenstand zeigen.

Konkret geht es dabei darum, auf Grundstufe I durch ein einfaches Experiment das Phänomen des „Sinkens und Schwimmens" zu beobachten, zu beschreiben und durch Ergebnissicherung festzuhalten. In der von uns vorgelegten Unterrichtsplanung, welche kompetenzorientiert ausgerichtet und formuliert ist, finden sich ausführlich beschriebene Unterrichtsschritte, Aktivitäten von Lehrerinnen und Lehrern bzw. Schülerinnen und Schülern, aber – um eben einen sprachsensiblen Unterricht zu gewährleisten – auch zugehörige Sprachstrukturen und das notwendige Vokabular, sprachunterstützende Vorschläge sowie Scaffolds. Für die Ergebnissicherung ist auch der Entwurf eines adäquaten Arbeitsblattes angeführt. Untermauert wird die schriftliche Beschreibung der Unterrichtseinheit durch ein Fotoprotokoll der einzelnen Aktivitäten. Abschließend möchten wir auch Differenzierungsmaßnahmen vorstellen sowie Anregungen für weiterführende Aufträge bzw. schulstufenheterogene Klassensettings bieten.

---

[1] Viele weitere Ideen zu diesem Thema sind online zugänglich. Zwei Ressourcen dürfen genannt werden: Landesinstitut für Lehrerbildung und Schulentwicklung. (Hrsg.). (2013). *FörMig-Transfer Hamburg Kita-Grundschule. Beispiele für eine durchgängige Sprachbildung an der Schnittstelle zwischen Elementar- und Primarbereich*. Hamburg: Landesinstitut für Lehrerbildung und Schulentwicklung.
Fuchs, E., Hofer, M.-T. & Mulley, U. (2015). *Sprachsensibler Fachunterricht in der Grundschule. Fokus Sachunterricht*. Graz: ÖSZ. (in Druck).

Abstract

This article begins with a theoretical sketch on content and language integrated learning in German as a second language (CLILiG) and is followed by a practical example of how to implement this at the primary school level. This lesson plan outline, which focuses on science (nature and technique), will show content input using sensible language.

In practice, this means that on key stage I, a simple experiment concentrating on the phenomenon of sinking and floating will be observed, described and recorded. In the supplied example, which is competence-oriented, detailed steps of the lesson procedure, teachers'/pupils' activities, speech functions and vocabulary as well as scaffolds will be given. Additionally, adequate worksheets for recording the findings and a photo protocol of the individual activities will be offered underpinning the theoretical description of the teaching unit. Finally, measures of differentiation and suggestions for continuing activities will be provided.

Die Notwendigkeit sprachsensiblen Unterrichts

Sprache ist nicht nur ein Teil des Unterrichtsfaches Deutsch, sondern das zentrale Medium des Lehrens und Lernens in allen Fächern. Somit ist die Beherrschung der Unterrichtssprache eine maßgebende Voraussetzung für die Vermittlung bzw. Erschließung von Inhalten eines Faches. Diese Grundlage ist für das Gelingen von Lehr- und Lernprozessen allerdings nicht bei allen Kindern entsprechend vorhanden. Vor allem Schülerinnen und Schüler mit Migrationshintergrund, aber auch Kinder, die im bildungsfernen Milieu aufwachsen, haben oftmals Probleme der Fachsprache zu folgen und daraus in Folge auch eine eigene Bildungssprache zu entwickeln. In diesem Prozess spielt die Herkunftssprache eine entscheidende Rolle, die den Erfolg oder Misserfolg der Bildungskarriere beeinflusst und richtungsweisend mitbestimmt. Fasst man die genannten Parameter – Migration und Bildungsferne – zusammen, dann wird schnell ersichtlich, dass Schülerinnen und Schüler mit Migrationshintergrund aus bildungsfernen Elternhäusern jene sind, die in einem monolingual konzipierten Schul- und Unterrichtssystem als jene Gruppe mit den geringsten Erfolgsaussichten betreffend Schulerfolg bezeichnet werden können. Sie verfügen weder über ein ausreichendes sprachliches Repertoire in der Schulsprache, noch begegnen sie in ihrem privaten Umfeld vielfältigen sprachlichen Anregungen in einer ihnen zur Verfügung stehenden Sprache. Nicht zu übersehen bzw. zu unterschätzen ist aber auch die Tatsache, dass viele Kinder mit Erstsprache Deutsch, die von den Pädagoginnen und Pädagogen grundgelegten Voraussetzungen in sprachlicher Hinsicht nicht beherrschen (vgl. Portman-Tselikas, 2013, S. 278), was in der derzeitig geführten Diskussion häufig weniger Beachtung findet.

Diese Gegebenheiten können aber nicht ausschließlich durch einen qualitativ hochwertigen Deutschunterricht und zusätzliche Fördermaßnahmen in der Schulsprache (Deutsch als Zweitsprache) entschärft werden, denn Sprache soll nicht nur als Ergebnis von Spracherwerb, sondern auch als „Mittel der Erfassung von und des Denkens über Sachverhalte" (ebda., S. 281) verstanden werden. Vielmehr ist eine „durchgängige sprachliche Bildung"[2], das heißt

---

2 Siehe dazu u.a.: Gogolin et.al., 2010.

eine systematische Vermittlung von Fachsprache in allen Unterrichtsfächern, grundlegend, damit folglich Bildungssprache[3] aufgebaut werden kann.

Unterricht, in dem Fachlichkeit und Sprachlichkeit nicht voneinander getrennt sind, wird in der Diskussion rund um den Erwerb von Bildungssprache als äußerst relevant erachtet. Dabei spielt der sprachsensible Fachunterricht eine wesentliche Rolle. „Sprachsensibler Fachunterricht ist der bewusste Umgang mit Sprache beim Lehren und Lernen im Fach." (Leisen, 2013a, S. 3) Sprache wird bewusst im Fach integriert – passend und sprachsensibel (vgl. Leisen, 2013a, S. 30).[4]

Die Unterrichtsplanung als konkrete Anleitung sprachsensiblen Fachunterrichts

Um sprachsensiblen Fachunterricht nicht nur theoretisch zu denken, sondern auch praktisch umzusetzen, ist es unumgänglich, bereits in der Planung und Didaktisierung jeder Unterrichtsstunde sprachsensibel vorzugehen und den Unterricht so auszurichten, dass dieser einen hohen Sprach- und Sprechanteil aufweist. Um dies zu garantieren ist es notwendig, die angestrebten Kompetenzen so zu formulieren, dass die Operatoren auch nach sprachlicher Überprüfbarkeit gewählt werden. Nach Bloom (1972) könnten dies zum Beispiel folgende sein: aufzählen – benennen – beschreiben – schildern – mündlich interpretieren etc.

Unterstützungen auf sprachlicher und inhaltlicher Ebene helfen Bildungssprache aufzubauen und Schülerinnen und Schüler zur Sprachproduktion anzuregen. Dies umschreibt den englischen Begriff des *Scaffoldings*[5], welcher erstmals von Bruner, Ross und Wood (1976) verwendet und von Gibbons (2002, 2005, 2006) für Zweitsprachenlernprozesse weiterentwickelt wurden (vgl. Quehl & Trapp, 2013, S. 26). *Scaffolds* sind Sprachgerüste, die je nach

---

3 Der Begriff „Bildungssprache" instituierte sich durch das FörMig-Kompetenzzentrum (Förderung von Kindern und Jugendlichen mit Migrationshintergrund) der Universität Hamburg. Nähere Information: www. foermig.uni-hamburg.de

4 Dies verweist auf das CLIL-Konzept, welches nach Eurydice (vgl. Eurydice, 2006, S. 7) ein Akronym für Content and Language Integrated Learning darstellt und das Lernen von Sprachen im Erfassen von Inhalten rund um den Lehrplan integriert. Weitere Information zum CLIL-Konzept:
Bentley, K. (2010). *The TKT course: CLIL Modul: Content and Language Integrated Learning*. Cambridge: Cambridge University Press.
CLIL Cascade Network. Retrieved from http://www.ccn-clil.eu/index.php?name=Content&nodeIDX=3610 (2013, Oct. 26).
Coyle, D., Hood, P. & Marsh, D. (2010). *CLIL: Content and language integrated learning*. Cambridge: Cambridge University Press.
ECML/CELV. (2007). *CLIL Matrix*. Graz. Retrieved from http://archive.ecml.at/mtp2/CLILmatrix/EN/qMain.html (2013, Oct. 26).
Mehisto, P., Marsh, D. & Frigols, M. J. (2008). *Uncovering CLIL*. Between Towns Road, Oxford: Macmillan Publisher Limited.

5 Weitere Information zum Scaffolding-Konzept:
Quehl, T. & Trapp, U. (2013). *Sprachbildung im Sachunterricht der Grundschule: Mit dem Scaffolding-Konzept unterwegs zur Bildungssprache*. Münster: Waxmann.
Gibbons, P. (2002). *Scaffolding Language, Scaffolding Learning. Teaching Second Language Learners in the Mainstream Classroom*. Portsmouth, NH: Heinemann.
Gibbons, P. (2006). Unterrichtsgespräch und das Erlernen neuer Register in der Zweitsprache. In: Mecheril, P. & Quehl, T. (Eds.) (2006). *Die Macht der Sprachen. Englische Perspektiven auf die mehrsprachige Schule*, 269-290. Münster: Waxmann Verlag.

Situation und Schülerin oder Schüler auf- oder abgebaut werden können und dabei einen intellektuellen Schub[6] auf die nächste Ebene der Weiterentwicklung ohne Unter- und Überforderung darstellen (vgl. Carnevale & Wojnesitz, 2014, S. 14).
In diesem Artikel soll anhand des Beispiels „Sinken und Schwimmen" auf Grundstufe I eine Möglichkeit des sprachsensiblen Fachunterrichts auf Primarebene gezeigt werden unter zur Hilfenahme der Alltagssprache und Einbindung von Mehrsprachigkeit im Unterricht unterstützt von theoretischen sowie didaktisch-methodischen Überlegungen der CLIL-, Scaffolding-, und sprachsensiblen Fachunterricht-Konzepte. Darauf wurde besonders auf die Einhaltung der Empfehlungen für sprachsensible Fachaufgaben geachtet:
– Wortschatz, Strukturen, Textbausteine zur Verfügung stellen
– Methodenwerkzeuge einsetzen
– Grafische/Bildliche Unterstützung bieten
– Operatoren an den Anfang setzen
– Differenzieren
– Die sprachlichen (…) Strukturen gezielt vermitteln und üben. (vgl. Carnevale & Wojnesitz, 2014, S. 19)

Neben der theoretischen Fundierung und einer gut durchdachten Unterrichtsplanung muss auch das Erstellen von Unterrichtsmaterial jenen Kriterien folgen, die einen sprachsensiblen Input unterstützen und mittragen. Folgende Punkte wurden dabei beachtet:
1. Klare, kurze Aufgabenstellungen
2. Unterstützung der Sätze durch Bilder
3. Operatoren werden explizit und klar gesetzt (erste Stelle) (Sprich, Schreibe, Hake an)
4. Verdeutlichung der einzelnen Arbeitsschritte durch Aufzählungen
5. Sprachhilfen (Wort-Bild, Realia-Wort, Rede- bzw. Schreibmittel) als Hilfestellung und zur Aktivierung des Wortschatzes
6. Überschriften werden visuell hervorgehoben (Blockschrift, Farbe, unterstrichen, fett)
7. Schlüsselwörter werden visuell hervorgehoben (Farbe, fett, Farbkodierung)
8. Schwierige Wörter bzw. Fachvokabular wurde vorab bearbeitet und geklärt (vgl. Bentley, 2010, S. 52ff.)

Gibbons, P. & Hammond, J. (2005). Putting scaffolding to work: The contribution of scaffolding in articulating ESL education. *Prospect*, Vol. 20(1), 6-30. Retrieved from http://www.ameprc.mq.edu.au/docs/prospect_journal/volume_20_no_1/20_1_1_Hammond.pdf (2014, Jun. 13).
Wood et al. (1976). The role of tutoring in problem solving. *Journal of child Psychology and Psychiatry*, Vol. 17(2), 89-100.
6 Dies unterliegt dem ZPD-Konzept von Lev Vygotsky (1978, 1986). Dabei werden Lernende durch Scaffolds von der Zone der aktuellen Entwicklung zur Zone der proximalen Entwicklung geführt.

Unterrichtsbeispiel zum sprachsensiblen Unterricht

Grundstufe I, 2. Schulstufe
Sachunterricht/ Thema Wasser: Sinken oder schwimmen?
Die Schülerinnen und Schüler können anhand eines einfachen Experimentes verschiedene Gegenstände dem „Sinken" oder „Schwimmen" zuordnen.
Lehrplanzuordnung: Erfahrungs- und Lernbereich „Technik": Erste Erkenntnisse über Kräfte und ihre Wirkungen erwerben.[7]

Phase 1	**Einführung in den Themenbereich**
	Einführung der themenspezifischen Schlüsselwörter mit Hilfe von Realia und/ oder Bildern.
Aktivität(en)	• Mündliches Bennen der Gegenstände • Unterscheiden der Verben „sinken" und „schwimmen" mit unterstützenden Handbewegungen (siehe Abb. 1) • Darlegen des Sprachverständnisses durch das Anführen eigener Beispiele
Sprachstrukturen Vokabular	die Stecknadel, der Korken, der Löffel, der Apfel, der Bleistift, die Münze, sinken, schwimmen
Sprachunterstützung Scaffolds	Realia (Münze, Apfel, Bleistift, Stecknadel, Löffel, Korken) Bild-Wortkarten (siehe Abb. 1)
Didaktische Anmerkungen	Schülerinnen und Schüler werden zu bildungssprachlichen Äußerungen herangeführt, die auf Primarebenen noch weniger komplex sind, wobei sprachliche Hilfestellungen (Scaffolds) zur Steigerung der Ausdrucksfähigkeit im Fach dienen. Diese leisten Hilfestellung in der Aktivierung des Wortschatzes und der schnellen Wortzuordnung durch die Bildunterstützung. Der Wortschatz wird kontextbezogen eingeführt, erklärt und beschrieben. Dies passiert auf der gegenständlichen und bildlichen Ebene. Besonderer Wert wird in dieser Phase der Benennung der Nomen auf das Verwenden der richtigen Artikel gelegt, damit Schülerinnen und Schüler mit anderen Erstsprachen als Deutsch diese korrekt verwenden können. Um die Verben „sinken" und „schwimmen" zu festigen, sollen die Schülerinnen und Schüler eigene Muster aus ihrer Erfahrungswelt bringen, zum Beispiel: „Ein Stein sinkt."

---

7 GSI: Erfahrungsbereich Natur und Technik: Erste Einsichten über Lebensvorgänge und biologische Zusammenhänge (Lehrplan der Volksschule, 2005, S. 87); GSII: Spezifische Arbeitstechniken anwenden; Experimentieren (Lehrplan der Volksschule, 2005, S.100f).

Sprachsensibler Fachunterricht | 141

Visualisierung	
	Abb. 1: Bild-Wortkarten (Foto: Hofer)
Phase 2	**Gemeinsames Anstellen von Vermutungen im Plenum** *Anstellen von Vermutungen über das Sinken oder Schwimmen der bekannten und benannten Gegenstände.*
Aktivität(en)	• Zuordnen der färbigen Papierbögen zu den Verben „sinken" und „schwimmen" • Mündliches Formulieren von Sätzen (mit der vorgegebenen Sprachstruktur als Differenzierungsmaßnahme) • Zuordnen der Objekte zum vermuteten richtigen „Zustand"
Sprachstrukturen Vokabular	die Stecknadel, der Korken, der Löffel, der Apfel, der Bleistift, die Münze; sinken, schwimmen; rot und gelb; „Ich glaube, dass ... sinkt." „Ich glaube, dass ... schwimmt." (siehe Abb. 3)
Sprachunterstützung Scaffolds	rotes & gelbes Blatt Papier A3 (siehe Abb. 2) Schlüsselwörter (siehe Abb. 2) Redemittel (siehe Abb. 3) Realia (Münze, Apfel, Bleistift, Stecknadel, Löffel, Korken)
Didaktische Anmerkungen	Der Austausch über Vermutungen wird mittels alltagssprachlicher Formulierungen geäußert, wobei es für Schülerinnen und Schüler mit nichtdeutscher Erstsprache bzw. für jene, die die passenden sprachlichen Muster nicht parat haben, eine sprachstrukturelle Vorgabe gibt. Dabei ordnen die Schülerinnen und Schüler ein Objekt einer Farbe zu und vermuten somit entweder, dass dieses sinkt (gelb) oder schwimmt (rot). Dabei werden individuelle Denkprozesse auf gegenständliche Ebene angeregt. Durch die ständige Wiederholung und das Verbleiben in der sprachlichen Vorgabe, werden sowohl die Objektbegriffe wie auch die Satzstellung gefestigt und so verinnerlicht.

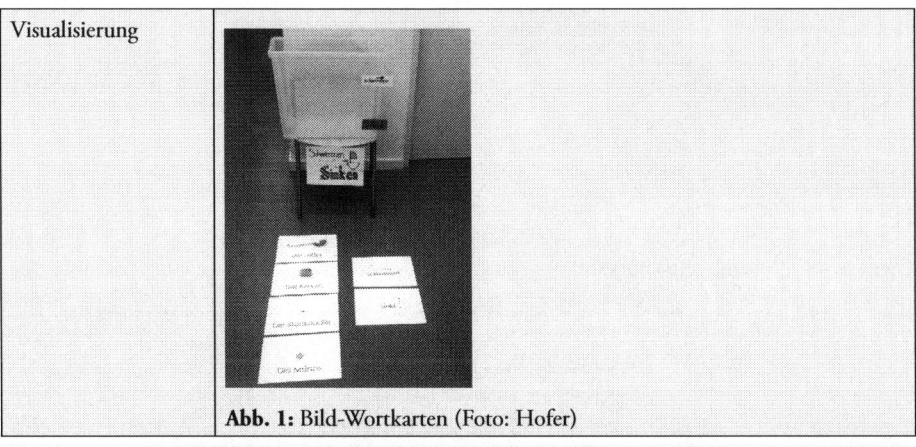

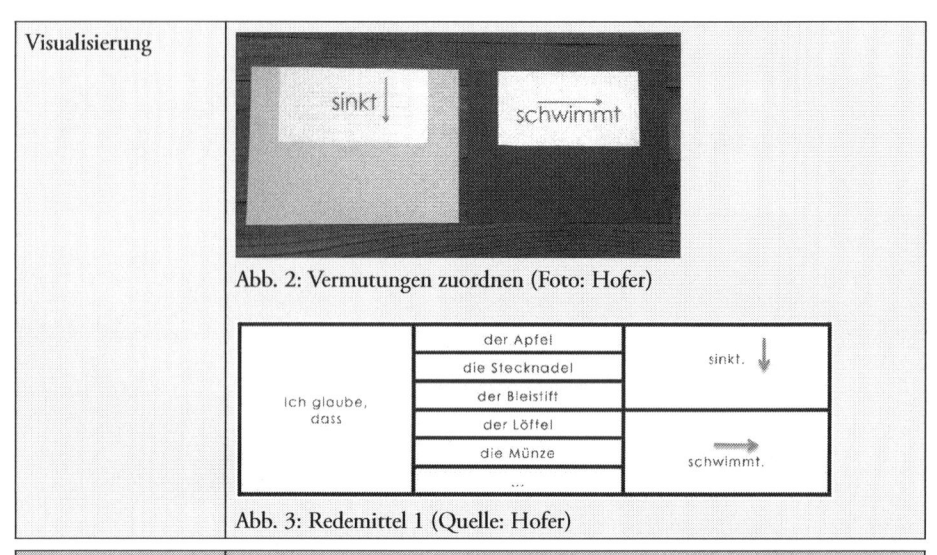

Visualisierung	Abb. 2: Vermutungen zuordnen (Foto: Hofer) Abb. 3: Redemittel 1 (Quelle: Hofer)
Phase 3	**Überprüfen der Vermutungen anhand eines Experimentes** *Die Schülerinnen und Schüler* überprüfen ihre Vermutungen selbstständig, indem die Objekte ins Wasser gelegt werden.
Aktivität(en)	• Bilden/Einteilen[8] von Gruppen und Zuteilen notwendiger Utensilien sowie einmaliges Vorzeigen des Experimentes anhand eines Objektes im Plenum • Durchführen des Experimentes in der Gruppe, mehrere Versuchsreihen
Sprachstrukturen Vokabular	die Stecknadel, der Korken, der Löffel, der Apfel, der Bleistift, die Münze; sinken, schwimmen
Sprachunterstützung Scaffolds	Realia (Münze, Apfel, Bleistift, Stecknadel, Löffel, Korken) Redemittel (siehe Abb. 3) mehrere transparente Schüsseln mit Wasser (siehe Abb. 4)
Didaktische Anmerkungen	Nachdem die Schlüsselwörter eingeführt und der Verlauf des Experiments erklärt wurden, wird der Versuch eigenständig (auf gegenstandsbezogener Ebene) in Gruppenarbeit durchgeführt. Hier sind alltagssprachliche Äußerungen und die Erstsprache der Schülerinnen und Schüler legitim bzw. erwünscht. Hierbei soll der Vorgang phänomenologisch beobachtet werden.

---

[8] Hier könnten Schülerinnen und Schüler mit anderen Erstsprachen als Deutsch eigene Gruppen bilden und in ihrer Erstsprache arbeiten.

Sprachsensibler Fachunterricht | 143

Visualisierung	
	Abb. 4: Experimentiersituation (Foto: Hofer)
Phase 4	**Sicherung der Ergebnisse an einem Arbeitsblatt und Vergleichen dieser im Plenum** *Beobachtungen werden auf einem Arbeitsblatt festgehalten.*
Aktivität(en)	• Erklären des Arbeitsblattes (AB) und der Arbeitsaufträge • Bearbeiten des AB in der Gruppe • Vergleichen der Experimentierergebnisse im Plenum unter Verwendung der vorgegebenen Sprachstrukturen. (Selbstkontrolle am AB)
Sprachstrukturen Vokabular	Wir haben beobachtet, dass … sinkt. (siehe Abb. 5) Wir haben beobachtet, dass … schwimmt. die Stecknadel, der Korken, der Löffel, der Apfel, der Bleistift, die Münze
Sprach- unterstützung Scaffolds	Realia (Münze, Apfel, Bleistift, Stecknadel, Löffel, Korken) Redemittel (siehe Abb. 5) Arbeitsblatt mit bekannten graphischen Organisern[9] (siehe Abb. 6, 7, 8)

---

9 Graphische Organiser dienen der Visualisierung von Inhalten. Dabei werden die Beobachtungen erstmals festgehalten und fungieren als Basis für Phase 5 und 6.

Didaktische Anmerkungen	Die Ergebnisse des Experiments werden nun mittels eines Arbeitsblattes in den Experimentiergruppen protokolliert. Das Arbeitsblatt 1 (siehe Abb. 6) zeigt eine Kreuztabelle zur übersichtlichen Ergebnissicherung. Als Differenzierung wird das Arbeitsblatt 2 (siehe Abb. 7) angeboten. Darauf ist ein Wassergefäß zu sehen, in welches die Objekte an deren beobachtete Position gezeichnet werden sollen. Als Hilfestellung dienen Bild- und Wortkarten der Objekte auf der linken und rechten Seite sowie Redemittel am Ende des Arbeitsblattes. Die Schülerinnen und Schüler sind angehalten das Experiment bildungssprachlich zu schildern („Du bist nun Forscherin oder Forscher"). Dazu stehen Scaffolds wie Wort- und Bildkarten, Redemittel oder Satzanfänge zur Verfügung. Diese dienen als Hilfestellung und zur Aktivierung des Wortschatzes. Somit können Beobachtungen, welche in der Alltagssprache durchgeführt (Phase 3) und im Gespräch weiterentwickelt wurden, auf bildungssprachlicher Ebene formuliert werden. Das Ziel ist, dass Vorgänge und Phänomene erklärt und der neue Wortschatz angewendet werden kann. Folgende Verständnishilfen auf Wort- und Satzebene kommen zum Einsatz: klare Anweisungen, kurze Sätze, Unterstützungen der Wörter und Sätze durch Bilder, klare Setzung der Operatoren und Verdeutlichung der einzelnen Schritte durch Aufzählungen. Des Weiteren werden die Aufgaben durch das Vorzeigen eines Beispiels geklärt und die Überschrift deutlich hervorgehoben (Farbe, Blockbuchstaben, fett, unterstrichen), aber auch diverser Schriftstärken und -größen verwendet. Eine weitere Form der Darstellung (Mind Map) kann zur Sammlung der Ergebnisse oder als Vorlage für ein mögliches Tafelbild verwendet werden (siehe Abb. 8).

Sprachsensibler Fachunterricht | 145

Visualisierung			
	Wir haben beobachtet, dass	der Apfel	sinkt. ↓
		die Stecknadel	
		der Bleistift	
		der Löffel	
		die Münze	schwimmt. →
		...	

Abb. 5: Redemittel 2 (Quelle: Hofer)

SINKEN oder SCHWIMMEN?

1. Hake an! ☑
2. Sprich über deine Ergebnisse! 👄
3. Schreibe 5 Sätze zu deinen Ergebnissen! ✏

	sinkt ↓	schwimmt →
der Korken		✓
die Stecknadel		
der Apfel		
der Bleistift		
der Löffel		
die Münze		

Der Apfel	sinkt. ↓
Die Stecknadel	
Der Bleistift	
Der Löffel	
Die Münze	schwimmt. →
...	

Abb. 6: Arbeitsblatt 1 (Quelle: Hofer) [10]

---

10 Bilder auf den Arbeitsblättern wurden einer Website zur freier kommerziellen Nutzung (http://pixabay.com) bzw. aus privaten Fotographien entnommen.

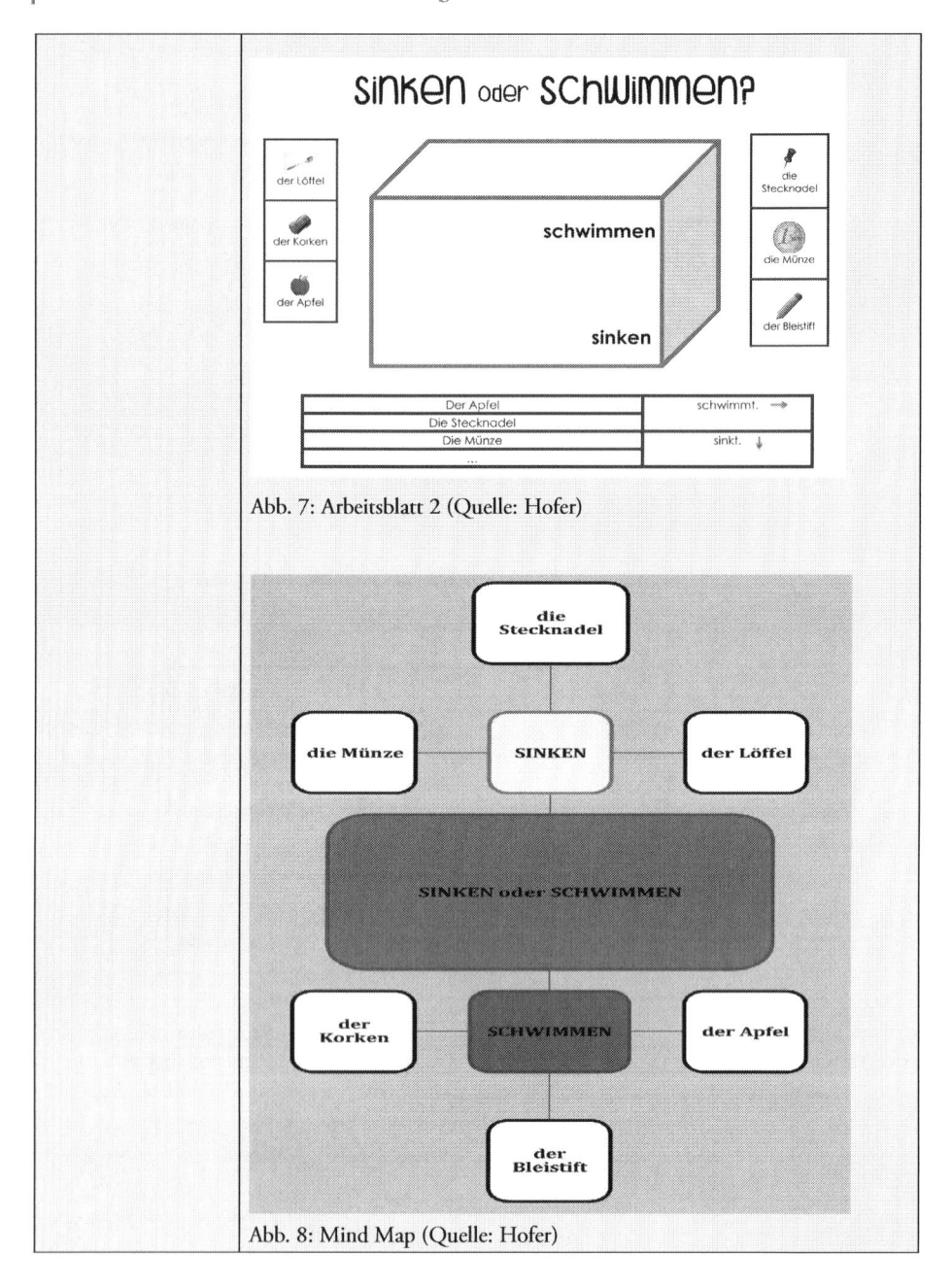

Abb. 7: Arbeitsblatt 2 (Quelle: Hofer)

Abb. 8: Mind Map (Quelle: Hofer)

Sprachsensibler Fachunterricht | 147

Phase 5	**Bildnerisches (bzw. schriftliches) Festhalten der Inhalte im Forscherinnen- und Forschertagebuch**
	Beobachtungen werden in einem Forscherinnen- und Forschertagebuch festgehalten.

Aktivität(en)	• Selbstständiges bildnerisches Gestalten des Experimentiervorganges
	• Mündliches Erklären des Eintrages
	• Differenzierung:
	  ◦ Selbstständiges schriftliches Festhalten des Experimentiervorganges in kurzen, einfachen Sätzen.
	  ◦ Vorlesen des Eintrages.
	  ◦ Festhalten der Forschungsschritte am Zeitstreifen (schriftlich oder bildnerisch).

Sprachstrukturen Vokabular	Wir haben beobachtet, dass … sinkt. Wir haben beobachtet, dass … schwimmt. die Stecknadel, der Korken, der Löffel, der Apfel, der Bleistift, die Münze
Sprachunterstützung Scaffolds	Forscherinnen- und Forschertagebuch Arbeitsblatt (siehe Abb. 9) Redemittel (siehe Abb. 5)
Didaktische Anmerkungen	Schließlich werden die Beobachtungen zur weiteren Memorierung des Vorganges und des Inhaltes in das Forscherinnen- und Forschertagebuch gezeichnet bzw. nach Möglichkeit verschriftet. Dabei zielt diese Aufgabe darauf ab, Vorgänge und Phänomene mit eigenen Worten zu beschreiben sowie fachlich richtige und sprachlich angemessene Texte zu produzieren (sprachliche Ebene). Zur Reflexion des Prozesses kann als Hilfestellung ein Zeitstreifen (siehe Abb. 9) eingesetzt werden, indem die Kinder über das Gemachte und dessen Verlauf reflektieren (Gegenstände benennen, Vermutungen anstellen, erproben, Arbeitsblatt bearbeiten, über Ergebnisse sprechen,…) .
Visualisierung	**SINKEN oder SCHWIMMEN?** 1. Zeichne, was du gemacht hast. 2. Sprich über den Ablauf. 3. Schreibe 4 Sätze dazu. Zuerst — Danach — Nun — Zum Schluss Abb. 9: Zeitstreifen (Quelle: Hofer)

Weiterführende Arbeit:
- Rückschlüsse ziehen auf die Materialbeschaffenheit, Größe, ... der Objekte.
- Zusammenfassen des Experimentes in einem Text.
- Weiterführende Thematik: Warum schwimmen Schiffe? Dichte & Auftrieb

Konklusion

Sprachsensibler Unterricht ist eine Querschnittsmaterie, die, um zielorientiert wirken zu können, nur gemeinsam über alle Fächer hinweg getragen werden soll. Bereits bei der Konzeption und Planung des Unterrichts muss Sprachsensibilität im Fach theoretisch fundiert und folgend didaktisch aufbereitet werden. Das Zusammenspiel von Fach und Sprache erschließt sich in manchen Themenbereichen nicht gleich auf den ersten Blick. Mit dieser Unterrichtsplanung wurde kriteriengerecht aufgezeigt, wie sprachsensibler Fachunterricht in einem nichtsprachlichen Unterrichtsgegenstand aufgebaut werden kann.
Ein möglicher Schritt zu mehr Bildungsgerechtigkeit.

Literatur

Bentley, K. (2010). *The TKT course: CLIL Modul: Content and Language Integrated Learning*. Cambridge: Cambridge University Press.
Bloom, B. S. (Hrsg.). (1972). *Taxonomie von Lernzielen im kognitiven Bereich*. Weinheim: Beltz.
Bucher, C. & Mehlin, S. (2014). *Fortbildung zur Durchgängigen sprachlichen Bildung. Arbeitsaufträge selbstständig entschlüsseln und bearbeiten. 4 Module*. Berlin: Senatsverwaltung für Bildung, Jugend und Wissenschaft.
Carnevale, C. & Wojnesitz, A. (2014). *Sprachsensibler Fachunterricht in der Sekundarstufe. Grundlagen-Methoden-Praxisbeispiele*. (ÖSZ Praxisreihe Heft 23). Graz: ÖSZ.
CHAWID Folder. (k.D.). *Sprachsensibler Fachunterricht für chancengerechte Wissensvermittlung in Deutsch als Unterrichtssprache (CHAWID)*. Graz: ÖSZ. Abgerufen unter: http://oesz.at/download/Attachments/chawid_infofolder_2013_web.pdf (2014, Dez., 06).
CLIL Cascade Network. Abgerufen unter: http://www.ccn-clil.eu/index.php?name=Content&nodeIDX=3610 (2013, Oct., 26).
Coyle, D., Hood, P. & Marsh, D. (2010). *CLIL: Content and language integrated learning*. Cambridge: Cambridge University Press.
ECML/CELV (2007). *CLIL Matrix*. Graz. Abgerufen unter: http://archive.ecml.at/mtp2/CLILmatrix/EN/qMain.html (2013, Oct., 26).
Eurydice. (2006). Content and Language Integrated Learning at School in Europe. Abgerufen unter: http://eacea.ec.europa.eu/education/eurydice/thematic_studies_archives_en.php (2013, Jan., 03).
Fuchs, E., Hofer, M.-T. & Mulley, U. (2015). *Sprachsensibler Fachunterricht in der Grundschule. Fokus Sachunterricht*. Graz: ÖSZ. (avisiert Sommer 2015).
Gibbons, P. (2002). *Scaffolding Language, Scaffolding Learning. Teaching Second Language Learners in the Mainstream Classroom*. Portsmouth, NH: Heinemann.
Gibbons, P. (2006). Unterrichtsgespräch und das Erlernen neuer Register in der Zweitsprache. In: Mecheril, P. & Quehl, T. (Eds.) (2006). *Die Macht der Sprachen. Englische Perspektiven auf die mehrsprachige Schule*, 269-290. Münster: Waxmann Verlag.
Gibbons, P. & Hammond, J. (2005). Putting scaffolding to work: The contribution of scaffolding in articulating ESL education. *Prospect*, Vol. 20 (1), 6-30. Abgerufen unter: http://www.ameprc.mq.edu.au/docs/prospect_journal/volume_20_no_1/20_1_1_Hammond.pdf (2014, Jun., 13).
Gogolin, I., Lange, I., Hawighorst, B., Bainski, C. Heintze, A., Rutten, S. & Saalmann, W. (2010). *Qualitätsmerkmale für den Unterricht*. Hamburg: FörMig-Kompetenzzentrum Hamburg.
Gogolin, I., Lange, I., Hawighorst, B., Bainski, C., Heintze, A. Rutten, S. & Saalmann, W. (2010). *Durchgängige Sprachbildung: Qualitätsmerkmale für den Unterricht*. Hamburg: FörMig-Kompetenzzentrum.

Gogolin, I., Lange, I., Michel, U. & Reich, H. (Hrsg.). (2013). *Herausforderung Bildungssprache – und wie man sie meistert.* Münster: Waxmann.

Hallet, W. & König, F. G. (Hrsg.). (2013). *Handbuch Bilingualer Unterricht. Content and Language Integrated Learning.* Seelze: Kallmeyer in Verbindung mit Klett Friedrich Verlag GmbH.

Heintze, A., Carls, G., Greckl, M, Müller-Boehm, F. & Feige-Klische, U. (2009). *Wege zur durchgängigen sprachlichen Bildung. Ein Orientierungsrahmen für Schulen.* Berlin: FörMig Modellprogramm Förderung von Kindern und Jugendlichen mit Migrationshintergrund.

Hintzler, K., Mehlin, S. & Weckowski, D. (2014). *Professionelle Lerngemeinschaften für die Qualitätsentwicklung von Sprachbildung im Unterricht. Eine Handreichung für Beraterinnen und Berater, Multiplikatorinnen und Multiplikatoren, Sprachbildungskoordinatinnen – und koordinatoren.* Berlin: Senatsverwaltung für Bildung, Jugend und Wissenschaft.

Impulsblatt für Schulen. (2014). ÖSZ-Impulse für die Initiative „Schulqualität Allgemeinbildung". Graz: ÖSZ. Abgerufen unter: http://www.oesz.at/sprachsensiblerunterricht/UPLOAD/Oesz_Impulseblatt_sqaChawid_August2014_web.pdf (2014, Dez., 06).

Krathwohl, D. R., Bloom, B. S. & Masia, B. B. (1975). *Taxonomie von Lernzielen im affektiven Bereich.* Weinheim: Beltz.

Landesinstitut für Lehrerbildung und Schulentwicklung. (Hrsg.). (2013). *FörMig-Transfer Hamburg Kita-Grundschule. Beispiele für eine durchgängige Sprachbildung an der Schnittstelle zwischen Elementar- und Primarbereich.* Hamburg: Landesinstitut für Lehrerbildung und Schulentwicklung.

Landesinstitut für Lehrerbildung und Schulentwicklung. (Hrsg.). (2014). *FörMig-Transfer Hamburg Grundschule – Sek 1. Beispiele für eine durchgängige Sprachbildung Übergang von der Grundschule zur Sekundarstufe 1.* Hamburg: Landesinstitut für Lehrerbildung und Schulentwicklung.

Lang, C. (2014). *Unterricht auf den Punkt gebracht. Weniger-ist-mehr.* Eisenstadt: E. Weber.

Lehrplan der Volksschule (2005). *Lehrplan der Volksschule: Zweiter Teil Allgemeine Bestimmungen.* Abgerufen unter: http://www.bmukk.gv.at/medienpool/14041/lp_vs_zweiter_teil.pdf (2014, Feb., 10).

Leisen, J. (2010). Leseverstehen und Leseförderung in den Naturwissenschaften. In: Fenkart, Lembens & Erlacher-Zeitlinger (Hrsg.), *ide-extra, 16,* 195-212.

Leisen, J. (2013a). *Handbuch Sprachförderung im Fach. Sprachsensibler Fachunterricht in der Praxis. Grundlagenteil.* Stuttgart: Klett.

Leisen, J. (2013b). *Handbuch Sprachförderung im Fach. Sprachsensibler Fachunterricht in der Praxis. Praxismaterialien.* Stuttgart: Klett.

Lubig-Fohsel, E. & Carls, G. (2010). *Die Schatzkiste. Wie Kinder ihr Lernen sichtbar machen. Eine Handreichung für die Schulanfangsphase zur Unterstützung der Sprachentwicklung.* Berlin: Senatsverwaltung für Bildung, Wissenschaft und Forschung.

Mehisto, P., Marsh, D. & Frigols, M. J. (2008). *Uncovering CLIL.* Between Towns Road, Oxford: Macmillan Publisher Limited.

ÖSZ Österreichische Sprachen-Kompetenz-Zentrum. *Sprachsensibler Unterricht. Deutsch als Unterrichtssprache in allen Fächern.* Abgerufen unter: http://www.oesz.at/sprachsensiblerunterricht/main_02.php (2014, Nov., 24).

Pixabay. (2015). Kostenlose Bilder. Lizenz: CC0 Public Domain/Freie kommerzielle Nutzung/Kein Bildnachweis nötig. Abgerufen unter: http://pixabay.com (2015, Mar., 09).

Portman-Tselikas, P. R. (2013). In allen Fächern Sprache lernen. In: Gogolin, I. et al. (Hrsg.), *Herausforderung Bildungssprache – und wie man sie meistert* (S. 272-284). Münster: Waxmann.

Quehl, T. & Trapp, U. (2013). *Sprachbildung im Sachunterricht der Grundschule: Mit dem Scaffolding-Konzept unterwegs zur Bildungssprache.* Münster: Waxmann.

Schmölzer-Eibinger, S. (2011). *Lernen in der Zweitsprache. Grundlagen und Verfahren der Förderung von Textkompetenz in mehrsprachigen Klassen* (1./2. Aufl.). Tübingen: Narr.

Schmölzer-Eibinger, S. & Egger, E. (Hrsg.) (2012). *Sprache in Schulbüchern. Empfehlungen zur Sprachverwendung in Schulbüchern für SchulbuchautorInnen, GutachterInnen und Schulbuchverlage.* Wien: bmukk.

Schmölzer-Eibinger, S., Dorner, M., Langer, E. & Helten-Pacher, M. (2013). *Sprachförderung im Fachunterricht in sprachlich heterogenen Klassen.* Stuttgart: Klett.

Vygotsky, L. S. (1978). *Mind in Society. The Development of Higher Psychological Processes.* Cambridge: Harvard University Press.

Vygotsky, L. S. (1986). *Thought and Language.* Cambridge: MIT Press.

White Paper on Education and Training. (1995) *Teaching and Learning – Towards the Learning Society.* Abgerufen unter: http://europa.eu/documents/comm/white_papers/pdf/com95_590_en.pdf (2014, Okt., 22)

Wood et al. (1976). The role of tutoring in problem solving. *Journal of child Psychology and Psychiatry*, Vol. 17 (2), 89-100.

Zydatiß, W. (2005). Diskursfunktionen in einem analytischen curricularen Zugriff auf Textvarietäten und Aufgaben des bilingualen Sachfachunterichts. In: *FluL – Fremdsprachen Lehren und Lernen. Themenschwerpunkte: "Neukommunikativer" Fremdsprachenunterricht*. 34 Jg., 156-173.

Angaben zu den Autorinnen

Marie-Theres Hofer, Kirchliche Pädagogische Hochschule Graz
marie_theres.hofer@icloud.com

Katharina Ogris, Kirchliche Pädagogische Hochschule Graz
katharina.ogris@kphgraz.at

Forschungsskizzen

Martin Lang und Michaela Schniederjan

Förderung von Schreibkompetenz im Technikunterricht durch textsortenbasierte Interventionsinstrumente

Promoting writing skills in technology education by using text-based intervention instruments

Zusammenfassung

Fehlende literale Kompetenzen im fachlichen Kontext stellen einen enormen Chancennachteil für den schulischen Erfolg dar (Artelt et al., 2004; OECD, 2007). In dem hier vorgestellten Forschungsvorhaben „Schreiben im Fachunterricht der Sekundarstufe I unter Einbeziehung des Türkischen – Eine empirische Interventionsstudie zur Wirksamkeit von schreibfördernden Konzepten im Fachunterricht und im Herkunftssprachenunterricht Türkisch" sollen durch fachbezogenes, textsortenbasiertes Schreiben diese literalen Kompetenzen erworben werden (Cummins, 1986, 2000).

Der Beitrag stellt das Forschungsdesign der Untersuchung und die Entwicklung der technikspezifischen Testinstrumente dar, präsentiert erste Ergebnisse der Pilotierung und gibt einen Ausblick auf die geplante Durchführung der Hauptstudie.

Abstract

Missing literal competence in professional context represents a tremendous disadvantage for educational success. In the research project introduced here this literal competence should be acquired by writing subject-based text types. This paper describes the research design of the study and the development of technology-specific test instruments, presents first results of piloting and gives an outlook of the planned realisation of the main study.

Forschungsdesign

Ausgangspunkt des Forschungsvorhabens bildet eine interdisziplinäre Analyse der Merkmale zentraler Schülertextsorten in unterschiedlichen Fächern (Physik, Technik, Geschichte und Politik). Die Analyse beinhaltet Teilkomponenten von Schreibkompetenz (Becker-Mrotzek & Schindler, 2007; Knopp et al., 2012), wobei der Fokus auf domänenspezifischen literalen Prozeduren (Feilke, 2003) zur Herstellung fachlicher Zusammenhänge liegt. Das Anlegen gemeinsamer Kriterien an die Analyse ermöglicht eine Vergleichbarkeit zwischen den Textsorten der verschiedenen Fächer. Für eine statistisch relevante Schülergruppe aus den Jahrgangsstufen 7 und 8 wird der Ist-Stand der fachspezifischen Schreibkompetenz erfasst und mit den ebenfalls getesteten fachlichen Kompetenzen der Schülerinnen und Schüler in Zusammenhang gesetzt.

Parallel dazu wird eine qualitative Intervention entwickelt, die in verschiedenen Unterrichtseinheiten über ein Schuljahr hinweg durchgeführt werden wird. Die Intervention soll Effekte einer textsortenbasierten Schreibförderung auf das fachlich-konzeptuelle Verständnis und auf die fachlich relevanten literalen Kompetenzen aufzeigen.

Das Forschungsvorhaben ist insofern innovativ, da durch die fachübergreifende Kooperation zum ersten Mal Konzepte für den Fachunterricht entwickelt werden, die fachliches und sprachliches Lernen tatsächlich kombinieren. Zum anderen wird durch die Einbeziehung des Herkunftssprachenunterrichts Türkisch erprobt, in welcher Weise dieser als Ressource für das Verstehen fachlicher Konzepte und für die Erstellung der fachlichen Textsorten genutzt werden kann.

Entwicklung der textsortenbasierten Testinstrumente

Das Fach Technik ist charakterisiert durch einen besonders hohen Anteil an Fachwortschatz. Dies sind zum einen Nomen, mit denen z.B. Bauteile fachlich exakt beschrieben werden. Hinzu kommen spezifische Adjektive, die die Eigenschaften technischer Systeme beschreiben, eine Vielzahl fachspezifischer Verben, die spezifische technische Vorgänge und Handlungen darstellen (z.B. sintern, entgraten) und häufig nicht im Alltag vorkommen. Darüber hinaus kommen besondere Sprachmuster (z.B. Nebensatzkonstruktionen) zum Einsatz, die die strikte Zweckorientierung als zentrales Merkmal von Technik ausdrücken.

Neben dem themenbezogenen Fachwortschatz ist die Sprache im Technikunterricht vor allem auch an fachspezifische Unterrichtsverfahren wie das Technisches Experiment, die Konstruktionsaufgabe oder die Technische Analyse gekoppelt (Schmayl & Wilkening, 1995; Henseler & Höpken, 1996). Diese Unterrichtsverfahren sind klar strukturiert und bedienen sich dabei auch typischer Textsorten, die die Schülerinnen und Schüler im Vorfeld lesen müssen (z.B. Arbeitsanweisung, Sicherheitshinweise, erläuternde Sachtexte, usw.), bzw. typischer Formen, in denen sie ihre Ergebnisse festhalten (z.B. Versuchsprotokoll). Jedes Unterrichtsverfahren stellt damit immer auch spezifische Anforderungen an die produktiven schriftsprachlichen Kompetenzen der Schülerinnen und Schüler.

Für das Fach Technik wurde im Forschungsvorhaben die Textsorte *Technische Analyse* ausgewählt, hier v.a. natürlich das Verfassen derselben. Das Charakteristikum dieser Textsorte liegt insbesondere darin, dass Ursache-Wirkungs-Zusammenhänge aufgedeckt, die Bestandteile des zu behandelnden technischen Systems benannt sowie für jedes einzelne Subsystem die

Funktion von Einzelteilen, die Art des verwendeten Materials, die wesentlichen Wirkprinzipien oder die Beanspruchung der Teile ausgemacht werden sollen. Diese finalen, modalen und kausalen Bezüge bilden sich in den sprachlichen Anforderungen des Unterrichtsverfahrens ab (Hüttner, 2005; Henseler & Höpken, 1996).
Die empirische Erhebung der textsortenspezifischen Schreibkompetenz im Fach Technik erfolgt anhand einer Schreibaufgabe zum technischen System „das Fahrrad".
Um zu vermeiden, dass fehlendes fachliches Vorwissen die Bearbeitung der Schreibaufgabe negativ beeinflusst, wurden verschiedene Unterstützungsangebote in die Aufgabenstellung integriert. So wurden Fotos von einem Fahrrad und seinen Bestandteilen sowie eine Skizze eingefügt, die das Subsystem des Antriebs darstellt. Zusätzlich wurde ein kurzes Video gedreht, das die Funktionsweise des Antriebs und des Hinterrades illustriert. Auch wurden themenspezifische Wortvorschläge (Nomen, Verben und Adjektive) in Wörterkästen angeboten, um fehlendes Fachwissen auszugleichen und allen Probanden gleiche Bearbeitungschancen einzuräumen. Die relevanten Satzmuster und Begrifflichkeiten, die als Indiz für die textsortenspezifische Kompetenz dienen, werden dagegen nicht vorgegeben.

Pilotierung

Eine erste Pilotierung des entwickelten Testinstrumentes wurde im Februar 2015 in einer Realschule und in einer Gesamtschule vorgenommen. Dabei wurde je 20 Schülerinnen und Schülern die Schreibaufgabe zur Technischen Analyse gestellt. Die nachfolgenden Tabellen zeigen exemplarisch wie die Schülertexte mit Hilfe eines Kriterienkatalogs hinsichtlich der Erfüllung der textsortenspezifischen Anforderungen ausgewertet wurden.

Tab. 1: Beispielhafte Anwendung des entwickelten Kriterienkatalogs zur Bewertung der textsortenspezifischen Anforderungen (Ausschnitt)

Aufgabenteil	Fachliche Anforderungen	Beispiel aus Schülertext
2c/d. Vorstellung des Teilsystems Antrieb (12 Punkte)	Der Zweck des Antriebs wird genannt. 0 = Zweck wird nicht genannt 1 = ein Zweck wird genannt, aber nicht der allg. fachlich korrekte 2 = es wird der allg. und fachlich korrekte Zweck genannt.	Der Zweck ist das man Fahrrat fahren kann Bestandteile kurbelarm Pedel Kettenblatt Rzzel Hinternarbe Kette. Trit man in die Pedale Färt das Fahrrad(=1)
	Es werden textsortenspezifische Sprachmuster (finale Bezüge über Nebensatz-Konstruktionen mit Konjunktionen oder Satzadverbien (dafür, dazu)) verwendet. 0 = es werden keine textsorten-spezifischen Muster verwendet. 1 = es werden textsortenspezifische Muster verwendet, aber fachlich falsch eingesetzt. 2 = es werden textsortenspezifische Muster fachlich richtig verwendet.	Der Zweck ist das man Fahrrat fahren kann Bestandteile kurbelarm Pedel Kettenblatt Rzzel Hinternarbe Kette. Trit man in die Pedale Färt das Fahrrad(=0)
	Die Funktionsweise des Antriebs wird beschrieben. 0 = die Funktionsweise wird nicht beschrieben. 1 = die Funktionsweise wird beschrieben, aber nicht vollständig und fachlich korrekt. 2 = die Funktionsweise wird komplett und fachlich korrekt beschrieben.	Der Zweck ist das man Fahrrat fahren kann Bestandteile kurbelarm Pedel Kettenblatt Rzzel Hinternarbe Kette. Trit man in die Pedale Färt das Fahrrad(=0)

Ausblick

Im Anschluss an die Pilotierung ist geplant, im Sommer 2015 die Hauptstudie in 30 Klassen der 7./8. Jahrgangsstufe an Gesamtschulen durchzuführen. Dabei werden zusätzlich zur technikspezifischen Schreibaufgabe noch die allgemeinsprachliche Kompetenz sowie das technische Fachwissen getestet. Die angenommenen Wirkungszusammenhänge werden mittels Strukturgleichungsmodellen analysiert.
Zusätzlich wird eine qualitative Intervention entwickelt, die in verschiedenen Unterrichtseinheiten über ein Schuljahr hinweg durchgeführt wird. Ziel ist eine textsortenbasierte Schreibförderung im Technikunterricht, die unter Einbeziehung der Erstsprache Türkisch als mündliche Arbeitssprache konzipiert wird. Im Herkunftssprachenunterricht Türkisch werden in Abstimmung mit dem Fachunterricht sprachkontrastiv verschiedene sprachliche Handlungen zur Herstellung fachlicher Zusammenhänge (kausale, konditionale, finale Muster) anhand von Themen des Technikunterrichts auf allgemeinem Niveau in türkischer Sprache ausgearbeitet und eingesetzt. Die Intervention soll Effekte einer textsortenbasierten Schreibförderung auf das fachlich-konzeptuelle Verständnis und auf die fachlich relevanten literalen Kompetenzen in beiden Sprachen aufzeigen.

Literatur

Artelt, C., Stanat, P., Schneider, W., Schiefele, U. & Lehmann, R. (2004): Die PISA-Studie zur Lesekompetenz: Überblick und weiterführende Analysen. In: Schiefele, U., Artelt, C., Schneider, W. & Stanat, P. (Hrsg.): *Struktur, Entwicklung und Förderung von Lesekompetenz. Vertiefende Analysen im Rahmen von PISA 2000*. Wiesbaden: VS Verlag für Sozialwissenschaften. 139-168.

Becker-Mrotzek, M. & Schindler, K. (Hrsg.) (2007): Texte schreiben. Kölner Beiträge zur Sprachdidaktik. Heft 5. Duisburg: Gilles & Francke.

Cummins, J. (1986): Language Proficiency and Academic Achievement. In: Cummins, J. & Swain, M. (Hrsg.): *Bilingualism in Education. Aspects of Theory, Research and Practice*. White Plains, NY: Longman. 138-161.

Cummins, J. (2000): Language, Power and Pedagogy: Bilingual Children in the Crossfire. Clevendon, UK: Multilingual Matters.

Feilke, H. (2003): Textroutine, Textsemantik und sprachliches Wissen. In: Linke, A., Ortner, H. & Portmann, P. R. (Hg.): *Sprache und mehr. Ansichten einer Linguistik der sprachlichen Praxis*. Tübingen: Niemeyer. 209-229.

Henseler, K. & Höpken, G. (1996): Methodik des Technikunterrichts. Bad Heilbrunn: Klinkhardt Verlag.

Hüttner, A. (2005): Technik unterrichten. Haan-Gruiten: Verlag Europa Lehrmittel.

Knopp, M., Jost, J., Nachtwei, N., Becker-Mrotzek, M. & Grabowski, J. (2012): Teilkomponenten von Schreibkompetenz untersuchen: Bericht aus einem interdisziplinären empirischen Projekt. In: Bayrhuber, H. et al. (Hrsg.): *Formate Fachdidaktischer Forschung: Empirische Projekte – historische Analysen – theoretische Grundlegungen* (Fachdidaktische Forschungen, Band 2). Münster: Waxmann. 47-66.

OECD (2007): Science Competencies for Tomorrow's World, Vol. 2: Data (PISA 2006). Paris: OECD.

Schmayl, W. & Wilkening, F. (1995): Technikunterricht. Bad Heilbrunn: Klinkhardt Verlag.

Angaben zu den Autorinnen und Autoren

Prof. Dr. Martin Lang, Universität Duisburg-Essen, LE Technologie und Didaktik der Technik, Martin.Lang@uni-due.de

Dipl.-Ing. Michaela Schniederjan, Universität Duisburg-Essen, LE Technologie und Didaktik der Technik, michaela.schniederjan@uni-due.de

Sarah Fornol

Die Entwicklung einer Ratingskala zur Ermittlung bildungssprachlicher Fähigkeiten – eine dreischrittige Analyse von Schülertexten im Sachunterricht der Grundschule

The development of a rating scale for determining linguistic abilities – A three-layer analysis of student texts in social studies at primary level

Zusammenfassung

Im Rahmen des vorzustellenden Forschungsprojekts wird ein Datenkorpus von ca. 600 Schülertexten mittels einer Frequenz-, Intensitäts- sowie Mikroanalyse in Bezug auf die Verwendung bildungssprachlicher Merkmale ausgewertet, um auf dieser Grundlage eine Ratingskala zur Erfassung bildungssprachlicher Fähigkeiten zu entwickeln.

Abstract

The following study analyses a corpus of data of approx. 600 students texts by frequency, intensity and microanalysis of academic language features to develop a rating scale to register academic language skills.

International vergleichende Schulleistungsstudien zeigen Disparitäten hinsichtlich des Bildungserfolgs von Schülerinnen und Schülern mit Zuwanderungshintergrund gegenüber Gleichaltrigen ohne Zuwanderungshintergrund auf (Tarelli, Schwippert & Stubbe 2012). Gleichzeitig schneiden sowohl einsprachige als auch mehrsprachige Schülerinnen und Schüler aus Familien mit einem schwachen sozioökonomischen Status schlechter ab als ihre Mitschülerinnen und Mitschüler aus privilegierteren Familien (Wendt et al. 2012). Als gemeinsame Ursache für den Leistungsnachteil beider Schülergruppen wird die mangelnde bildungssprachliche Kompetenz angeführt (Bailey, Butler, Stevens & Lord 2007; Heppt, Haag, Böhme & Stanat 2014; Schleppegrell 2012). Da sich sprachliche Fähigkeiten kumulativ auf naturwissenschaftliche und mathematische Kompetenzen auswirken (Artelt et al., 2007), ist eine fächerübergreifende Förderung der selbigen unabdingbar. Grundvoraussetzung dafür ist die Diagnose der bildungssprachlichen Kompetenzen aller Schülerinnen und Schüler (vgl. Berendes et al. 2013; Hövelbrinks 2014). Die im aktuellen deutschsprachigen Forschungsdiskurs angeführten lexikalisch-semantischen und syntaktischen Indikatoren zur Beschreibung bildungssprachlicher Fähigkeiten entstammen jedoch vornehmlich empirischen Forschungen aus dem englischsprachigen Raum. Für die deutsche Sprache sind sie – insbesondere im Bereich der medialen Schriftlichkeit in der Grundschule – bislang nur vereinzelt empirisch erforscht (Berendes et al. 2013; Gogolin, Neumann & Roth 2007; Hövelbrinks 2014). Diesem Desiderat widmet sich die vorzustellende Studie, innerhalb derer bildungssprachliche Mittel in Schülertexten herausgearbeitet und auf ihre Verwendung im fachlichen Kontext untersucht werden, um eine Ratingskala zur Erfassung bildungssprachlicher Kompetenzen zu entwickeln. Der dem Vorhaben zugrunde liegende Datenkorpus umfasst ca. 600 schriftliche Vorgangsbeschreibungen zu verschiedenen Themenfeldern im Fach Sachunterricht der Grundschule, die von Schülerinnen und Schülern der zweiten bis vierten Jahrgangsstufe zu drei Messzeitpunkten angefertigt wurden. Im Rahmen einer Frequenzanalyse werden zunächst anhand eines theoriegeleiteten Kategoriensystems bildungssprachliche Mittel in den Texten identifiziert und die ermittelten Häufigkeiten mit den erhobenen Metadaten[1] in Beziehung gesetzt, um u.a. darzustellen, ob sich Unterschiede hinsichtlich der häufigkeitsbezogenen Verwendung bildungssprachlicher Mittel zwischen Schülerinnen und Schülern mit und ohne Zuwanderungshintergrund sowie Schülerinnen und Schülern aus Familien mit einem niedrigen bzw. hohen soziokulturellen Status zeigen. Auf der Grundlage des ersten Analyseschrittes erfolgt im Anschluss eine Intensitätsanalyse, durch die eine Einstufung der Schülertexte in wenig bis sehr stark bildungssprachlich erfolgt. Daran anknüpfend werden in einer Mikroanalyse anhand des zweiten Analyseschrittes ausgewählte Schülertexte auf ihre lexikalisch-semantischen bildungssprachlichen Merkmale im fachlichen Kontext untersucht. Die Erkenntnisse aller drei Analysen werden abschließend zusammengeführt und der explorativen Entwicklung der Ratingskala zugrunde gelegt. Das Forschungsvorhaben möchte auf diese Weise einen Beitrag zur Diagnostik bildungssprachlicher Fähigkeiten von Grundschülerinnen und Grundschüler im Sachunterricht leisten. Durch das Aufzeigen sprachlicher Hürden beim Gebrauch bildungssprachlicher Mittel im fachlichen Kontext einerseits sowie dem empirischen Beleg der bereits vorhandenen bildungssprachlichen Fähigkeiten der Schülerinnen und Schülr andererseits werden darüber hinaus wichtige Hinweise für die Gestaltung eines sprachsensiblen Unterrichts geliefert.

Literatur

Artelt, C., McElvany, N., Christmann, U., Richter, T., Groeben, N., Köster, J., Schneider, W., Stanat, P., Ostermeier, C., Schiefele, U., Valtin, R. & Ring, K. (2007). Förderung von Lesekompetenz – Expertise (Bildungsforschung Band 17, hrsg. vom Bundesministerium für Bildung und Forschung). Bonn/Berlin.

Bailey, A.L., Butler, F.A., Stevens, R. & Lord, C. (2007). Further specifying the language demands of school. In A.L. Bailey (Ed.), The language demands of school: Putting academic English to the test (pp. 103-156). New Haven, CT: Yale University Press.

Berendes, K., Dragon, N., Weinert, S., Heppt, B. & Stanat, P. (2013). Hürde Bildungssprache? Eine Annäherung an das Konzept „Bildungssprache" unter Einbezug aktueller empirischer Forschungsergebnisse. In A. Redder & S. Weinert (Hrsg.), Sprachförderung und Sprachdiagnostik. Interdisziplinäre Perspektiven (S. 17-41). Münster u.a.: Waxmann.

---

1 Dazu zählen u.a. die alltagssprachlichen Fähigkeiten der Schülerinnen und Schüler sowie ihr sprachlicher und kultureller Hintergrund.

Gogolin, I., Neumann, U. & Roth, H.-J. (2007). Schulversuch bilinguale Grundschulklassen in Hamburg – Wissenschaftliche Begleitung. Bericht 2007. Abschlussbericht über die italienisch-deutschen, portugiesisch-deutschen und spanisch-deutschen Modellklassen. Hamburg. Verfügbar unter http://www.epb.uni-hamburg.de/files/Bericht2007.pdf [17.09.2014].

Heppt, B., Haag, N., Böhme, K. & Stanat, P. (2014). The Role of Academic-Language Features for Reading Comprehension of Language-Minority Students and Students From Low-SES Families. Reading Research Quarterly 50 (1), 61-82.

Hövelbrinks, B. (2014). Bildungssprachliche Kompetenz von einsprachig und mehrsprachig aufwachsenden Kindern. Eine vergleichende Studie in naturwissenschaftlicher Lernumgebung des ersten Schuljahres. Weinheim/Basel: Beltz/Juventa.

Schleppegrell, M.J. (2012). Academic Language in Teaching and Learning. The elementary school journal 112 (3), 409-418.

Tarelli, I., Schwippert, K. & Stubbe, T.C. (2012). Mathematische und naturwissenschaftliche Kompetenzen von Schülerinnen und Schülern mit Migrationshintergrund. In W. Bos, H. Wendt, O. Köller & C. Selter (Hrsg.), TIMSS 2011. Mathematische und naturwissenschaftliche Kompetenzen von Grundschulkindern in Deutschland im internationalen Vergleich (S. 247-267). Münster u.a.: Waxmann.

Wendt, H., Bos, W., Selter, C. & O. Köller (2012). TIMSS 2011: Wichtige Ergebnisse im Überblick. In Dies. (Hrsg.), TIMSS 2011. Mathematische und naturwissenschaftliche Kompetenzen von Grundschulkindern in Deutschland im internationalen Vergleich (S. 13-26). Münster u.a.: Waxmann.

Angaben zur Autorin

Sarah Fornol (M.Ed.),
Institut für Bildung im Kindes- und Jugendalter der Universität Koblenz-Landau
fornol@uni-landau.de

Michael Becker-Mrotzek, Markus Linnemann, Anna Pineker-Fischer, Heike Roll und Sabine Stephany

Sprachsensibler Mathematikunterricht – Schwerpunkt Schriftlichkeit

Language-sensitive maths instruction focussing on literacy

Zusammenfassung

Das auf drei Jahre angelegte Kooperationsprojekt des Mercator-Instituts für Sprachförderung und Deutsch als Zweitsprache, Universität zu Köln, und der Universität Duisburg-Essen – „Sprachsensibler Mathematikunterricht" – erforscht das Thema Schriftlichkeit im Mathematikunterricht. Es werden Kriterien für gute Schreibaufgaben entwickelt und auf ihre Wirksamkeit hin überprüft. Das Projekt leistet einen Beitrag zu einer empirisch fundierten Förderung der Schriftlichkeit im Fachunterricht.

Abstract

In a three-year research project by the Mercator-Institute for Language Training and German as a Second Language/University of Cologne, and the University of Duisburg-Essen we investigate writing-to-learn processes in the mathematics classroom. We first develop criteria for effective writing tasks, which we then evaluate. Our projects' aim is to contribute to an empirically based writing-to-learn application in content lessons.

Die Förderung bildungssprachlicher Kompetenzen ist eine der Aufgaben des Deutschunterrichts. Er legt die Basis für die Entwicklung allgemeiner Sprachhandlungskompetenz (Spinner, 2001). Durch die besonderen Eigenheiten jedes Sachfaches hinsichtlich sprachlicher Merkmale, wie z.B. spezifischer (Fach-)Wortschatz, spezifische Syntax und unterschiedliche Textsorten und Diskursfunktionen, muss die Förderung mündlicher und schriftsprachlicher Kommunikationskompetenz jedoch im jeweiligen Fachunterricht fortgesetzt werden. Neben der mündlichen Unterrichtskommunikation spielt dabei der rezeptive Umgang mit Texten, aber auch das Produzieren von Texten im Sachfachunterricht eine große Rolle (Thürmann, 2012).

Das auf drei Jahre angelegte Kooperationsprojekt „Sprachsensibler Mathematikunterricht – Schwerpunkt Schriftlichkeit", das das Mercator-Institut für Sprachförderung und Deutsch als Zweitsprache der Universität zu Köln in Zusammenarbeit mit der Universität Duisburg-Essen durchführt, erforscht das Thema Schriftlichkeit im Mathematikunterricht mit den Schwerpunkten Schreibaufgaben und fachliches Lernen. Denn Schreiben im Mathematikunterricht leistet zweierlei: Es hilft als epistemisches Schreiben Wissen zu generieren und zu strukturieren (Aufbau mathematischen Wissens) und es unterstützt als kommunikatives Schreiben den Aufbau fachlicher und bildungssprachlicher Kommunikationskompetenz. Beide Kompetenzen sind für den Aufbau einer Mathematical Literacy unabdingbar. Das Schreiben ist aber kein Selbstläufer. Damit auch Schülerinnen und Schüler mit geringer Schreibkompetenz von Schreibaufgaben profitieren, benötigen sie Unterstützung im Sinne sprachlicher Scaffolds (Linnemann & Stephany, 2014; Stephany, Linnemann & Wrobbel, in Druck). So kann beides gelingen: Das Lernen zu schreiben und das Lernen durch Schreiben. Das Hauptziel des Projekts ist die Entwicklung, Implementierung und Evaluation von Schreibaufgaben im Mathematikunterricht. Ein erster Schritt hierzu ist es, zunächst den nationalen und internationalen Forschungsstand zum Thema Schreiben in den MINT-Fächern aufzuarbeiten. Zentrale Fragestellungen hierbei sind: (1) Welchen Stellenwert hat das Schreiben in den MINT-Fächern und wie lässt sich das Schreiben dort konzeptualisieren? (2) Welche Wirkungen hat das Schreiben in den MINT-Fächern auf das sprachliche und fachliche Lernen? (3) Wie lässt sich das Schreiben in den Unterricht integrieren, welche Rahmenbedingungen müssen dazu geschaffen und welche Unterstützungsmaßnahmen gegeben werden? Die Ergebnisse werden in einer Expertise dokumentiert, um darauf aufbauend konkrete Anregungen für den Unterricht in den MINT-Fächern zu geben. Zielgruppe der Expertise sind zum einen Lehrkräfte und Schulen, die das Schreiben in ihren Sachfachunterricht implementieren möchten und Studierende aller Fächer, die mögliche Konzeptionen und unterrichtliche Beispiele kennen lernen wollen. Die Expertise soll aber auch für die fortgesetzte Diskussion zum sprachsensiblen Unterricht in den Fachdisziplinen relevante Impulse geben.

Auf Grundlage des Forschungsstandes und theoretischer Überlegungen werden Kriterien für „gute" und hinsichtlich der fachunterrichtlichen Ziele wirksame Schreibarrangements formuliert und Unterstützungsmaßnahmen für die Bewältigung von Schreibaufgaben entwickelt. Die Unterstützungsmaßnahmen im Sinne sprachlicher Scaffolds sind insbesondere für jene Schülerinnen und Schüler relevant, deren schrift- und bildungssprachliche Kompetenz noch nicht ausreicht, um epistemische oder kommunikative Texte zu produzieren und so vom Schreiben zu profitieren.

Die entwickelten Schreibarrangements werden schließlich in einer Interventionsstudie auf ihre Einsetzbarkeit im regulären Mathematikunterricht und auf ihre Wirksamkeit hin überprüft. Kern dieser Schreibarrangements wird die Sprachhandlung Erklären sein, da sich während der Vorstudie in einer Analyse von Mathematiklehrwerken der Klassen drei bis neun aller Schulformen zeigte, dass das Erklären insgesamt am häufigsten vorkommt. Zudem deuten erste Ergebnisse auf das besondere lernfördernde Potential dieses Sprachhandlungstyps hin. Da Sprachhandlungen nicht in allen Fächern gleichartig verstanden werden, wurde in einer zweiten Vorstudie in neun Klassen (Jahrgangsstufen 4 bis 12 aller Schulformen) anhand von Schülertexten und Leitfadeninterviews erhoben, was aus Sicht von Mathematiklehrerinnen und -lehrern und Mathematikdidaktikerinnen und -didaktikern „gute" schriftliche Erklärungen im Mathematikunterricht ausmachen. Diese Sichtweise wurde mit der sprachwissenschaftlichen Perspektive kontrastiert. Es zeigten sich Übereinstimmungen und Unterschiede. Zudem sind die in den Curricula und Bildungsstandards festgelegten und definierten Operatoren (wie z.B. Erklären, Begründen) kritisch zu betrachten, da sie weder über alle Schulstufen einheitlich noch eindeutig definiert sind.

Die Expertise und die Ergebnisse der empirischen Studien sollen Anregungen zum Einsatz von Schreibaufgaben und Unterstützungsmaßnahmen in der Unterrichtspraxis geben. Zudem sind die Ergebnisse für weitere Forschungsprojekte interessant und können Grundlage sein für hochschuldidaktische Seminare zu diesem Thema in der Lehrerausbildung.

Literatur

Linnemann, M. & Stephany, S. (2014). Supportive Writing Assignments for Less Skilled Writers in the Mathematics Classroom. In P. Klein, P. Boscolo, L. Kirkpatrick & C. Gelati (Hrsg.), *Writing as a Learning Activity* (S. 66-94). Leiden: Brill.

Spinner, K. (2001). *Kreativer Deutschunterricht. Identität – Imagination – Kognition*. Seelze: Kallmeyer.

Stephany, S., Linnemann, M. & Wrobbel, L. (in Druck). Unterstützende Schreibarrangements im Mathematikunterricht – Kriterien, Umsetzung und Grenzen. In S. Schmölzer-Eibinger & E. Thürmann (Hrsg.), *Schreiben als Lernen – Kompetenzentwicklung durch Schreiben (in allen Fächern)*. Münster: Waxmann.

Thürmann, E. (2012). Lernen durch Schreiben? Thesen zur Unterstützung sprachlicher Risikogruppen im Sachfachunterricht. *dieS-Online 1*. Verfügbar unter http://geb.uni-giessen.de/geb/volltexte/2012/8668/pdf/DieS_online-2012-1.pdf [23.3.2015]

Angaben zu den Autorinnen und Autoren

Prof. Dr. Michael Becker-Mrotzek
Mercator-Institut für Sprachförderung und Deutsch als Zweitsprache, Universität zu Köln
becker.mrotzek@uni-koeln.de

Dr. Markus Linnemann
Mercator-Institut für Sprachförderung und Deutsch als Zweitsprache, Universität zu Köln
markus.linnemann@uni-koeln.de

Anna Pineker-Fischer, M.Ed., Universität zu Köln
anna.pineker@uni-due.de

Prof. Dr. Heike Roll, Universität zu Köln

Sabine Stephany, Mercator-Institut für Sprachförderung und Deutsch als Zweitsprache, Universität zu Köln
sabine.stephany@uni-koeln.de

Sabrina Sutter, Astrid Rank, Anja Wildemann und Andreas Hartinger

Das Projekt Easi-science L: Naturwissenschaftliche Bildung in der Kita: Gestaltung von Lehr-Lernsituationen, sprachliche Anregungsqualität und sprachliche sowie naturwissenschaftliche Fähigkeiten der Kinder

The project Easi-science L: Science education in the context of daycare: Design of teaching-learning situations, language stimulation quality and linguistic as well as scientific skills of children

Zusammenfassung

Dieses Forschungsprojekt untersucht mögliche sprachliche Bildungswirkungen und die Interaktionsqualität im Kontext naturwissenschaftlicher Bildungsangebote im Elementarbereich. Hierbei wird besonders darauf geachtet, ob bzw. bei welchen Phasen naturwissenschaftlichen Vorgehens Kinder, insbesondere auch Kinder mit Deutsch als Zweitsprache, bildungssprachliche Muster realisieren und inwiefern sprachliche Bildungswirkungen von der Qualität der sprachlichen Begleitung des Forschens abhängen.

Abstract

This research project investigates possible effects of language education and the quality of interaction in the context of kindergarten science education. Especially we want to know if and how children, especially children with German as a second language, realize academic language skills in situations where they explore a natural science phenomenon (sinking and floating).

Forschungsskizze

Die Studie Easi-science L (gefördert von der Stiftung Haus der kleinen Forscher, der Baden-Württemberg Stiftung und der Siemens Stiftung, Laufzeit 10/13 – 09/16) unterteilt sich in zwei Teilstudien. Die erste Teilstudie (Rank, Wildemann, Hartinger, Sutter), die hier v.a. betrachtet wird, fokussiert die *sprachliche Anregungsqualität* in naturwissenschaftlichen Lehr-Lern-Situationen und fragt nach deren Wirkungen auf die sprachlichen Fähigkeiten der Kinder. Die zweite Teilstudie (Pauen, Bock) konzentriert sich auf die *Prozessqualität* in naturwissenschaftlichen Lehr-Lern-Situationen. Beide Teilprojekte erheben ihre Daten an einer gemeinsamen Stichprobe von 240 Kindern und 60 Erzieherinnen aus 60 Kindertagesstätten. Aus jeder Kita wird eine pädagogische Fachkraft mit einer Kleingruppe von 4 Kindern (idealerweise zwei Mädchen, zwei Jungen, davon zwei mit Deutsch als Erstsprache und zwei mit Deutsch als Zweitsprache) im Alter von 5-6 Jahren zum Besuch in ein Labor in Karlsruhe oder Heidelberg eingeladen, in dem die Videoaufnahmen des Experimentes zum Thema *sinken und schwimmen* stattfinden (Dauer: ca. 30 Minuten). Die Experimentiersituation wird mit zwei Kameras und einem Deckenmikrofon aufgezeichnet. Weitere Daten werden quantitativ mit Fragebögen und Tests erhoben. Zielvariable auf Kinderebene ist die bildungssprachliche Sprachverwendung in der naturwissenschaftlichen Interaktionssituation (erhoben mit einer Ratingskala), auf Fachkraftebene die sprachliche Anregungsqualität und die Sprachförderkompetenz (erhoben mit CLASS und DORESI).

Hintergrundvariablen wie Intelligenz, Sprachstand, Interesse an Sprache, sozioökonomischer Hintergrund auf Kinderebene, sowie fachlich und fachdidaktisches Wissen, Einstellungen und persönliche Daten auf Fachkraftebene werden mittels Tests und Fragebögen erhoben und kontrolliert.

Folgende Fragestellungen werden untersucht:

Fragestellung 1: Förderqualität
Wie hoch ist die sprachliche Anregungsqualität während der Phasen des Forschungskreises?
- In Abhängigkeit von Nawi-Programm der Kita
- In Abhängigkeit vom Wissen der pädagogischen Fachkräfte über sprachliche Bildung in naturwissenschaftlichen Lernkontexten
- In Abhängigkeit von der Phase des Forscherkreises

Fragestellung 2: Auswirkungen auf die Kinder
Können Effekte der sprachlichen Begleitung des Forschens im Hinblick auf sprachliche Kompetenzen der Kinder, insbesondere der Kinder mit DaZ, festgestellt werden?
Korreliert der bildungssprachliche Stand der Kinder mit der Qualität der sprachlichen Begleitung des Forschens?
- In Abhängigkeit von Nawi-Programm
- In Abhängigkeit vom Wissen der pädagogischen Fachkräfte über sprachliche Bildung in naturwissenschaftlichen Lernkontexten
- In Abhängigkeit von der sprachlichen Anregungsqualität der Forschungssituationen

Im Augenblick sind die Daten von 45 pädagogischen Fachkräften und 131 Kindern (68 Mädchen; 63 Jungen) im durchschnittlichen Alter von 5,8 Jahren erhoben. Davon haben bislang 76 Kinder mit Deutsch als Erstsprache und 55 Kinder mit Deutsch als Zweitsprache an der Studie teilgenommen.

Angaben zu den Autoreninnen und Autoren

Sabrina Sutter, Universität Landau
sutter@uni-landau.de

Prof. Dr. Astrid Rank, Universität Regensburg
astrid.rank@ur.de

Prof. Dr. Anja Wildemann, Universität Landau
wildemann@uni-landau.de

Prof. Dr. Andreas Hartinger, Universität Augsburg
andreas.hartinger@phil.uni-augsburg.de

Wiebke Waburg
Lehrkräfte mit Migrationshintergrund in international vergleichender Perspektive (LeMihi-i). Forschungsskizze unter besonderer Berücksichtigung von Sprachbildung

Teachers with a migrant background in an international comparative perspective. A research sketch with particular emphasis on language education

Zusammenfassung

Im Projekt LeMihi-i werden der berufliche Werdegang sowie Strategien im Umgang mit sprachlich-kultureller Heterogenität von Lehrkräften mit Migrationshintergrund aus Österreich und Deutschland untersucht. Der Beitrag beinhaltet die Präsentation erster Auswertungsergebnisse. Diese beziehen sich auf eine sprachsensible Förderung im Unterricht unter Rückgriff auf herkunfts- und multisprachliche Kompetenzen der Lehrkräfte.

Abstract

Given calls to diversify the teaching workforce, the article contains a description of the research project LeMihi-i (Minority teacher in international comparative perspective) as well as preliminary research results. The results refer to language-sensitive instructing strategies based on first- and multi-language skills of minority teachers from Austria and Germany.

Auf bildungspolitischer Ebene wird mit Blick auf die zunehmende kulturelle und sprachliche Heterogenität der Schülerinnen und Schüler und dem oft mangelnden Bildungserfolg von Heranwachsenden mit Migrationshintergrund die Forderung laut, verstärkt Lehrerinnen und Lehrer mit Migrationshintergrund auszubilden und einzustellen. Es wird davon ausgegangen, dass Lehrpersonen mit Migrationshintergrund besondere Erfahrungen mitbringen, die ihnen helfen können, kulturelle und sprachliche Barrieren zu überwinden (Georgi u.a., 2011; Rotter, 2012; zur kritischen Einschätzung siehe Strasser & Steber, 2010). Das Projekt LEMihi-i zielt darauf, die Sicht von Lehrkräften mit Migrationshintergrund auf ihren Weg in den Lehrberuf, ihre aktuellen Arbeitsbedingungen sowie den Umgang mit den an die Lehrkräfte gerichteten hohen Erwartungen (bspw. in Bezug auf die Förderung von Heranwachsenden mit Migrationshintergrund) in österreichischen und deutschen Schulen zu vergleichen. Das Projekt wird in einer Forschungskooperation zwischen dem Zentrum für LehrerInnenbildung der Universität Wien (Univ.-Prof. Mag. I. Schrittesser) und dem Zentrum für LehrerInnenbildung und interdisziplinäre Bildungsforschung der Universität Augsburg (Prof. L. Herwartz-Emden) durchgeführt. Beteiligte Wissenschaftler/innen sind PD Dr. J. Strasser und Dr. W. Waburg.

In der Studie wurden und werden Lehrkräfte mit Migrationshintergrund, die an unterschiedlichen Schulformen (Grundschule, Volksschule, Haupt- bzw. Mittelschule, Gymnasium) unterrichten, befragt. Es liegen bislang vier narrativ-orientierte Einzelinterviews mit Lehrkräften aus Deutschland und fünf Einzelinterviews sowie zwei Gruppeninterviews mit Lehrenden aus Österreich vor. Diese werden gegenwärtig mit der dokumentarischen Methode (Bohnsack) ausgewertet. Ein Analyseschwerpunkt ist der Umgang mit sprachlich-kultureller Heterogenität.

In Untersuchungen von Georgi, Ackermann & Karakaş (2011) und Rotter (2012) berichten Lehrkräfte mit Migrationshintergrund, dass sie Herkunftssprachen hauptsächlich zu Disziplinierungszwecken oder zur Klärung außerunterrichtlicher Themen nutzen (auch: Knappik & Dirim, 2012). Die LEMihi-i-Studie belegt darüber hinaus, dass herkunfts- und multisprachliche Kompetenzen auch im Unterricht mit eindeutiger Förderabsicht eingesetzt werden, dies bezieht sich auf drei Aspekte:

Erstens greifen Lehrkräfte bei Verständnisproblemen auf ihre Herkunftssprache zurück, um Inhalte zu erklären.

Zweitens nutzen Lehrkräfte Hintergrundwissen, das es ihnen ermöglicht, die auf die Bildungssprache bezogenen Förderbedarfe von Schülerinnen und Schülern zu antizipieren und zu bearbeiten. Dieses Wissen betrifft die eigenen Migrationserfahrungen und ein daraus resultierendes Verständnis für Prozesse des Erlernens einer Zweitsprache sowie Kenntnisse in Grammatik und Syntax unterschiedlicher Migrationssprachen.

Drittens tragen Lehrkräfte zur Anerkennung der Herkunftssprachen bei, indem sie diese in den Unterricht einbinden: Bspw. werden Kinder darin bestärkt, Wörter in ihre Herkunftssprache zu übersetzen.

Die angesprochenen Formen des sprachsensiblen Lehrens lassen sich als Elemente einer durchgängigen Sprachbildung identifizieren (Lange & Gogolin, 2010), die in unterschiedlichen Fächern und Jahrgangsstufen zum Tragen kommen. Mit der Anerkennung von Migrationssprachen findet eine Förderung auf der sozial-emotionalen Ebene statt, die selbstwertdienlich ist und Heranwachsende im gesamten Akkulturationsprozess unterstützt (Herwartz-Emden, 2015).

Literatur

Georgi, V. B., Ackermann, L. & Karakaş, N. (2011). *Vielfalt im Lehrerzimmer*. Münster: Waxmann.

Herwartz-Emden, L. (2015). Sozialisation in der Einwanderungsgesellschaft. In K. Hurrelmann, U. Bauer, M. Grundmann & S. Walper (Hrsg.), *Handbuch Sozialisationsforschung* (8. Aufl.) (im Erscheinen). Weinheim: Beltz.

Knappik, M. & Dirim, I. (2012). Von Ressourcen zu Qualifikationen – Was es heißt, Lehrerin mit Migrationshintergrund zu sein. In K. Fereidooni (Hrsg.), *Das interkulturelle Lehrerzimmer* (S. 89–94). Wiesbaden: Springer VS.

Lange, I., Gogolin, I. (2010). *Durchgängige Sprachbildung*. Münster. Waxmann.

Rotter, C. (2012). Lehrkräfte mit Migrationshintergrund. Individuelle Umgangsweisen mit bildungspolitischen Erwartungen. *Zeitschrift für Pädagogik, 58*, 204–222.

Strasser, J. & Steber, C. (2010). Lehrerinnen und Lehrer mit Migrationshintergrund. Empirische Reflexion einer bildungspolitischen Forderung. In J. Hagedorn, V. Schurt, C. Steber & W. Waburg (Hrsg.), *Ethnizität, Geschlecht, Familie und Schule* (S. 97–126). Wiesbaden: VS Verlag.

Angaben zur Autorin

Dr. Wiebke Waburg, Universität Augsburg,
wiebke.waburg@phil.uni-augsburg.de

Artur Habicher, Petra Bucher-Spielmann, Hans Hofer, Elisabeth Leis, Uwe Simon, Jürgen Struger und Norbert Waldner

NAWIskript – Selbstständiges Schreiben im naturwissenschaftlichen Unterricht in der Sekundarstufe I – eine Möglichkeit, naturwissenschaftliche Kompetenzen UND Schreibkompetenzen zu fördern.

NAWIscript – Independent writing in science instruction on lower secondary level – A way to promote scientific competences and writing skills

Zusammenfassung

Im Projekt NAWIskript wird untersucht, wie sich naturwissenschaftliche Kompetenzen und Schreibkompetenz entwickeln, wenn Schülerinnen und Schüler zu im Unterricht bearbeiteten Inhalten selbstständig Texte verfassen. Die Erhebungen werden in Form von Quer- und Längsschnittuntersuchungen durchgeführt. Die Ergebnisse liegen ab Jänner 2016 vor.

Abstract

The NAWIskript Project consortium is examining how science and writing competences develop when learners compose texts on lesson content. The surveys will be carried out in the form of cross-sectional and longitudinal studies and will be completed by January 2016.

Ausgangssituation

„Schreibt den Merktext in das Heft!" ist als Arbeitsweisung im naturwissenschaftlichen Unterricht zu hören. Doch gibt es neben dieser Methode noch eine Reihe weiterer Möglichkeiten, erarbeitete Inhalte schriftlich festzuhalten. Welche davon von Lehrerinnen und Lehrern verwendet werden und welche Wirkung das selbstständige Verfassen von Texten bei Schülerinnen und Schülern hat, wird im Forschungsprojekt NAWIskript untersucht.
Erste Erfahrungen mit dem selbstständigen Verfassen von Texten im naturwissenschaftlichen Unterricht machten einige Personen der Projektgruppe bereits im Schuljahr 2011/12. Im Rahmen eines IMST-Projektes (Innovationen Machen Schulen Top) verfassten Schülerinnen und Schüler der Sekundarstufe I in den naturwissenschaftlichen Fächern nach gemeinsam erarbeiteten Inhalten selbstständig Texte dazu. Die Analyse der Texte ergab positive

Veränderungen im Bereich der Satzstruktur und eine Zunahme an richtigen konzeptuellen Aussagen und korrekt verwendeten Fachbegriffen. In Interviews erklärten die Lernenden, dass sie zwar einen Vorteil im selbstständigen Verfassen von Texten sehen, aber trotzdem nicht gerne schreiben. Einige Schülerinnen und Schüler gaben an, dass sie lieber schreiben würden, wenn sie spannende Geschichten schreiben und die Texte kreativ gestalten dürften (Habicher et al., 2012). Daher wurden in einem Folgeprojekt im Schuljahr 2012/13 vermehrt kreative Texte als Lernprodukte eingesetzt. Auch dabei konnte eine Verbesserung der Schreib- und Fachkompetenz nachgewiesen werden (Habicher et al., 2013).

Insgesamt sprechen die Ergebnisse der beiden IMST-Projekte dafür, selbstständiges Schreiben im naturwissenschaftlichen Unterricht als Methode der Verarbeitung und Festigung einzusetzen. Daher wurde das Unterrichtskonzept weiterentwickelt und wird nun im Projekt NAWIskript in einer breit angelegten Untersuchung einer genaueren Prüfung unterzogen. Das Projekt wird vom Bundesministerium für Bildung und Frauen gefördert und im Zeitraum von September 2013 bis Dezember 2015 durchgeführt. Dabei kooperiert die Pädagogische Hochschule Tirol mit der Pädagogischen Hochschule Vorarlberg und den Universitäten Klagenfurt, Graz und Salzburg.

Theoretischer Hintergrund

Untersuchungen im englischsprachigen Raum deuten darauf hin, dass durch das Schreiben im Unterricht ein Lerneffekt erzielt werden kann (Wellington & Osborn, 2001; Prain, 2006; Wallace, Hand & Prain, 2007). Im deutschsprachigen Raum gibt es wenig Erfahrung mit selbstständigem Schreiben im naturwissenschaftlichen Unterricht der Sekundarstufe I, zumindest sind die Publikationen dazu rar (z.B. Zabel, 2009; Leisen, 2010).

Becker-Mrotzek und Böttcher (2012) weisen darauf hin, dass Schreibentwicklung auf lange Sicht nicht alleine vom Deutschunterricht getragen werden kann, sondern der aktiven Stützung durch andere Fächer bedarf. Demnach ergäben sich mehr Schreibanlässe, die erlernten Schreibstrategien würden im (schulischen) Alltag verankert und die fächerübergreifende Dimension des Unterrichts werde gefördert. Letztlich könnten sowohl die Lernenden als auch die Lehrenden der beteiligten Fächer nur profitieren. Denn die Schülerinnen und Schüler würden beim Schreiben die Inhalte strukturieren, neue Informationen mit dem eigenen Vorwissen verknüpfen und in neue, für sie sinnvolle Zusammenhänge bringen. So wird neues Wissen konstruiert und gleichzeitig die Fertigkeit des Schreibens trainiert. Der wissensgenerierende Aspekt des Schreibens wird in der Sprachforschung von mehreren Autorinnen und Autoren ebenso betont wie der Zusammenhang von fachlichem Lernen und Schreibentwicklung (Bereiter & Scardamalia, 1987; Ortner, 2000; Böttcher & Czapla, 2002; Molitor-Lübbert, 2002; Fix, 2006; Becker-Mrotzek & Böttcher, 2012).

Forschungsfragen

Die Forschung wird von folgenden Fragen geleitet:
- Wie wirkt sich das selbstständige Schreiben im naturwissenschaftlichen Unterricht auf die Entwicklung von ausgewählten naturwissenschaftlichen Kompetenzen aus?

- Wie wirkt sich das selbstständige Schreiben im naturwissenschaftlichen Unterricht auf die Entwicklung der Schreibkompetenz in Bezug auf ausgewählte Deskriptoren aus?
- Wie verändern sich Einstellungen von Mädchen und Buben zum selbstständigen Schreiben im naturwissenschaftlichen Unterricht im Laufe des Projektes?
- Welche Methoden der Verarbeitung und Ertragssicherung werden von den Lehrerinnen und Lehrern im naturwissenschaftlichen Unterricht der Sekundarstufe I verwendet?

Forschungsdesign

An den Untersuchungen beteiligen sich sowohl Neue Mittelschulen als auch Gymnasien mit insgesamt zwölf Lehrpersonen für die Fächer Biologie und Umweltkunde, Chemie, Geographie und Wirtschaftskunde sowie Physik. Die Erhebungen werden in der 7. und 8. Schulstufe in jeweils zwei Parallelklassen (Versuchs- und Kontrollgruppe) durchgeführt, somit sind 24 Schulklassen mit insgesamt 501 Schülerinnen und Schülern beteiligt. Versuchs- und Vergleichsgruppe werden jeweils von derselben Lehrperson unterrichtet, wobei die Schülerinnen und Schüler der Versuchsklassen die naturwissenschaftlichen Inhalte selbstständig schreibend verarbeiten, die der Kontrollklasse aber nicht.

Vortestung der Schülerinnen und Schüler

Die Lern- und Leistungsmotivation aller am Projekt beteiligten Schülerinnen und Schüler wird mit einem standardisierten Test (SELLMO) erfasst. Aufgrund der Ergebnisse dieser Testung werden die Texte zur Analyse ausgewählt. Zudem gibt der Test Auskunft, inwieweit die Voraussetzungen in der jeweiligen Versuchs- bzw. Kontrollklasse übereinstimmen, um allenfalls auftretende Unterschiede bei der Datenauswertung und Interpretation berücksichtigen zu können.

Entwicklung der naturwissenschaftliche Kompetenzen

Die Entwicklung der naturwissenschaftlichen Kompetenzen und Konzepte der Schülerinnen und Schüler wird durch einen Vor- und Nachtest erfasst, indem die Schülerinnen und Schüler Testaufgaben lösen und einen Text selbstständig verfassen. Mit den Testaufgaben wird die Kompetenz gemessen und aus dem Text werden die Konzepte ersichtlich, welche die Schülerinnen und Schüler zum Inhalt entwickelt haben.

Entwicklung der Schreibkompetenz

Die Entwicklung der Schreibkompetenz wird erfasst, indem die von den Schülerinnen und Schülern selbstständig verfassten Texte mit Hilfe eines von der Projektgruppe entwickelten Auswertungsrasters hinsichtlich Satz- und Textstruktur analysiert werden.

Einstellungen zum Schreiben

Mit einem Fragebogen wird am Beginn und am Ende des Interventionszeitraumes erhoben, wie gerne die Mädchen und Buben schreiben, welchen Nutzen sie im selbstständigen Schreiben erkennen, wo und warum Schwierigkeiten und Blockaden auftreten und wie Schreibsituationen gestaltet werden sollten, damit bei Mädchen und Buben der Zugang zum selbstständigen Schreiben und das Interesse an naturwissenschaftlichen Themen gefördert werden.

Fragebogen zu Methoden der Festigung und Ertragssicherung

Mit einem Online-Fragebogen werden Lehrpersonen in ganz Österreich befragt, mit welchen Methoden sie Inhalte im naturwissenschaftlichen Unterricht verarbeiten und den Unterrichtsertrag sichern. Mindestens 300 Fragebögen werden ausgewertet.

Aktueller Projektstand und Ausblick

Der Interventionszeitraum erstreckte sich von März 2014 bis Mai 2015. Die Auswertung der Texte der Schülerinnen und Schüler begann mit einer Schulung der Raterinnen und Rater im Jänner 2015 und ist mit September 2015 abgeschlossen. Die Ergebnisse des gesamten Projektes werden im Jänner 2016 vorliegen.

Literatur

Becker-Mrotzek, M. & Böttcher, I. (2012). *Schreibkompetenz entwickeln und beurteilen*. (4. Auflage) Berlin: Cornelsen.
Bereiter, C. & Scardamalia, M. (1987). *The Psychology of Written Composition*. Hillsdale, N.J.: Lawrence Erlbaum Associates.
Böttcher, I. & Czapla, C. (2002). Repertoires flexibilisieren. Kreative Methoden für professionelles Schreiben. In D. Perrin et al. (Hrsg.), *Schreiben. Von intuitiven zu professionellen Schreibstrategien*. (S. 183-201) Wiesbaden: Westdeutscher Verlag.
Fix, M. (2008). *Texte schreiben. Schreibprozesse im Deutschunterricht*. (2. Auflage). Paderborn: Verlag Ferdinand Schöningh.
Habicher, A., Bucher-Spielmann, P., Hofer, H. & Waldner, N. (2013). Kreatives Schreiben im naturwissenschaftlichen Unterricht. Abgerufen am 22. Dezember 2014 von https://www.imst.ac.at/files/projekte/880/berichte/880_Langfassung_ Habicher.pdf.
Habicher, A., Bucher-Spielmann, P., Hofer, H. & Waldner, N. (2012). Lernen durch Schreiben im naturwissenschaftlichen Unterricht. Abgerufen am 22. Dezember 2014 von https://www.imst.ac.at/imstwiki/images/b/b0/501_Langfassung_ Habicher.pdf.
Leisen, J. (2010). *Handbuch Sprachförderung im Fach. Sprachsensibler Unterricht in der Praxis*. Bonn: Varus-Verlag.
Molitor-Lübbert, S.(2002). Schreiben und Denken. Kognitive Grundlagen des Schreibens. In D. Perrin et al. (Hrsg.), *Schreiben. Von intuitiven zu professionellen Schreibstrategien*. (S. 33-46) Wiesbaden: Westdeutscher Verlag.
Ortner, H. (2000*). Schreiben und Denken*. Tübingen: Max-Niemeyer-Verlag.
Prain, V. (2006). Learning from Writing in Secondary Science: Some theoretical and practical implications. *International Journal of Science Education*, Vol. 28, No 2-3 pp. 179 – 201.
Wallace, C.S., Hand, B. & Prain, V. (2007). *Writing and Learning in the Science Classroom*. Dordrecht: Kluwer Academic Publishers.
Wellington, J. & Osborne, J. (2001). *Language and literacy in science education*. Berkshire: Open university press.
Zabel, J. (2009). *Biologie verstehen: Die Rolle der Narration beim Verstehen der Evolutionstheorie*. Oldenburg: Didaktische Zentrum Carl von Ossietzky Universität Oldenburg.

Angaben zu den Autorinnen und Autoren

Artur Habicher, MA; Pädagogische Hochschule Tirol – Zentrum für Fachdidaktik artur.habicher@ph-tirol.ac.at;

Mag. Petra Bucher-Spielmann / Mag. Dr. Hans Hofer / Elisabeth Leis / Ass.-Prof. Dipl.-Biol. Dr. Uwe Simon / Ass.-Prof. Mag. Dr. Jürgen Struger / Mag. Dr. Norbert Waldner, BEd

Fallbeispiele

Michaela Oberlechner
Sprachen sichtbar machen

Making languages visible

Zusammenfassung
Sprachen sichtbar machen – NMS Kirchberg in Tirol
Das Fallbeispiel zeigt Möglichkeiten auf, unterschiedliche Nationen, Kulturen und vor allem unterschiedliche Muttersprachen auf positive Weise in die NMS-Klasse zu integrieren. Das Hauptaugenmerk liegt dabei auf dem Sichtbar- und Spürbarmachen der Wertschätzung jeder einzelner dieser Sprachen im Kontext des Schulalltags.

Abstract
Making languages visible – NMS Kirchberg in Tirol
The case study shows possibilities to integrate different nations, cultures and particularly different native languages into the NMS classroom in a positive way. The main focus is on the obvious appreciation of all languages spoken by means of various projects and presentations.

„Es gibt mir ein Gefühl der Sicherheit, wenn ich jeden Morgen in meiner Muttersprache in der Schule willkommen geheißen werde."
(Schülerin der NMS Kirchberg in Tirol)

In voller Klarheit darüber, dass die Bereitstellung von Lernmöglichkeiten zur Erlangung einer bildungssprachlichen Kompetenz – unabhängig davon, ob Deutsch als Erst- oder Zweitsprache verwendet wird – für jede Bildungsinstitution von größter pädagogischer Bedeutung ist, sieht es die NMS Kirchberg in Tirol zusätzlich dazu als ihre inklusive Verpflichtung, auch allen anderen Muttersprachen ihrer Schülerinnen und Schüler Raum, Zeit und Wertschätzung entgegenzubringen.

Dem Anderen Raum geben

Als Initialzündung und Ideengeberin dieses Vorhabens diente im Schuljahr 2011/12 die Zusammensetzung der damaligen 1A-Klasse: Diese setzte sich aus 22 Schülerinnen und Schülern, die aus 5 Nationen mit 4 unterschiedlichen Muttersprachen stammten, zusammen. Obwohl die Schule durch ihre touristische Lage generell einen für die ländliche Region vergleichsweise hohen Anteil an Schülerinnen und Schülern mit nichtdeutscher Muttersprache aufweist, so stellte ein Anteil von über 35 % ausländischer Schülerinnen und Schülern dennoch eine Ausnahmesituation in der Klassenzusammensetzung dar. Diese Vielfalt sollte allerdings keinesfalls als Hindernis, sondern vielmehr als Chance für alle beteiligten Personen und in weiterer Folge für die gesamte Schule genützt werden.

Ausgehend von diesem Status quo wurde noch im ersten Schulbesuchsjahr das Projekt „Wir sind 1A. Gemeinsam Stärken stärken" ins Leben gerufen, dessen Zielsetzung das Kennenlernen, Akzeptieren und Respektieren des „Andersseins" war, wobei hier vor allem die unterschiedlichen Sprachen und Kulturen im Mittelpunkt standen. Mit diesem Konzept konnte die Klassengemeinschaft schon im ersten Projektjahr beim tirolweiten Wettbewerb „Ideenkanal 2012" als Sieger hervorgehen.

Eines der Hauptziele stellte die verstärkte Einbindung sämtlicher Eltern in den Projektablauf dar, die der Klasse in Workshops ihre Herkunftsländer näher vorstellten, Schnellsprachkurse durchführten, gemeinsam mit den Schülerinnen und Schülern im Rahmen des Elternsprechtages ein internationales Buffet gestalteten und somit den Projektgedanken vom Klassenverband auf die gesamte Schule ausweiteten.

Foto: Oberlechner

Foto: Oberlechner

Der Sprache Raum geben

Diese oben erwähnte schulweite Ausweitung sollte sich in weiterer Folge vor allem im Teilprojekt „Unsere Sprachen sichtbar machen" manifestieren. Im Klassenverband wurde ein Fragebogen entwickelt, mit dessen Hilfe Daten zur Sprachsituation an der Schule gesammelt, ausgewertet und öffentlich präsentiert werden konnten.

Klassenumfrage

Klasse: ....

Klassensprecher: ....

- Wie viele Schüler und Schülerinnen gehen in eure Klasse?

Gesamt: ....   Schüler: ....   Schülerinnen: ....

- Aus welchen Herkunftsländern kommen eure Schüler und Schülerinnen?

Herkunftsland	Schülerzahl	Schülerinnenzahl

Michaela Oberlechner

- Welche Muttersprachen sprechen eure Schüler und Schülerinnen?

Muttersprache	Schülerzahl	Schülerinnenzahl

- Was bedeutet „Herzlich Willkommen" in euren Muttersprachen?

Muttersprache	Herzlich Willkommen

Dieser Fragebogen wurde von jeder Klasse unter Anleitung des Klassensprechers ausgefüllt und im Anschluss daran an die Projektklasse retourniert. Die Darstellung der gewonnen Ergebnisse in Form eines Diagramms und einer prozentuellen Aufstellung wurde von 2 Schülern der Klasse, beides Schüler mit sonderpädagogischem Förderbedarf, durchgeführt. Dabei konnte festgestellt werden, dass neben 79 % der Schülerinnen und Schüler mit Deutsch als Muttersprache noch weitere 7 Sprachen an der Schule gesprochen werden.

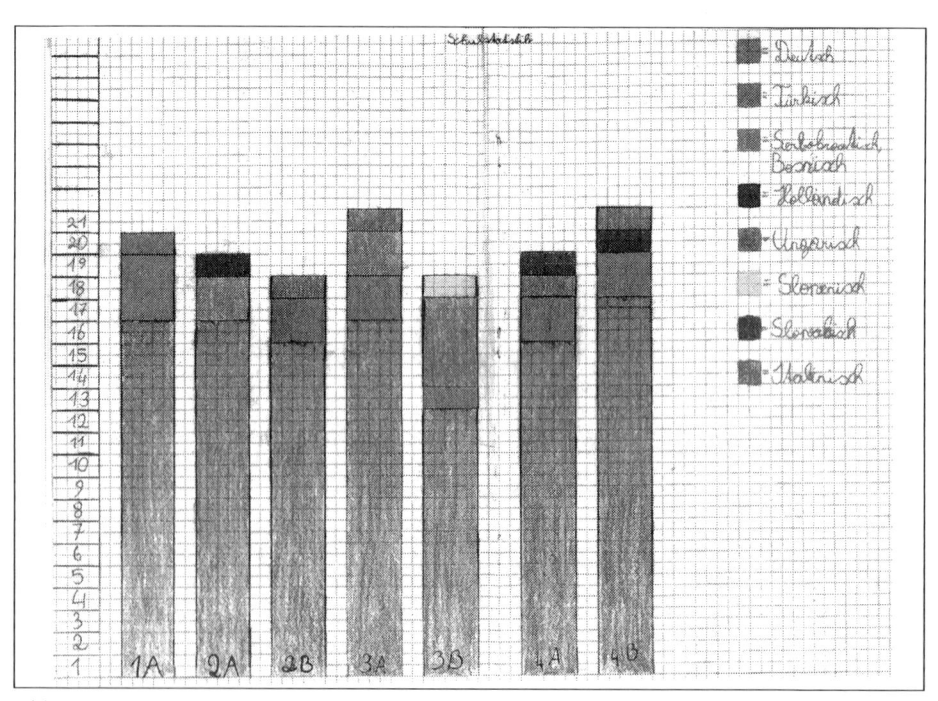

Abb.1: Auswertungsergebnisse der Fragebögen

Um die Wertschätzung aller Muttersprachen auszudrücken, wurden als Abschluss des Teilprojektes Schilder gedruckt, auf denen „Herzlich Willkommen" in den unterschiedlichen Sprachen zu lesen ist. Diese Schilder zieren seither sämtliche Stufen des Schulgebäudes und heißen alle Schülerinnen und Schüler in ihren Muttersprachen willkommen.

Foto: Oberlechner

Dem Miteinander Raum geben

Im heurigen, letzten Projektjahr wird der Kreis mit einem großen Fotoprojekt geschlossen, im Rahmen dessen die Schülerinnen und Schüler Kirchberg, den Ort in dem alle – egal welcher Herkunft und welcher Muttersprache – gemeinsam aufwachsen, durch prägnante Fotografien unter dem Titel „Unser Kirchberg" porträtieren.

Autorin

Michaela Oberlechner, MA, BEd, Pädagogische Hochschule Tirol – Zentrum für Fachdidaktik
michaela.oberlechner@.ph-tirol.ac.at

Monika von Rosenzweig

Förderung des Leseverstehens mit Quizfragen

Promoting reading comprehension by using quizzes

Zusammenfassung

Dieses Fallbeispiel zeigt, wie Lehrkräfte Leseanfängerinnen und Leseanfänger im Förderunterricht beim Verstehen einfacher Texte unterstützen können. Quizfragen helfen, wichtige Informationen im Text zu finden. Erst mit zunehmender Sicherheit im Lesen steigt der Schwierigkeitsgrad der Fragen.

Abstract

This case example shows how teachers can support improved reading comprehension (2nd grade primary schools/elementary instruction/reading) in remedial teaching. Quizzes help them to identify important information in a text. The level of difficulty of the quiz questions increases with increasing confidence in reading.

Um mit einem Text im Unterricht weiter arbeiten zu können, muss dessen Verstehen gesichert werden, was für Schülerinnen und Schüler, die Deutsch als Zweitsprache lernen, eine große Herausforderung darstellt, bei der sie Unterstützung benötigen. Zweitklässlerinnen und Zweitklässler, die Texte im Unterricht noch nicht sicher sinnverstehend lesen, können in niedersächsischen Schulen am additiven Förderunterricht teilnehmen. Hier wird das Vertrauen in die Lesefähigkeiten aufgebaut. Dazu erhalten die Kinder zunächst Texte und Aufgaben, die sie bewältigen können. Das bedeutet z.B. für Ayla, deren Familiensprache Türkisch ist, dass sie anfangs möglichst einfache Hauptsätze ohne schwierige (lange, selten benutzte) Wörter liest. Die Reihenfolge: Subjekt-Prädikat-Objekt bietet für sie eine gut verständliche Struktur. Eine farbige Silbengliederung der Wörter erleichtert Anfängerinnen und Anfängern das richtige Erlesen (z.B. Lesetitel mit Silbenmarkierung aus dem Mildenberger Verlag).

Die Kinder wählen zuerst aus einer von der Lehrkraft vorbereiteten Sammlung ein Buch, das den genannten Anforderungen weitgehend entspricht. Hier beschreibe ich das Beispiel einer einfachen, kurzen Tiergeschichte (entnommen aus Erdmann, 2011), die sich gut auf den Alltag von Grundschülerinnen und Grundschüler übertragen lässt:

Schaf Simon stellt in der Schule fest, dass er nicht gut lesen kann. Auch Freunde erkennt er aus der Entfernung nicht. Beim Besuch des Augenarztes stellt sich heraus, dass er eine Brille benötigt. Simon fürchtet den Spott der anderen. Tatsächlich wird er am nächsten Tag wegen der Brille ausgelacht. Aber eine Mitschülerin tröstet Simon, weil sie ihn und seine Brille mag und möchte mit ihm zum Schulfest gehen.

Nach dem ersten Lesen und Betrachten der Bilder erhalten die Kinder einen Bogen mit Quizfragen. Damit arbeiten sie sich ein zweites Mal durch den Text und lesen noch einmal genau nach, um die richtigen Antworten auf die Fragen zu finden.

Im zweiten Schuljahr sind die Fragen zuerst konsequent auf der Kompetenzstufe 1 angesiedelt, sodass die Leserinnen und Leser nur einfache Informationen im Text wiederfinden müssen. (Vgl. Definition der Lesekompetenzstufen nach PISA, K 1: Explizit angegebene Informationen lokalisieren/IGLU Kompetenzstufe II: Explizit angegebene Einzelinformationen in Texten identifizieren)

Beispielfrage 1 zu S. 3: Um wie viel Uhr ist Simon auf dem Weg zur Schule? (Antwort s. Text)	

Abb. 1: Simon, das Schaf, aus: Zeit für Geschichten, Heft 2. Mildenberger Verlag GmbH, Offenburg, Illustration: Katrin Gaida

Weitere Fragen zu dieser Geschichte lauten (Textstellen in Klammern/zweifarbiger Druck wurden übernommen):
2. zu S. 5: Wo sitzt er? (In der Schu**le** sitzt er in der letz**ten** Rei**he**.)
3. zu S. 11: Was braucht er? („Ihr Sohn braucht ei**ne** Bri**lle**", sagt der Arzt zu Si**mons** Mutter.)
4. zu S. 15: Warum weint er? (Am nächs**ten** Tag in der Schu**le** la**chen** ihn die and**er**en Scha**fe** aus (…) Si**mon** ist trau**rig**. Er weint.)
5. zu S. 17: Was möchte Lucy? (Lu**cy** möch**te** mit IHM zum Schul**fest**!)

Die Leseanfängerinnen und Leseanfänger arbeiten sich auf diese Weise Schritt für Schritt durch das Buch und gewinnen die Sicherheit, dass sie Fragen zum Text richtig beantworten können, wenn sie genau nachlesen. Die Ergebnisse der Fragebögen können mit Hilfe von Lösungsblättern durch die Leserinnen und Leser entweder selbstständig oder mit Hilfe der Lehrkraft kontrolliert werden.

Mit zunehmender Sicherheit bearbeiten die Kinder Fragen, deren Antwort im Text anders formuliert ist (vgl. PISA, Kompetenzstufe 2: mit konkurrierenden Informationen umgehen können).

Beispielfragen:
1. Wann geht Simon zur Schule?
2. Welchen Platz hat er in der Schule?
3. Was stellt der Doktor fest?
4. Wie verhalten sich die anderen am nächsten Morgen?
5. Warum verhält sich Lucy anders? („Ich mag deine Brille", sagt sie. „Weil ich dich mag…")

Das Kind muss nun verstehen, dass sich das Fragepronomen „wann" auf die Uhrzeit bezieht und dass das Verb „geht" der Formulierung „ist auf dem Weg" entspricht. Erst dann kann es die richtige Antwort im Text finden.

Ayla bearbeitete versehentlich die Frage der Kompetenzstufe 2: „Wann…?" und konnte sie nicht beantworten. Ich half mit der Umformulierung: „Um wie viel Uhr…?" und sofort fand sie die richtige Lösung im Text.

Wenn Lehrkräfte diese graduellen Unterschiede der Lesekompetenzstufen bei der Erarbeitung von Texten beachten, können sie ihre Schülerinnen und Schüler beim Leseverstehen individuell unterstützen.

Das Verfahren geht auf eine 2002-2006 durchgeführte Projektstudie zurück, die das Ziel hatte, die Entwicklung von Lese- und Rechtschreibschwächen zu verhindern. In diesem Programm für den Deutschunterricht der Grundschule werden Übungen zum Leseverstehen beschrieben, die sich auf den Unterricht aller Fächer übertragen lassen (Hingst, Heimbucher, von Rosenzweig, 2008).

Literatur

Definition der Lesekompetenzstufen übernommen aus: OECD (2007): PISA 2006: Schulleistungen im internationalen Vergleich, Naturwissenschaftliche Kompetenzen für die Welt von morgen. Bielefeld: Bertelsmann, S. 337f.

Definition der Lesekompetenzstufen IGLU übernommen aus: Weiterbildungsprojekt „wir-foerdern-lesen.de" für Grund- und Hauptschulen, Baustein 1 – Grundlagen. Lesekompetenzstufen in IGLU[1] 2006.

Diverse Lesetexte mit Silbentrenner erhältlich im Mildenberger Verlag, Offenburg

Erdmann, B. & Gaida, K. (2011). Simon, das Schaf. In Zeit für Geschichten (Heft 2). Offenburg: Mildenberger.

Hingst, W., Heimbucher, C.,& Rosenzweig, M. von. (2008). Lese-Rechtschreib-Schwäche kann verhindert werden. Band 2 (2.-4. Klasse). Braunschweig: Westermann.

Autorin

Monika von Rosenzweig, Grundschullehrkraft in Celle (Niedersachsen)
mvrose@web.de

Sandra Bellet

„Die Wörter können ja rechnen!"–
Einführung in das Mathematisieren von Textaufgaben
Fallbeispiel: Förderstunden in einer 2. Schulstufe

„Look, these words can calculate!" –
Introducing the mathematization of word problems

Zusammenfassung

Es gibt immer wieder Kolleginnen und Kollegen, die Schülerinnen und Schüler mit Verdacht auf Dyskalkulie von der Schulpsychologie testen lassen wollen, da sie schlechte Ergebnisse in den Lernstandserhebungen für das Fach Mathematik zeigen. Zum Großteil handelt es sich bei den Schülerinnen und Schülern um Kinder mit anderen Erstsprachen als Deutsch. Es zeigt sich dann, dass die mathematische Kompetenz altersentsprechend ist, ihre sprachliche Kompetenz aber für das Verstehen der Textaufgaben nicht ausreicht. Wolfgang Schmidt hat ein Legematerial für die sprachliche Abstraktion von Textaufgaben entwickelt, das sich meiner Erfahrung nach ideal dafür eignet, Schülerinnen und Schüler schrittweise zum Mathematisieren von Aufgabenstellungen in Textform zu befähigen.

Abstract

Ever so often teachers feel obliged to have their students – mostly students with other first languages than German – tested for dyscalculia because they fail their math exams. Soon enough it becomes clear that their mathematic competences are sufficient but their linguistic compentences to understand mathematic problems are limited. Using material developed by Wolfgang Schmidt students are enabled to solve mathematic problems step by step.

Vorbereitung: Klärung der Begriffe Textaufgaben (Geschichten, in denen Rechnungen versteckt sind) und Signalwörter (Signalwörter rufen „Stopp! Denk´ nach!").

Unterrichtssequenz 1

Wir suchen die Signalwörter in den Textaufgaben. Die Wörter helfen uns herauszufinden, welche Grundrechenart wir benutzen müssen. Welche Wörter sagen uns, wie wir rechnen müssen? Ordne die Signalwörter den Aufgaben zu und entscheide dich für eine Rechenart.

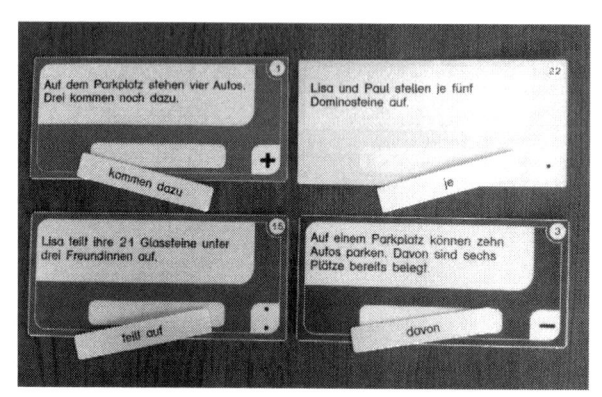

(Foto: Sanda Bellet)

Unterrichtssequenz 2

Wir suchen Fragen zu den Textaufgaben. Finde zuerst das Signalwort und kreise es ein! Welche Rechenart, welche Frage passt? Streiche die falsche Frage durch.

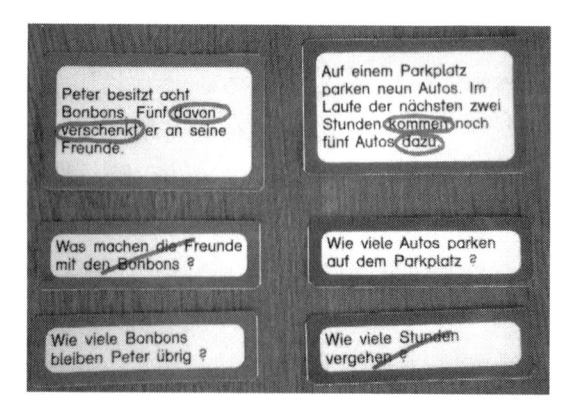

(Foto: Sanda Bellet)

Einführung in das Mathematisieren von Textaufgaben

Unterrichtssequenz 3

Welche Wörter brauchen wir nicht? Finde zuerst das Signalwort und kreise es ein! Welche Rechenart ist das? Streiche alle Wörter durch, die du zur Lösung nicht brauchst.

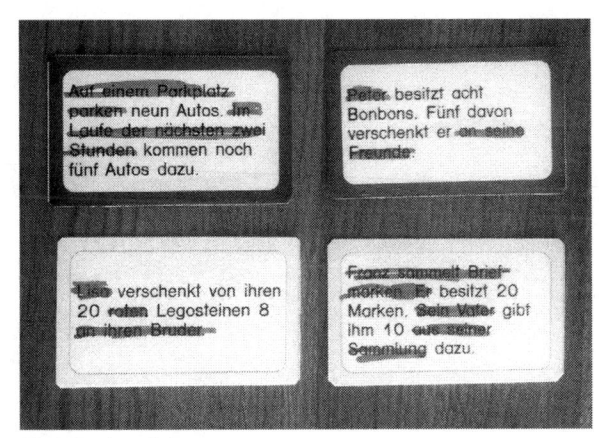

(Foto: Sanda Bellet)

Nach drei Unterrichtssequenzen konnten die Schülerinnen und Schüler ausgesuchte Textaufgaben in ihrem Schulbuch lösen und eine Schülerin schloss die letzte Stunde mit den Worten: „Ist ganz einfach. Die Wörter können ja rechnen!"

Quellenverzeichnis:

Schmidt, Wolfgang: Sachrechnen in 7 Schritten.(2006) Avail: https://secure.ws-montessori.at/index.htm (12.5.2015)

Autorin

Mag. Sandra Bellet, Dipl.Päd., Pädagogische Hochschule Vorarlberg
sandra.bellet@ph-vorarlberg.ac.at

Zentren an der Pädagogischen Hochschule Tirol

Zentrum für Fachdidaktik

pht
ZENTRUM FÜR
FACHDIDAKTIK

WIR...
Das **Zentrum für Fachdidaktik** (ZFD) unterstützen die Verankerung der Fachdidaktik als wissenschaftliche Disziplin an der Pädagogischen Hochschule Tirol und der Universität Innsbruck und fördern den Dialog zwischen Fachwissenschaft, Fachdidaktik, Bildungswissenschaft und Schulpraxis. www.fachdidaktikzentrum.at

Die Arbeit in den einzelnen Fachgruppen gliedert sich in 6 Kernbereiche
1. Praxisbezogene fachdidaktische Forschung und Konzeptentwicklung.
2. Transfer von Forschungserkenntnissen in die Aus- Fort- und Weiterbildung.
3. Konzeption und Durchführung von fachdidaktischen Weiter- und Fortbildungsangeboten
4. Unterstützung von Unterrichtsentwicklung durch Begleitung und Betreuung von schulischen Innovationen.
5. Kooperation mit nationalen und internationalen fachdidaktischen Zentren und Institutionen.
6. Bildung einer Steuergruppe aus tertiären Bildungseinrichtungen, Bildungsbehörden und dem regionalen Netzwerk sowie Mitarbeit bei der fachbezogenen regionalen Bildungsplanung.

An drei Fachbereiche, die sich als übergreifende fachdidaktische Arbeitseinheiten von Pädagogischer Hochschule Tirol und Universität Innsbruck sehen, wurde das Qualitätslabel „Regional Educational Competence Centre" (RECC; http://recc.tsn.at/) verliehen.

Zentrum für Forschung und Wissensmanagement

pht
ZENTRUM FÜR
FORSCHUNG und
WISSENSMANAGEMENT

WIR...
Das **Zentrum für Forschung und Wissensmanagement** (ZFW) sind eine auf berufsfeldbezogene Forschung und die Bündelung von wissenschaftlichen Erkenntnissen ausgerichtete Organisationseinheit der Pädagogischen Hochschule Tirol (PHT). Vornehmliches Ziel des Zentrums ist die Initiierung und Umsetzung von Forschungsprojekten zur Qualitätsentwicklung von Bildungsprozessen und deren Optimierung zum Nutzen der Pädagoginnen und Pädagogen im (schulischen) Handlungsfeld. Das Zentrum basiert auf einem integrativen Forschungskonzept, das die Verbindung von Forschung, Lehre, Professionalisierung und Qualitätsentwicklung umfasst. Die Bündelung von wissenschaftlichem Know-how auf Basis von Forschungsergebnissen erweitert das Wissen und erschließt neue Zugänge zur systematischen Lösung der vielfältigen Aufgabenbereiche der Hochschule. http://ph-tirol.ac.at/de/news-zfw

Die Arbeit des Zentrums für Forschung & Wissensmanagement gliedert sich in 6 Kernbereiche

1. Hochschulweite Unterstützung bei der Konzeption, Einreichung, Koordination und Umsetzung von praxisrelevanten und bildungspolitisch aktuellen Forschungsvorhaben.
2. Initiierung und Umsetzung neuer Forschungsschwerpunkte und Forschungsprojekte
3. Monitoring und Dokumentation von Forschungsprozessen
4. Angebot von Fortbildungsprogrammen zur Professionalisierung und Qualitätsentwicklung in den Bereichen Wissenschaft & Forschung
5. Abwicklung des Themen-Genehmigungsverfahrens von Bachelor- bzw. wissenschaftlichen Abschlussarbeiten
6. Entwicklung & Durchführung von Maßnahmen zur internen Wissens- und Informationsdissemination sowie die Nutzbarmachung von Forschungserkenntnissen z.B. für die forschungsgeleitete Lehre u.v.a.m.

Eingegliederte Praxisschulen

- Pädagogisch-PRAKTISCHE Studien
- Verbindung von Theorie & Praxis
- Raum für Forschung
- Praxisschulen
- Entwicklung von Schule & Unterricht
- Lernort für Kinder & Jugend

Grafik: Örley 2014

...sind auch in den NEUEN Lehramtsstudien eine Stärke der Pädagogischen Hochschulen!

Um Lehramtsstudien forschungsgeleitet, innovativ und besonders realitätsnah zu gestalten, führen Pädagogische Hochschulen in Österreich eigene Praxisschulen. Die dadurch mögliche Verbindung von Theorie, Forschung und Praxis erzeugt hohe Qualität in den Studien.